FELIX Neu
Begleitband

Unterrichtswerk für Latein

C.C. Buchner

FELIX Neu
Begleitband

Unterrichtswerk für Latein

Herausgegeben von Clement Utz und Andrea Kammerer

Bearbeitet von Katharina Börner, Wolfgang Freytag, Gerhard Haunschild, Reinhard Heydenreich, Andrea Kammerer, Michael Lobe, Andreas Rohbogner und Clement Utz

BAMBERGER WORTSCHATZ

1. Aufl. $1^{5\,4\,3\,2\,1}$ 2012 11 10 09 08
Die letzte Zahl bedeutet das Jahr dieses Drucks.

Alle Drucke dieser Auflage sind, weil untereinander unverändert, nebeneinander benutzbar.

Dieses Werk folgt der reformierten Rechtschreibung und Zeichensetzung. Ausnahmen bilden Texte, bei denen künstlerische, philologische oder lizenzrechtliche Gründe einer Änderung entgegenstehen.

www.ccbuchner.de

Satz und Gestaltung: Artbox Grafik und Satz GmbH, Bremen
Druck und Bindung: Pustet, Regensburg

C.C. Buchner ISBN 978 3 7661 **7561** 8

FELIX, lernst du mit uns die Wörter und die Grammatik?

✳ *Also, FELIX, das mit der Zeitreise ins alte Rom ist eine tolle Idee. Aber wir sollen doch auch Latein lernen – und das ist ja nicht gerade leicht, wie man hört!*

FELIX Richtig, wir reisen sozusagen auch durch die Landschaft der lateinischen Sprache. Und ihr braucht schon etwas Kondition, bis ihr euren Wortschatz könnt und alle Formen beherrscht.
Aber ich hab' mir natürlich einiges überlegt, damit ihr euch besser zurechtfindet und immer wisst, in welche Gegend ihr kommt:
Der **Wortschatz** zu den Lektionen beginnt immer auf einer neuen Seite; er ist so angeordnet, dass man sich auch selber bequem abfragen kann. Außerdem gibt es immer wieder Lernhilfen, mit denen ihr euch die Vokabeln leichter einprägt. Manchmal sind einige Wörter in den Wortschätzen mit einem ■ gekennzeichnet; diese Vokabeln kommen in den gelb markierten Übungen vor, die ihr oben auf den rechten Seiten der Lektionen findet. Ansonsten enthalten diese Übungen keinen neuen Wortschatz.
Der **Grammatikstoff** zu jeder Lektion ist meist in zwei Abteilungen gegliedert, in **F**ormenlehre und **S**atzlehre. Und immer dann, wenn es vielleicht ein wenig anstrengend war, bekommt ihr praktische Tipps von mir.

✳ *Klingt beruhigend, FELIX! Hauptsache, du begleitest uns auch auf dieser Reise in das unbekannte Latein.*

Hinweise zur Darbietung – für die Lehrer

a) Wortschatz

Die lateinischen Wörter und Wendungen sind in der Reihenfolge angeordnet, wie sie in den Texten vorkommen. In der Regel sind die folgenden „grammatischen Eigenschaften" beigefügt:

- *Genusendungen* bei Adjektiven (z. B. magnus, a, um);
- *Genusangaben* bei Substantiven der 3., der u- und der e-Deklination (z. B. urbs, urbis *f*);
- *Genitive* bei Substantiven der 3., der u- und der e-Deklination (z. B. mons, montis) sowie bei einendigen Adjektiven (z. B. felix, felicis);
- *Stammformen* bei Verben mit „unregelmäßiger" Perfektbildung (als „regelmäßig" gelten das v-Perfekt der ā- und ī-Konjugation sowie das u-Perfekt der ē-Konjugation);
- *Kasusrektionen* und *Verbvalenzen*, die vom Deutschen abweichen (z. B. iubere *m. Akk.*).

Im Kleindruck erscheinen:

- Vokabeln, die für die Bearbeitung einer Lektion wiederholt werden sollten (vor den Wortschätzen);
- Wendungen mit bereits bekannten Vokabeln (z. B. gratias agere);
- Präsensformen und deutsche Bedeutungen bereits bekannter Verben, deren Stammformen nachgetragen werden (z. B. dare, do, dedi *geben*);
- lateinische Vokabeln und deutsche Bedeutungen, wenn weitere Bedeutungen nachgetragen werden (z. B. contendere, contendo *behaupten; kämpfen, sich anstrengen*);
- Namen am Ende der Wortschätze (vgl. Namenverzeichnis).

In der rechten Spalte der Lektionenwortschätze finden sich deutsche Fremd- und Lehnwörter sowie einige geläufige englische Vokabeln, die sich auf das jeweilige lateinische Wort zurückführen lassen. Außerdem stehen hier als Merkhilfe bekannte Vokabeln der gleichen Wortfamilie (z. B. ducere bei abducere).
Vokabeln, die den neuen Stoff repräsentieren, sind mit einem ■ gekennzeichnet. Nur diese neuen Vokabeln kommen in den gelb markierten Übungen auf den rechten Seiten der Lektionen vor.
Die Wortschätze werden immer wieder ergänzt durch Lernhilfen, die auch der Motivation, der Vertiefung und Veranschaulichung dienen, deren Kenntnis jedoch in den Lektionstexten nicht vorausgesetzt wird:

- „Latein lebt": Hinweise zur kulturellen Bedeutung und zum Weiterleben der lateinischen Sprache;
- „Kontext": kurze, einprägsame lateinische Sätze zu Vokabeln, die unterschiedlich konstruiert werden können oder stark voneinander abweichende Bedeutungen haben;
- „Wortfamilien": Verdeutlichung von Wortbildungselementen und etymologischen Zusammenhängen;
- Sach- und Wortfelder sowie Abbildungen.

Diese Lernhilfen können nach dem jeweiligen Wortschatz, aber auch nach der Grammatik stehen; sie beziehen sich – je nach Thema – meist auch auf mehrere vorausgehende Wortschätze.

b) Grammatik

Die Grammatik wird Lektionen begleitend, entsprechend der Progression der Stoffkapitel, dargeboten.

Die grammatischen Erläuterungen sind einheitlich gegliedert nach Formenlehre (*F*), Syntax (und/oder Semantik) (*S*) und (in einigen wenigen Fällen) Textgrammatik (*T*). Die Darbietung ist konsequent auf das für den Schüler Wichtige beschränkt, wobei Leseverstehen und Sprachreflexion als Hauptziele des Unterrichts Auswahl und Umfang bestimmten.
Die sprachlichen Phänomene werden zumeist in induktiver Weise an Beispielsätzen erläutert. Dabei sind die Beispielsätze – soweit es der jeweilige Stoff erlaubt – so konzipiert, dass die Grammatik auch vor der Behandlung des Lektionstextes besprochen werden kann; sie enthalten keine neuen Vokabeln (Ausnahme: Vokabeln, die „Stoffträger“ sind).

Dazu kommen ergänzende Hinweise zur Methodik des Lernens und Übersetzens (*M*), die auch auf überfachliche Kompetenzen abzielen. Sie machen die Schüler auf spezielle Schwierigkeiten aufmerksam und geben Ratschläge aus der Sicht des Praktikers.

Außerdem gibt es die sog. FELIX-Tipps in Dialogform, z.T. mit zusammenfassenden Übersichten zu wichtigen Phänomenen, deren Durchnahme in verschiedenen Lektionen erfolgte; auch die Deklinations- und Konjugationsreihen werden hier in einen Ordnungsrahmen gebracht und systematisiert.

Auf dem Forum

In Rom

Auf dem Land

Pompeji

Rom – Wille der Götter

Griechische Mythen

Leben in der Provinz

Aus der Frühzeit Roms

Reise nach Sizilien

Von Cäsar und Augustus

Römische Kaiser

Aus der Welt der Griechen

Untergang und Neuanfang

Rom überschreitet die Grenzen

Wissen und Macht

basilica	Markthalle, Gerichtshalle	*Basilika (Kirche)*
forum	Forum, Marktplatz	*Forum*
monumentum	Denkmal	*Monument, e. monument*
statua	Statue, Standbild	
templum	Tempel, heiliger Ort	
dominus	Hausherr, Herr	*dominant*
domina	Hausherrin, Dame	
fīlius	Sohn	
fīlia	Tochter	*Filiale*
servus	Sklave, Diener	*„Servus"*
serva	Sklavin, Dienerin	
Rōma	Rom	
forum Rōmānum	Forum Romanum (Marktplatz von Rom)	

M Damit du die lateinischen Vokabeln wirksam lernst und auch behältst, solltest du dich mit den folgenden „Lerntechniken" genauer befassen:

1. Lernen mit dem Buch
Decke die lateinische Spalte des Wortschatzes ab. Lies die Bedeutungen des ersten Worts und versuche, das lateinische Wort laut zu sagen. Durch Aufdecken kannst du überprüfen, ob die Lösung stimmt. Nun ist das nächste Wort an der Reihe. Übe so lange, bis du in einem Durchgang alle lateinischen Wörter nennen kannst. Mache es dann mit der deutschen Spalte genauso. Wenn du alle Wörter auf diese Weise kannst, solltest du dich „durcheinander" abfragen lassen.

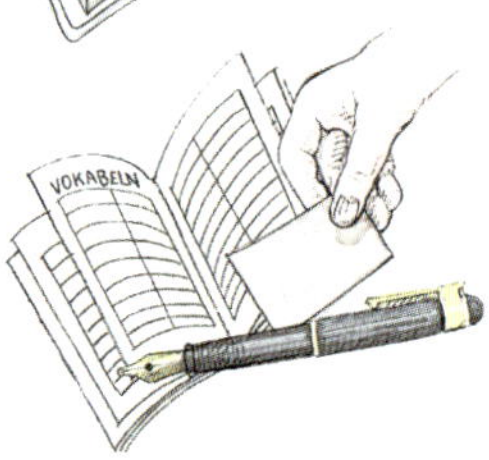

2. Lernen mit dem Vokabelheft
Die lateinischen Wörter und ihre deutschen Bedeutungen werden zweispaltig in ein Vokabelheft übertragen. Dann lässt sich dieselbe Abdecktechnik anwenden wie für das Buch. Ein Vorteil ist, dass du dir geschriebene Wörter leichter einprägst. Dann kannst du dich selber „durcheinander" abfragen: Du hakst z. B. die Vokabeln ab, die du kannst, und übst die übrigen weiter. Wörter, die gar nicht in deinen Kopf wollen, kannst du farbig markieren.

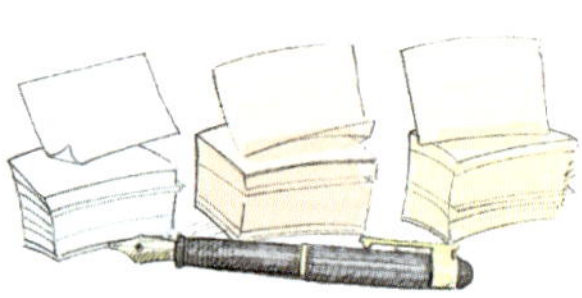

3. Lernen mit Vokabelkarten
Jede Vokabel einer Lektion wird auf eine Karte übertragen (Vorderseite: lateinisches Wort, Rückseite: deutsche Bedeutungen). Dabei lassen sich die Wörter z. B. nach Wortarten sortieren, wenn man verschiedenfarbige Karten verwendet. Präge dir die Vokabeln der Reihe nach ein wie bei Technik 1. Ob die von dir genannte Lösung richtig ist, ermittelst du durch Umdrehen der Karten. Besonders leicht kannst du dich die Vokabeln hier „durcheinander" abfragen: Mische die Karten einfach und sortiere dann Wörter, die du nicht kannst, für einen zweiten Durchgang aus.

4. Lernen mit dem Computer
Bei der Verwendung von Vokabelprogrammen richtest du dich nach den Anweisungen des Programms.

F Substantive: Nominativ Singular (a-/o-Deklination)

a) domina   dominus   monumentum
Die lateinischen Wörter, die in der ersten Lektion vorkommen, sind **Substantive** (Hauptwörter).

b) Deutsche und lateinische Substantive kommen im **Singular** (in der Einzahl) und im **Plural** (in der Mehrzahl) vor, im Deutschen z.B. die Dame – die Damen.

Man kann sie **deklinieren** (beugen), d.h. in verschiedene **Kasus** (Fälle) setzen, z.B. die Dame, der Dame, usw.

In dieser Lektion stehen alle lateinischen Substantive im **Nominativ** (1. Fall) Singular.

c) Im Deutschen und Lateinischen gibt es verschiedene **Deklinationsklassen**, d.h. verschiedene Arten, Substantive zu deklinieren,
im Deutschen z.B. die Dame, der Dame usw.
der Herr, des Herrn usw.
das Denkmal, des Denkmals usw.

Im Lateinischen unterscheiden wir zunächst an Hand der **Endung** drei verschiedene Arten von Substantiven, von denen zwei der gleichen Deklinationsklasse angehören:

Nominativ	domin-**a**	die Dame	1. oder a-Deklination
Nominativ	domin-**us**	der Herr	2. oder o-Deklination
Nominativ	monument-**um**	das Denkmal	2. oder o-Deklination

d) Wie im Deutschen gibt es auch im Lateinischen drei verschiedene **Genera** (grammatische Geschlechter):

Femininum	*(f)*	weiblich
Masculinum	*(m)*	männlich
Neutrum	*(n)*	sächlich

Das **Genus** (das grammatische Geschlecht) eines lateinischen Wortes kann mit dem des entsprechenden deutschen Wortes übereinstimmen oder davon abweichen:

	domina	*(f)*	die / eine Dame *(f)*
	dominus	*(m)*	der / ein Herr *(m)*
	monumentum	*(n)*	das / ein Denkmal *(n)*
aber:	templum	*(n)*	der / ein Tempel *(m)*

Im Deutschen erkennt man das Genus am Artikel (Begleiter).
Im Lateinischen gibt es keinen Artikel; man kann das Genus häufig an der Endung des Substantivs ablesen.

est	er (sie, es) ist	
amīcus	Freund	
amīca	Freundin	
et	und, auch	
sunt	sie sind	
hīc *Adv.*	hier	
ibī *Adv.*	dort	
porta	Tor	*Pforte, Portal*
iam *Adv.*	nun; schon, bereits	
patet	er (sie, es) steht offen, erstreckt sich	
taberna	Laden, Wirtshaus	*Taverne*
adest	er (sie, es) ist da; hilft	
quid?	was?	
videt	er (sie, es) sieht	*Video, wissen, e. (to) view*
properat	er (sie, es) eilt, beeilt sich	
gaudet	er (sie, es) freut sich	*„Gaudi"*
salūtat	er (sie, es) (be)grüßt	*Salut*
salvē	Sei gegrüßt! Guten Tag!	
salvēte	Seid gegrüßt! Guten Tag!	
nam	denn, nämlich	
adsunt	sie sind da, helfen	
sed	aber, sondern	
nōn	nicht	*e. no*
cessat	er (sie, es) zögert, rastet	
intérrogat	er (sie, es) fragt	*e. to interrogate*
ubī?	wo?	
cūr?	warum?	

Latein lebt

Die lateinische Sprache lebt auch im Deutschen weiter, und zwar in Fremd- und Lehnwörtern:

Die **Fremdwörter**, die in das Deutsche (und auch in andere Sprachen) eingedrungen sind, haben ihre ursprüngliche lateinische Form weitgehend beibehalten, z. B. das Forum (lat. forum) oder das Monument (lat. monumentum). Zu den Fremdwörtern gehören etwa auch die Studenten, der Direktor, das Labor oder der Computer.

Die **Lehnwörter** wurden zusammen mit den Dingen, die sie bezeichneten, in die deutsche Sprache „entlehnt". Man erkennt oft ihre fremde Herkunft nicht gleich, da sie ihre Form und ihre Laute an das Deutsche angeglichen haben, z. B. die Pforte (lat. porta) oder der Tempel (lat. templum). Hättest du gedacht, dass auch die Pflanze (lat. planta) und das Fenster (lat. fenestra) aus dem Lateinischen kommen?

F 1 Substantive: Nominativ Plural (a-/o-Deklination)

	Sg.		Pl.		
Nom.	domina	die / eine Dame	domin-**ae**	(die) Damen	a-Deklination
Nom.	dominus	der / ein Herr	domin-**ī**	(die) Herren	o-Deklination *m*
Nom.	templum	der / ein Tempel	templ-**a**	(die) Tempel	o-Deklination n

Nicht nur der Kasus (Fall), sondern auch der **Numerus** (Singular bzw. Plural) ist an der Endung zu erkennen.

2 Verben: 3. Person Präsens (a-/e-Konjugation)

a) Deutsche und lateinische **Verben** (Zeitwörter) kommen im Singular und im Plural vor.
Man kann sie **konjugieren** (beugen), d.h. in die verschiedenen Personen setzen, z.B. ich grüße, du grüßt, er (sie, es) grüßt, usw.

In dieser Lektion stehen alle Verben in der **3. Person** Singular oder Plural.

b) Wir unterscheiden zunächst zwei verschiedene **Konjugationsklassen**, d.h. verschiedene Arten, die Verben zu konjugieren.
Sie sind nach den Lauten benannt, auf die der **Wortstamm** endet:

salūtā- ā-Konjugation
gaudē- ē-Konjugation

Die Formen des Hilfsverbs (est, sunt) gehören keiner dieser Klassen an.

	Sg.		Pl.		
3. Person	salūta-**t**	er (sie, es) grüßt	salūta-**nt**	sie grüßen	ā-Konjugation
3. Person	gaude-**t**	er (sie, es) freut sich	gaude-**nt**	sie freuen sich	ē-Konjugation
3. Person	es-**t**	er (sie, es) ist	s-**u**-**nt**	sie sind	Hilfsverb

Person und Numerus sind an der Endung zu erkennen. Die 3. Person Singular endet auf **-t**, die 3. Person Plural auf **-nt**.

c) Alle Verbformen stehen zunächst im **Indikativ** (sog. Wirklichkeitsform) **Präsens** (Gegenwart).

S 1 Subjekt und Prädikat

Filia	gaudet.	Filiae	gaudent.
Die Tochter	freut sich.	Die Töchter	freuen sich.

Der einfache Satz besteht wie im Deutschen aus zwei Satzgliedern, nämlich aus **Subjekt** (Satzgegenstand) und **Prädikat** (Satzaussage).

Der Aufbau eines Satzes kann in einem Satzmodell dargestellt werden:

Nach dem Subjekt fragen wir „wer oder was?", nach dem Prädikat „was wird ausgesagt?". Wie im Deutschen und Englischen richtet sich das Prädikat im Numerus (Sg. bzw. Pl.) nach dem Subjekt. Diese Übereinstimmung nennt man **Kongruenz**.

Subjekt	Prädikat
Filia	gaudet
Filiae	gaudent

2 Substantiv als Prädikatsnomen

Spurius amicus est.
Spurius ist ein Freund.

Das Prädikat kann aus einer Form des Hilfsverbs und einem Substantiv im Nominativ, dem **Prädikatsnomen**, bestehen.

Subjekt	Prädikat	
Spurius	est	
		amicus (Präd. nom.)

M templa — die Tempel (zu templum)
serva — die Sklavin
Da die Endung -a sowohl im Plural der o-Deklination *(n)* als auch im Singular der a-Deklination vorkommt, kannst du eine solche Form nur richtig erfassen, wenn du weißt, wie das Wort im Nominativ Singular heißt.

Latein lebt

Sehr viele lateinische Wörter leben in den modernen Fremdsprachen weiter, vor allem in den sog. romanischen Sprachen:
Latein ist die „Muttersprache" für Italienisch, Spanisch, Französisch, Portugiesisch und Rumänisch. Am folgenden „Sprachenstammbaum" kannst du das Weiterleben von amicus in diesen Sprachen verfolgen:

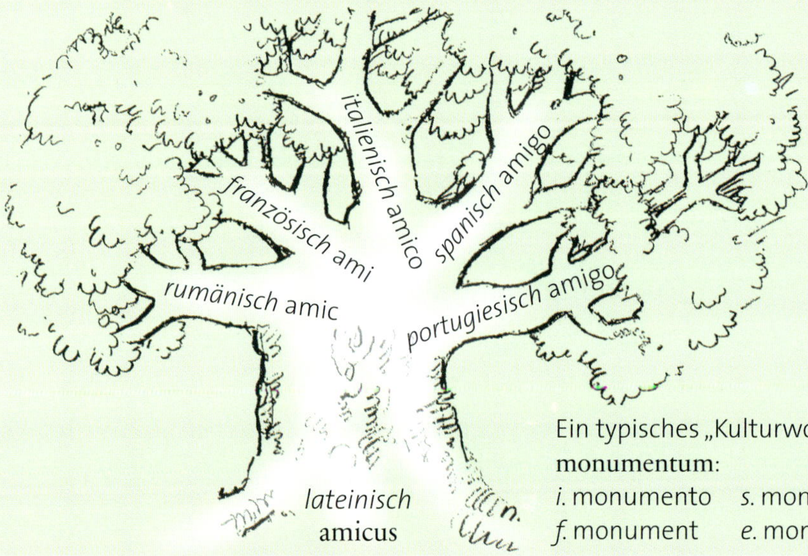

Ein typisches „Kulturwort" ist **monumentum**:
i. monumento — *s.* monumento
f. monument — *e.* monument

cūria	Kurie (Sitzungsgebäude des Senats)	
nunc *Adv.*	jetzt, nun	*e. now*
senātor *m*	Senator	
intrat	er (sie, es) betritt, tritt ein	*entern, e. to enter*
paulum *Adv.*	ein wenig	
exspectat	er (sie, es) wartet, erwartet	*e. to expect*
prope *Adv.*	nahe, in der Nähe; beinahe	
etiam	auch, sogar	
mercātor *m*	Kaufmann, Händler	*Markt, e. market*
sedet	er (sie, es) sitzt	*Sessel, e. to sit*
tacet	er (sie, es) schweigt, verschweigt	
nondum	noch nicht	
laborat	er (sie, es) arbeitet, strengt sich an	*e. labour*
populus	Volk, Volksmenge (die Leute)	*Pöbel, populär, e. people*
diū *Adv.*	lange (Zeit)	
tandem *Adv.*	endlich	
accēdit	er (sie, es) kommt herbei, kommt hinzu	*e. access*
statim *Adv.*	auf der Stelle, sofort	
clāmat	er (sie, es) ruft laut, schreit	*Re-klame*
tum *Adv.*	da, damals, dann, darauf	
quis?	wer?	
mittit	er (sie, es) lässt (los), schickt; wirft	
nēmō	niemand	
placet	er (sie, es) gefällt	*„Plazet"*
stat	er (sie, es) steht	statua; *Stativ*
rīdet	er (sie, es) lacht, lacht aus	

F 1 Substantive: Nominativ (3. Deklination)

	Sg.		Pl.		
Nom.	senāt**or**	der/ein Senator	senātōr-**ēs**	(die) Senatoren	3. Deklination

Zur 3. Deklination gehören Substantive, die im Nominativ Singular unterschiedlich enden können.
Zunächst lernen wir nur Substantive, die ihre Formen bilden wie senator.

F 2 Verben: 3. Person Präsens (konsonantische Konjugation)

	Sg.		Pl.		
3. Person	accēd-**i-t**	er (sie, es) kommt herbei	accēd-**u-nt**	sie kommen herbei	kons. Konjugation

Bei der konsonantischen Konjugation endet der Wortstamm auf einen Konsonanten (Mitlaut), z. B. acce**d**-.
Das **-i-** bzw. **-u-** vor der Personalendung ist ein zusätzlich eingefügter Vokal (Selbstlaut), der als Bindevokal bezeichnet wird.

S 1 Subjekt im Prädikat

Gaude*nt*.
Sie freuen sich.

Im Lateinischen muss nicht unbedingt ein eigenes Subjekt stehen, da die jeweilige Person an der Endung zu erkennen ist, also das Subjekt auch im Prädikat enthalten sein kann. Wer oder was tatsächlich gemeint ist (z. B. die Freunde, die Sklaven), ergibt sich aus dem vorhergehenden Text. Bei der Übersetzung muss man im Deutschen entsprechende Pronomina (Fürwörter) einsetzen.

2 Substantiv als Attribut

Iulia amica gaudet.
Die Freundin Julia freut sich.

In diesem Satz wird das Subjekt durch ein **Attribut** (eine Beifügung) erweitert. Das Substantiv amica erläutert als Attribut den Namen Iulia.

Subjekt —	Prädikat
Iulia	gaudet
⋮	
Attribut	
amica	

M Beachte beim **Vokabellernen** die folgenden „**Tipps**“:

1. Präge dir die Wörter nicht nur über die **Augen** ein, sondern sprich sie laut, damit du sie auch über die **Ohren** aufnimmst. Vokabeln, die du dir schwer merken kannst, solltest du in jedem Fall **schreiben**.
2. Teile dir die Wörter, die du an einem Tag lernen musst, in „**Portionen**“ ein (nicht mehr als sieben Vokabeln). Lerne die „Portionen“ nacheinander und mit kurzen Pausen dazwischen.
3. Nutze alle möglichen Lernhilfen:
- Beachte die **dritte Spalte** im Wortschatz: Wenn du z. B. weißt, was ein *Video* ist, wirst du dir videt leicht einprägen.
- Hilfreich sind außerdem **Eselsbrücken**: tandem lässt sich z. B. mit dem Satz „Endlich ist das Tandem da“ merken, paulum mit „Paulchen ist ein wenig kleiner.“ Deiner Phantasie sind keine Grenzen gesetzt.
- Viele Wörter lassen sich auch **zeichnen**, pantomimisch **darstellen** oder in Gruppen **ordnen** (z. B. nach ihrer Bedeutung).

vocat	er (sie, es) nennt, benennt, ruft	*Vokal, Vokativ*
fēmina	Frau	
puella	Mädchen, Freundin	
aurum	Gold	
argentum	Silber	*Argentinien*
et ... et	sowohl ... als auch	
nōn modo ... sed etiam	nicht nur ... sondern auch	
iacet	er (sie, es) liegt	
spectat	er (sie, es) betrachtet, sieht hin	*Spektakel*
emit	er (sie, es) kauft	
intus	im Inneren, innen	
ōrnāmentum	Schmuck(stück)	*Ornament*
est	es gibt	
itaque	deshalb	
quaerit	er (sie, es) sucht; will erwerben; fragt	
hūc *Adv.*	hierher	
illūc *Adv.*	dahin, dorthin	
subitō *Adv.*	plötzlich	
imprīmīs *Adv.*	besonders, vor allem	
pecūnia	Geld, Vermögen	
dēnique *Adv.*	schließlich, zuletzt	
discēdit	er (sie, es) geht weg, geht auseinander	
Rōmānus	Römer	

F 1 Verben: Imperativ I (Befehlsform)

Sg.		Pl.		
properā	beeile dich!	properā-**te**	beeilt euch!	ā-Konjugation
vidē	sieh!	vidē-**te**	seht!	ē-Konjugation
accēde	komm her!	accēd-**i-te**	kommt her!	kons. Konjug.
es	sei!	es-**te**	seid!	Hilfsverb

2 Substantive: Vokativ

Propera, Claudia!	Propera, Marce!	Propera, Spuri!
Beeile dich, Claudia!	Beeile dich, Markus!	Beeile dich, Spurius!

Im Lateinischen gibt es den **Vokativ**, einen eigenen Kasus (den 5. Fall), um jemanden anzureden. Die Formen sind im Allgemeinen denen des Nominativs gleich.

Ausnahmen: Bei Substantiven der o-Deklination auf -us hat der Vokativ Singular die Endung **-e**, bei Eigennamen auf -ius endet der Vokativ Singular auf **-i**.

Der Vokativ wird in den Deklinationstabellen nicht eigens aufgeführt.

quiēscit	er (sie, es) ruht (sich aus), schläft	
aedificat	er (sie, es) baut	
procul *Adv.*	von fern, weit weg	
portat	er (sie, es) bringt, trägt	*Porto, ex-portieren, trans-portieren*
dat	er (sie, es) gibt	*Datum, Dativ, Datei, e. date*
equus	Pferd	
frūmentum	Getreide	
arbor, arborem *f*	Baum	
amat	er (sie, es) liebt	*Amateur*
tangit	er (sie, es) berührt	*Tangente*
timet	er (sie, es) hat Angst, fürchtet	
clāmor *m*	Geschrei, Lärm	clāmat; *Klamauk*
sollicitat	er (sie, es) hetzt auf, beunruhigt, erregt	
retinet	er (sie, es) hält zurück, behält, hält fest	
locus	Ort, Platz, Stelle	*Lokal, lokal, lokalisieren, e. local*
locum dat	er (sie, es) macht Platz	
turba	Menschenmenge; Lärm, Verwirrung	*turbulent, e. trouble*
petit	er (sie, es) sucht auf, (er)strebt, bittet, verlangt	*Petition (Bittschrift)*
cūriam petit	er (sie, es) sucht die Kurie auf, eilt zur Kurie	
dum *Subj.*	während, solange, (so lange) bis	
dēpōnit	er (sie, es) legt nieder, legt ab	*deponieren, Depot, (Müll-)Deponie*
dīmittit	er (sie, es) schickt weg, entlässt, gibt auf	
verbum	Wort, Äußerung	*Verbum, verbal*
violat	er (sie, es) verletzt, entehrt	
intereā *Adv.*	inzwischen, unterdessen	
nōn iam	nicht mehr	
sustinet	er (sie, es) erträgt, hält stand	

Wortfamilien

est	sunt	spectat	mittit
ad-est	ad-sunt	ex-spectat	di-mittit
ac-cedit		re-tinet	
dis-cedit		sus-tinet	

F Substantive: Akkusativ

	Sg.		Pl.		
Akk.	domin-**am**	die / eine Dame	domin-**ās**	(die) Damen	a-Deklination
Akk.	domin-**um**	den / einen Herrn	domin-**ōs**	(die) Herren	o-Deklination *m*
Akk.	templ-**um**	den / einen Tempel	templ-**a**	(die) Tempel	o-Deklination *n*
Akk.	senātōr-**em**	den / einen Senator	senātōr-**es**	(die) Senatoren	3. Deklination

Der **Akkusativ** bezeichnet den **4. Fall**.
Bei den Neutra sind die Formen des Nominativs und des Akkusativs gleich. Sie enden im Singular auf **-um**, im Plural auf **-a**.
Bei den Substantiven der 3. Deklination werden im Wortschatz außer dem Nom. Sg. immer ein weiterer Kasus (zunächst der Akk. Sg.) und das Genus angegeben.

S Akkusativ als Objekt

Mercator dominam videt.
Der Händler sieht die Dame.

Subjekt ——	Prädikat
Mercator	videt
Objekt /	
dominam	

Der Akkusativ hat wie im Deutschen die Satzgliedfunktion des Objektes (der Satzergänzung). Objekte hängen vom Prädikat ab und ergänzen es. Nach dem **Akkusativobjekt** fragen wir „wen oder was?“. Verben, die ein Akkusativobjekt nach sich haben können, heißen „transitive“ Verben, die anderen Verben nennt man „intransitiv“.

M Nunc populus senatorem salutat.
Einige lateinische Sätze sind nicht mehr auf den ersten Blick überschau- und übersetzbar. Aber keine Angst: Mit gezielter **Abfragetechnik** lässt sich jeder Satz „knacken“:

Suche und übersetze immer erst das Prädikat (hier: salutat er, sie, es grüßt). Frage dann nach den einzelnen Satzgliedern bzw. Kasus. Beantworte deine Frage zuerst lateinisch – indem du ein Wort oder mehrere Wörter mit der entsprechenden Kasusendung suchst –, dann deutsch.

Wer oder was ***grüßt*****?**	Subjekt: Nominativ	*popul**us***	*Das Volk grüßt.*
Wen oder was ***grüßt das Volk*****?**	Objekt: Akkusativ	*senator**em***	*Das Volk grüßt den Senator.*

Übersetze schließlich die unveränderlichen Wörter (hier: nunc):

Nun grüßt das Volk den Senator.

Felix Wir wollen hier kurz pausieren; denn ich möchte dich auf etwas Wichtiges aufmerksam machen.

✳ *Was, jetzt schon eine Pause? Wir haben doch gerade erst angefangen.*

Felix Du weißt, ich wollte dir von Anfang an helfen. Und ich glaube, dass für dich zunächst alles schwierig ist, was anders ist als im Deutschen. Normalerweise kannst du Numerus und Kasus eines Substantivs an der Endung ablesen. Es gibt aber Fälle, in denen die gleiche Endung verschiedene Bedeutungen hat; sieh dir die folgenden Sätze an:

Amici mercatores salutant.	Die Freunde grüßen die Kaufleute.
Mercatores amicos salutant.	Die Kaufleute grüßen die Freunde.
Amicus mercatores salutat.	Der Freund grüßt die Kaufleute.

✳ *Ich sehe da kein besonderes Problem.*

Felix Hast du es nicht gemerkt? Im ersten und dritten Satz ist mercatores Akkusativobjekt, im zweiten Satz ist die gleiche Form aber Subjekt. Um mehrdeutige Endungen wie -es richtig zu erfassen, musst du immer den Satzzusammenhang und die Verbformen beachten.

✳ *Das ist aber doch nicht schlimm, weil das Subjekt am Satzanfang steht.*

Felix Das war bei diesen Sätzen der Fall, und meist beginnt im Lateinischen ein Satz auch mit dem Subjekt, dann folgt das Objekt, und das Prädikat steht am Schluss. Die übliche Reihenfolge ist also S-O-P. Manchmal sind aber Abweichungen von dieser Wortstellung möglich, z. B. kann ein Satz mit dem Objekt beginnen:
Dominos amici salutant, non servos.
Die Freunde grüßen die Herren, nicht die Sklaven.

✳ *Das finde ich aber gar nicht gut.*

Felix Deshalb sagte ich ja, du musst aufpassen. Im Englischen kann es wegen der fehlenden Kasusendungen keine Ausnahmen von der S-P-O-Regel geben, und auch im Deutschen wäre solch eine Wortstellung missverständlich.
Wenn sich das Subjekt nicht eindeutig feststellen lässt, können im Lateinischen sogar mehrere Lösungen sprachlich richtig sein; vergleiche z. B.:

Mercatores salutat.	Er/Sie grüßt die Kaufleute.
Mercatores salutant.	Die Kaufleute grüßen.
	Sie grüßen die Kaufleute.

Die inhaltlich richtige Übersetzung ergibt sich dann aus dem Kontext (Zusammenhang).

✳ *Das Problem sind also mehrdeutige Endungen wie -es bei mercatores. Mir fällt da noch -a und -um ein, z. B. bei aurum oder ornamenta.*

clāmat	er (sie, es) ruft laut, schreit	pecūniam petit	er (sie, es) verlangt Geld
accēdit	er (sie, es) kommt herbei, kommt hinzu	dum	während, solange, (so lange) bis
discēdit	er (sie, es) geht weg, geht auseinander	subitō	plötzlich
emit	er (sie, es) kauft	tum	da, damals, dann, darauf

in *m. Abl.*	in, an, auf, bei *(wo?)*	
cōnsilium	Beratung; Beschluss, Plan, Rat	
habet	er (sie, es) hat, hält	*e. to have*
cōnsilium habet	er (sie, es) hält eine Beratung ab	
negōtium	Aufgabe, Geschäft; Angelegenheit	
agit	er (sie, es) handelt, treibt, verhandelt	*Akte, Aktie, aktiv, re-agieren*
negōtia agit	er (sie, es) geht (seinen) Geschäften nach	
modo … modo	manchmal … manchmal, bald … bald	
ad *m. Akk.*	an, bei, nach, zu	
ē/ex *m. Abl.*	aus, von … her	
cum *m. Abl.*	mit, zusammen mit	
semper *Adv.*	immer	
dē *m. Abl.*	von, von … her, von … herab; über	
pretium	Preis, Wert	*Preziosen, e. price*
dē pretiō agit	er (sie, es) verhandelt über den Preis	
umerus	Schulter, Oberarm	
domum *Adv.*	nach Hause, heim *(wohin?)*	
in *m. Akk.*	in (… hinein), nach (… hin), auf, gegen *(wohin?)*	
dēscendit	er (sie, es) steigt herab	
compōnit	er (sie, es) verfasst, ordnet	*komponieren*
ita *Adv.*	so	
ecce	schau/schaut, sieh da/seht da!	
ā/ab *m. Abl.*	von, von … her	
labor, labōrem *m*	Arbeit, Anstrengung	laborat
prohibet (ā/ab *m. Abl.*)	er (sie, es) hält ab, hält fern (von), hindert (an)	
comprehendit	er (sie, es) ergreift, nimmt fest; begreift	
probat	er (sie, es) prüft; beweist, befindet für gut	*probieren*
reprehendit	er (sie, es) kritisiert, schimpft	
adhūc *Adv.*	bis jetzt, noch	
via	Straße, Weg	*Viadukt*
profectō *Adv.*	sicherlich, tatsächlich	
tamen	dennoch, jedoch	
sine *m. Abl.*	ohne	
timor, timōrem *m*	Angst, Furcht	

F Substantive: Ablativ

		Sg.	Pl.	
Abl.	(cum)	domin-**ā**	domin-**īs**	a-Deklination
Abl.	(cum)	domin-**ō**	domin-**īs**	o-Deklination *m*
Abl.	(in)	templ-**ō**	templ-**īs**	o-Deklination *n*
Abl.	(cum)	senātōr-**e**	senātōr-**ibus**	3. Deklination

Der **Ablativ (6. Fall)** ist ein lateinischer Kasus, den es im Deutschen nicht gibt. Ist das -ā Ablativendung, so wird es lang gesprochen. Zunächst findest du deshalb einen Querstrich als Längenzeichen darüber; im Allgemeinen ist es aber im Druck nicht von der Nominativendung zu unterscheiden.
Der Ablativ tritt oft in Verbindung mit einer Präposition (einem Verhältniswort) auf; er wird dann mit dem Kasus wiedergegeben, den die jeweilige Präposition im Deutschen erfordert; z. B. *cum* dominā *mit* der Dame.

S 1 Verwendung der Präpositionen

ad forum	zum Forum	in curiam	in die Kurie	*(wohin?)*
e curiā	aus der Kurie	in curiā	in der Kurie	*(wo?)*

m. Akk.	m. Abl.
ad	a/ab e /ex de cum

Nach jeder **Präposition** (Verhältniswort) steht im Lateinischen ein bestimmter Kasus, nämlich der Akkusativ oder der Ablativ.
Welcher Kasus nach einer lateinischen Präposition steht, musst du jeweils lernen. Nach einer Präposition entfällt also das „Abfragen".

Eine Ausnahme ist die Präposition **in**: Hier gibt der Akkusativ die Richtung an (Frage: *wohin?*), der Ablativ den Ort (Frage: *wo?*).

in tabernam   in tabernā   e tabernā

2 Präpositionalausdruck als Adverbiale

Senator ad forum properat.
Der Senator eilt zum Forum.

Subjekt —— Prädikat
Senator properat
Adverbiale
ad forum

Senator in curiā sedet.
Der Senator sitzt in der Kurie.

Subjekt —— Prädikat
Senator sedet
Adverbiale
in curiā

Ein Satz kann neben den Satzgliedern Subjekt, Prädikat und Objekt noch weitere Angaben enthalten, die z. B. über Ort, Zeit oder Grund des Geschehens informieren.
Eine solche zusätzliche Angabe nennt man **Adverbiale** (Umstandsbestimmung). Das Adverbiale hängt vom Prädikat ab und erläutert es. Hier steht ein Präpositionalausdruck (ad forum, in curiā) als Adverbiale.

T Konnektoren

Eine einfache Aneinanderreihung von Sätzen kann bereits einen Text ergeben. Oft fügt man jedoch **Konnektoren** (Bindewörter) ein, die den gedanklichen Zusammenhang und die Abfolge der Handlungen verdeutlichen; dadurch wird der Text leichter verständlich.
Solche Konnektoren können z. B.
- gleichartige Gedanken oder Handlungsschritte miteinander verbinden, z. B. et *(und)*, et … et *(sowohl … als auch)*,
- die Handlung zeitlich gliedern, z. B. tum *(dann)*,
- eine Begründung anführen, z. B. nam *(denn)*,
- einen Gegensatz einleiten, z. B. sed (aber).

Diese Konnektoren verdienen besondere Beachtung, da sie wesentliche Hinweise geben, wie der Text inhaltlich gegliedert ist.

M **Vokabeln** musst du auch gezielt **wiederholen**; beachte dabei Folgendes:

1. Erst wenn du ein Wort auch nach der fünften Wiederholung noch beherrschst, kannst du dir sicher sein, dass es im Gedächtnis verankert ist. Sinnvoll sind deshalb **fünf Wiederholungen** in immer größer werdenden Zeitabständen (z. B.: 1. WH am Abend des Erlernens, 2. WH am nächsten Tag, 3. WH nach weiteren zwei Tagen, 4. WH am Wochenende, 5. WH vor der Klassenarbeit).

2. Alle Vokabeln, die du bei einer der fünf Wiederholungen nicht kannst, musst du **aussortieren**: Du kannst diese aus dem Lektionenwortschatz des Buches herausschreiben, im Vokabelheft markieren oder die Vokabelkarte aussortieren. Diese Wörter müssen dann erneut fünf Wiederholungen „überstehen".

adest	er (sie, es) ist da, hilft	gaudet	er (sie, es) freut sich
sollicitat	er (sie, es) hetzt auf, beunruhigt, erregt	timet	er (sie, es) hat Angst, fürchtet

enim *(nachgestellt) Adv.*	nämlich, in der Tat	
dēbēre	müssen, sollen	
līctor, līctōrem *m*	Liktor (Begleiter höherer Beamter und einiger Priester)	
neque	und nicht, auch nicht, nicht einmal	
dubitāre	zweifeln; zögern	*e. to doubt*
esse	sein, sich befinden	
flamma	Flamme, Feuer	
āra	Altar	
servāre *(ā m. Abl.)*	bewahren, retten (vor)	*Kon-serve*
dea	Göttin	
fūr, fūrem *m/f*	Dieb; Diebin	
causa	Sache, Ursache, Grund	*Kausal-satz*
īgnōrāre	nicht kennen, nicht wissen	*Ignorant*
pōscere	fordern, verlangen	
tenēre	halten, festhalten, besitzen	
dēesse	abwesend sein, fehlen	
studēre	sich bemühen	*studieren, Student, e. to study*
līberāre	befreien, freilassen	*liefern*
monēre	(er)mahnen	*monieren, Monitor*
iniūria	Unrecht, Beleidigung	
auxilium	Hilfe	
pārēre	gehorchen, sich richten nach	*parieren*
cūrāre *m. Akk.*	pflegen, sorgen für	*kurieren*

Vestālis, Vestālem	Vestalin (Priesterin der Göttin Vesta)
Vesta	Vesta (Göttin des Herdfeuers)

Kontext

Mercator forum petit.	Der Kaufmann eilt zum Forum (sucht das Forum auf).
Mercator pecuniam petit.	Der Kaufmann verlangt Geld.
Dominus ornamentum quaerit.	Der Herr will ein Schmuckstück kaufen (erwerben).
Servus dominum quaerit.	Der Sklave sucht den Herrn.
Servus quaerit: „Ubi est dominus?“	Der Sklave fragt: „Wo ist der Herr?“
Mercator furem ab ornamentis prohibet.	Der Kaufmann hält den Dieb von den Schmuckstücken fern.
Mercator furem discedere prohibet.	Der Kaufmann hindert den Dieb (daran) wegzugehen.
Filius amicam a flammis servat.	Der Sohn rettet die (seine) Freundin vor den Flammen.
Filius amicam ab iniuria servat.	Der Sohn bewahrt die (seine) Freundin vor Unrecht.

F Verben: Infinitiv (Grundform) Präsens

vocā-**re**	(zu) rufen	ā-Konjugation
vidē-**re**	(zu) sehen	ē-Konjugation
ág-ĕ-**re**	(zu) handeln	kons. Konjugation
es-**se**	(zu) sein	Hilfsverb

Das -a- und das -e- im Infinitiv der ā- bzw. ē-Konjugation gehören zum Wortstamm und werden lang gesprochen; im Wortschatz steht daher ein Querstrich als Längenzeichen.
Das -e- im Infinitiv der konsonantischen Konjugation ist dagegen ein Bindevokal, der kurz gesprochen wird; es wird also die Silbe davor betont.

S 1 Ablativ als Adverbiale: Ablativ des Mittels

Servus dominum *clamore* sollicitat.
Der Sklave beunruhigt den Herrn *mit* seinem Geschrei.

Der Ablativ kommt auch ohne Präposition in der Satzgliedfunktion des Adverbiales vor. Als Ablativ des Mittels (Ablativus instrumentalis) gibt er an, womit etwas getan wird. Wir fragen „womit?" oder „wodurch?".
Im Deutschen muss man eine passende Präposition einsetzen, z. B. „mit" oder „durch".

2 Ablativ als Adverbiale: Ablativ des Grundes

Senator consilio gaudet.
Der Senator freut sich über den Beschluss (wegen des Beschlusses).

Nach Verben wie gaudere gibt der Ablativ den Grund an (Ablativus causae). Wir fragen „worüber?" oder „weshalb?".

M 1 Unsere **Abfragetabelle** ist nun umfangreicher geworden:

Wer oder was ...?	Subjekt: Nominativ
Wen oder was ...?	Objekt: Akkusativ
Womit, wodurch ...? **Worüber, weshalb ...?**	Adverbiale: Ablativ des Mittels Adverbiale: Ablativ des Grundes
Wo ...?	Adverbiale: Präposition in *m. Abl.*
Wohin ...?	Adverbiale: Präposition in *m. Akk.*

2 Populus tacere debet.
Die Volksmenge muss schweigen.
Senator curiam petere non cessat.
Der Senator zögert nicht, die Kurie aufzusuchen.

Der **Infinitiv** wird im Lateinischen meist genauso verwendet wie im Deutschen. Beachte, dass das Prädikat im Deutschen vor den Infinitiv gezogen werden muss.

dubitāre	zweifeln; zögern	studēre	sich bemühen
interrogāre	fragen	agere	handeln, treiben, verhandeln
cessāre	zögern	emere	kaufen
placēre	gefallen	quaerere	suchen; erwerben wollen; fragen

quia *Subj.*	weil	
dōnum	Geschenk	
dēlectāre, dēlectō	erfreuen, unterhalten	
parāre, parō	(vor)bereiten, vorhaben; erwerben	*parat, Apparat, prä-parieren, re-parieren*
rēctē *Adv.*	geradeaus, richtig, zu Recht	*e. right*
bene *Adv.*	gut	
sī *Subj.*	falls, wenn	
dōnāre, dōnō	schenken	dōnum
egō	ich	*egoistisch, Egoist, Egoismus*
item *Adv.*	ebenso, gleichfalls	
attingere, attingo	berühren	tangere
dēsīderāre, dēsīderō	sich sehnen nach, vermissen	*Desiderat, Désirée*
certē *Adv.*	gewiss, sicherlich	*Zertifikat, e. certain*
pretium quaerere (ē/ex *m. Abl.*)	(jmdn.) nach dem Preis fragen	
neque … neque	weder … noch	
marītus	Ehemann	
scelerātus	Verbrecher	
valē	Leb wohl!	
valēte	Lebt wohl!	
forās *Adv.*	heraus, hinaus *(wohin?)*	
Croesus	Krösus (durch seinen Reichtum bekannter König)	

Kontext

Amica	pretium	*e mercatore*	quaerit.
Die Freundin	fragt	*den Kaufmann*	nach dem Preis.
Die Freundin	erfragt	*vom Kaufmann*	den Preis.

Amicus nuptias parat. — Der Freund bereitet seine Hochzeit vor.
Amicus donum emere parat. — Der Freund hat vor ein Geschenk zu kaufen.
Amicus ornamentum parat. — Der Freund erwirbt ein Schmuckstück.

Servus non paret. — Der Sklave gehorcht nicht.

F Verben: 1. und 2. Person Präsens

	Sg.		Pl.		
1. Person	voc-**ō**	ich rufe	vocā-**mus**	wir rufen	ā-Konjugation
1. Person	mone-**ō**	ich mahne	monē-**mus**	wir mahnen	ē-Konjugation
1. Person	ag-**ō**	ich handle	ág-**i-mus**	wir handeln	kons. Konjug.
1. Person	su-**m**	ich bin	su-**mus**	wir sind	Hilfsverb

(voco aus voca-o)

	Sg.		Pl.		
2. Person	vocā-**s**	du rufst	vocā-**tis**	ihr ruft	ā-Konjugation
2. Person	monē-**s**	du mahnst	monē-**tis**	ihr mahnt	ē-Konjugation
2. Person	ag-**i-s**	du handelst	ág-**i-tis**	ihr handelt	kons. Konjug.
2. Person	**es**	du bist	es-**tis**	ihr seid	Hilfsverb

T Sachfelder

Das Thema eines Textes lässt sich oft an solchen Wörtern erkennen, die dem gleichen **Sachfeld** angehören, die also gleichermaßen etwas mit einem bestimmten Lebensbereich zu tun haben. Solche Sachfelder sind z.B. Handel, Politik, Religion oder Freundschaft.
Zum Sachfeld Handel gehören z.B. die Wörter taberna, mercator, aurum, pecunia, pretium, quaerere, emere.
Aus den Sachfeldern und den Konnektoren (vgl. 6 *T*) ergibt sich oft die gedankliche Struktur und Thematik des Textes. Damit wird es auch leichter, die einzelnen Wörter und Sätze treffend zu übersetzen.

Sachfeld Handel

FELIX-Tipps

FELIX Zeit für eine kurze Zusammenfassung!

✳ *Um welche Schwierigkeit geht es denn diesmal?*

FELIX Um keine. Ich möchte dir nur einen Tipp geben. Welche Formen eines Verbs kennst du bisher im Lateinischen?

✳ *Die 3. Person Singular und Plural kenne ich längst – vocat, vocant, monet, monent, agit, agunt –, auch den Imperativ I – voca, vocate, mone, monete, age, agite. Halt, natürlich! Seit kurzem kenne ich auch den Infinitiv – vocare, monere, agere – und die 1. und 2. Person Singular und Plural. Warte mal – voco, moneo, ago, vocas, mones, agis …*

FELIX Sehr gut! Und weißt du auch, was das Beste daran ist? Du kennst damit schon alle Endungen im Präsens. Schau, ich zeige dir alles, was du dazu kennst, noch einmal als Übersicht:

Infinitiv	vocā-**re**	(zu) rufen	ā-Konjugation
Infinitiv	monē-**re**	(zu) mahnen	ē-Konjugation
Infinitiv	ag-ĕ-**re**	(zu) handeln	konsonantische Konjugation
Infinitiv	es-**se**	(zu) sein	Hilfsverb

	Sg.		Pl.		
1. Person	voc-**ō**	ich rufe	vocā-**mus**	wir rufen	ā-Konjugation
1. Person	mone-**ō**	ich mahne	monē-**mus**	wir mahnen	ē-Konjugation
1. Person	ag-**ō**	ich handle	ág-**i**-**mus**	wir handeln	kons. Konjug.
1. Person	su-**m**	ich bin	su-**mus**	wir sind	Hilfsverb

	Sg.		Pl.		
2. Person	vocā-**s**	du rufst	vocā-**tis**	ihr ruft	ā-Konjugation
2. Person	monē-**s**	du mahnst	monē-**tis**	ihr mahnt	ē-Konjugation
2. Person	ag-**i**-**s**	du handelst	ág-**i**-**tis**	ihr handelt	kons. Konjug.
2. Person	es	du bist	es-**tis**	ihr seid	Hilfsverb

	Sg.		Pl.		
3. Person	voca-**t**	er (sie, es) ruft	voca-**nt**	sie rufen	ā-Konjugation
3. Person	mone-**t**	er (sie, es) mahnt	mone-**nt**	sie mahnen	ē-Konjugation
3. Person	ag-**i**-**t**	er (sie, es) handelt	ag-**u**-**nt**	sie handeln	kons. Konjug.
3. Person	es-**t**	er (sie, es) ist	s-**u**-**nt**	sie sind	Hilfsverb

	Sg.		Pl.		
Imperativ	vocā	rufe!	vocā-**te**	ruft!	ā-Konjugation
Imperativ	monē	mahne!	monē-**te**	mahnt!	ē-Konjugation
Imperativ	ag-e	handle!	ág-**i**-**te**	handelt!	kons. Konjug.
Imperativ	es	sei!	es-**te**	seid!	Hilfsverb

FELIX Und jetzt kommt der Tipp: All dies könnte man auch auf andere Weise ordnen als nach den verschiedenen Personen. Sieh her:

ā-Konjugation

Infinitiv	vocā-**re**	rufen		
	Sg.		Pl.	
1. Person	voc-**ō**	ich rufe	vocā-**mus**	wir rufen
2. Person	vocā-**s**	du rufst	vocā-**tis**	ihr ruft
3. Person	voca-**t**	er (sie, es) ruft	voca-**nt**	sie rufen
Imperativ	vocā	rufe!	vocā-**te**	ruft!

ē-Konjugation

Infinitiv	monē-**re**	mahnen		
	Sg.		Pl.	
1. Person	mone-**ō**	ich mahne	monē-**mus**	wir mahnen
2. Person	monē-**s**	du mahnst	monē-**tis**	ihr mahnt
3. Person	mone-**t**	er (sie, es) mahnt	mone-**nt**	sie mahnen
Imperativ	monē	mahne!	monē-**te**	mahnt!

Konsonantische Konjugation

Infinitiv	ag-ĕ-**re**	handeln		
	Sg.		Pl.	
1. Person	ag-**ō**	ich handle	ag-**i-mus**	wir handeln
2. Person	ag-**i-s**	du handelst	ag-**i-tis**	ihr handelt
3. Person	ag-**i-t**	er (sie, es) handelt	ag-**u-nt**	sie handeln
Imperativ	ag-**e**	handle!	ág-**i-te**	handelt!

Hilfsverb

Infinitiv	es-se	sein		
	Sg.		Pl.	
1. Person	s-u-**m**	ich bin	s-u-**mus**	wir sind
2. Person	es	du bist	es-**tis**	ihr seid
3. Person	es-**t**	er (sie, es) ist	s-u-**nt**	sie sind
Imperativ	es	sei!	es-**te**	seid!

✳ *Cool! Wenn ich diese Tabellen aufsage, brauche ich nicht ständig das Verb ändern. Ich fange gleich an: vocare: voco, vocas, vocat …*

Felix Echte Kunst ist es erst, wenn du die Tabellen auswendig kannst. Stoppe doch einmal die Zeit, wie lange du zum Aufsagen brauchst! Du kannst dich dabei auch mit deinen Mitschülern messen. Viel Spaß!

iam diū	schon lange	tamen	dennoch, jedoch
prope	nahe, in der Nähe; beinahe	imprīmīs	besonders, vor allem
itaque	deshalb	nōn modo … sed etiam	nicht nur … sondern auch

audīre, audiō	hören	*Audienz, Auditorium, „Audi"*
vōx, vōcem *f*	Stimme; Äußerung, Laut	vocāre; *Vokal, e. voice*
venīre, veniō	kommen	
plēbs, plēbem *f*	(nicht adeliges, einfaches) Volk	*Plebs, Plebejer*
senex, senem *m*	Greis, alter Mann	*Senior, senil*
cibus	Nahrung, Speise	
vīnum	Wein	*Win-zer, e. wine*
appetere, appetō	haben wollen, erstreben	petere; *Appetit*
ōrāre, ōrō	bitten	*Oratorium*
quaesō	bitte!	quaerere
autem *(nachgestellt)*	aber, andererseits	
neque tamen	und trotzdem nicht	
iterum *Adv.*	wiederum	
perīculum	Gefahr	
sentīre, sentiō	fühlen, meinen, wahrnehmen	*sentimental*
immō *Adv.*	im Gegenteil, ja sogar	
nōnne?	etwa nicht? denn nicht?	
scīre, sciō	wissen, kennen, verstehen	*e. science*
fūrtum	Diebstahl; Hinterlist	fūr
nex, necem *f*	Mord, (gewaltsamer) Tod	
necēs parāre	Mordanschläge vorbereiten	
ēdūcere, ēdūcō	herausführen	
Subūra	Subura (Stadtviertel in Rom)	

Wortfamilien

clam-or | **clam**-are

tim-or | **tim**-ere

labor | **labor**-are

don-um | **don**-are

vox, **voc**-em | **voc**-are

fur, **fur**-em | **fur**-tum

F 1 Verben: ī-Konjugation

a) Infinitiv

	audī-**re**	hören

b) Präsens

	Sg.		Pl.	
1. Person	audi-**ō**	ich höre	audī-**mus**	wir hören
2. Person	audī-**s**	du hörst	audī-**tis**	ihr hört
3. Person	audi-**t**	er (sie, es) hört	audi-**u-nt**	sie hören

In der 3. Pers. Pl. wird der Bindevokal -u- eingefügt.

c) Imperativ

	audī	höre!	audī-**te**	hört!

2 Substantive der 3. Deklination: Wortstamm

Bei vielen Substantiven, die wie senator dekliniert werden, ist der Wortstamm nicht im Nom. Sg. erkennbar. Man muss daher einen weiteren Kasus (zunächst den Akk. Sg.) mitlernen. Durch Wegstreichen der Endung (-em) erhält man den Wortstamm. Beispiele:

Nom.	Akk.	Wortstamm
arbor	arbor-em	arbor-
fūr	fūr-em	fūr-
nex	nec-em	nec-
vōx	vōc-em	vōc-
plēbs	plēb-em	plēb-
senex	sen-em	sen-

M Du hast gelernt, dass es in der **3. Deklination** auch Substantive gibt, die nicht auf -or enden. Die **Kasusendungen** sind aber bei all diesen Substantiven gleich, wie du an den folgenden Beispielen siehst:

mercātor	mercātōr-**em**	mercātōr-**e**	usw.
vōx	vōc-**em**	vōc-**e**	usw.
plēbs	plēb-**em**	plēb-**e**	usw.

Konjugationsklassen

voc-o …	voca-t …	voca-nt	vocā-re	ā-Konjugation
mone-o …	mone-t …	mone-nt	monē-re	ē-Konjugation
audi-o …	audi-t …	audi-u-nt	audī-re	ī-Konjugation
ag-o …	ag-i-t …	ag-u-nt	ag-e-re	kons. Konjugation

cōnsilium	Beratung, Beschluss, Plan, Rat	aedificāre	bauen
auxilium	Hilfe	dēsīderāre	sich sehnen nach, vermissen
perīculum	Gefahr	sustinēre	ertragen, stand halten
iniūria	Unrecht, Beleidigung	reprehendere	kritisieren, schimpfen

grātia	Dank, Gefälligkeit; Ansehen, Beliebtheit	*Grazie, graziös*
grātiās agere	danken	
libenter *Adv.*	gern	*lieb*
tū	du	
comes, comitem *m/f*	Begleiter(in), Gefährte, Gefährtin	
custōs, custōdem *m/f*	Wächter(in)	*Küster*
manēre, maneō	bleiben, (er)warten	*per-manent*
quoque	auch	
occurrere, occurrō	begegnen, entgegentreten	
dīcere, dīcō	sagen, sprechen	*dichten, diktieren*
ostendere, ostendō	zeigen, erklären	*ostentativ*
mox *Adv.*	bald	
simulācrum	Bild, Schatten (eines Toten)	
narrāre, narrō	erzählen	*narrativ*
deus	Gott, Gottheit	*„ade", „adieu"*
ut	wie	
colere, colō	bewirtschaften, pflegen; verehren	
quidem *Adv.*	freilich, gewiss, wenigstens, zwar	
prōmittere, prōmittō	versprechen	mittere
dēbēre, dēbeō	müssen, sollen; schulden	
saepe *Adv.*	oft	
sōl, sōlem *m*	Sonne	*Solarium*
umbra	Schatten	*e. umbrella*

Capitōlium	Kapitol (Hügel Roms mit Burg und Jupitertempel)
Iuppiter, Iovem	Jupiter (höchster Gott der Römer)
Minerva	Minerva (Göttin der Weisheit)

Latein lebt

Einige lateinische Verben – in den modernen Fremdsprachen in gleicher Bedeutung:

venire	*i.* venire	*s.* venir	*f.* venir
sentire	*i.* sentire	*s.* sentir	*f.* sentir
narrare	*i.* narrare	*s.* narrar	*f.* narrer
promittere	*i.* promettere	*s.* prometer	*f.* promettre
occurrere	*i.* occorrere	*s.* ocurrir	

F Substantive: Dativ

	Sg.		Pl.		
Dat.	**domin-ae**	der/einer Dame	**domin-īs**	(den) Damen	a-Deklination
Dat.	**domin-ō**	dem/einem Herrn	**domin-īs**	(den) Herren	o-Deklination *m*
Dat.	**templ-ō**	dem/einem Tempel	**templ-īs**	(den) Tempeln	o-Deklination *n*
Dat.	**senātōr-ī**	dem/einem Senator	**senātōr-ibus**	(den) Senatoren	3. Deklination

S Dativ als Objekt

Marcus amico adest.
Markus hilft seinem Freund.

Wie im Deutschen bezeichnet der Dativ als Objekt die Person (oder Sache), der eine Handlung gilt. Nach dem Dativobjekt fragen wir „wem?".

Marcus mercatori pecuniam dat.
Markus gibt dem Kaufmann Geld.

Der Dativ ergänzt als Objekt auch Verben, die schon ein Akkusativobjekt bei sich haben. Welche und wie viele Objekte stehen können oder müssen, wird durch das Prädikat festgelegt.

M

In taberna Marcus mercatori pecuniam dat.
Das Prädikat heißt *dat er (sie, es) gibt*. Unsere erweiterte **Abfragetabelle** sieht nun so aus:

Wer oder was *gibt*?	Subjekt: Nominativ	*Marcus*	*Markus gibt.*
Wen oder was *gibt Markus?*	Objekt: Akkusativ	*pecuniam*	*Markus gibt Geld.*
Wem *gibt Markus Geld?*	Objekt: Dativ	*mercatori*	*Markus gibt dem Händler Geld.*
Womit, wodurch ...? Worüber, weshalb ...?	Adverbiale: Ablativ des Mittels Adverbiale: Ablativ des Grundes		
Wo ...?	Adverbiale: Präposition in *m. Abl.*	*in taberna*	*Im Laden gibt Markus dem Händler Geld.*
Wohin ...?	Adverbiale: Präposition in *m. Akk.*		

sed	aber, sondern	subitō	plötzlich
autem	aber, andererseits	statim	auf der Stelle, sofort
iam	nun; schon, bereits	neque … neque	weder … noch
cūr?	warum?	dum	während, solange, (so lange) bis

lūdere, lūdō	spielen, scherzen	
hospes, hospitem *m*	Fremder; Gast, Gastgeber	*Hospital, Hospiz, Hotel, e. host*
cēna	Mahlzeit, Essen	
invenīre, inveniō	finden, erfinden	venīre; *Inventur, Inventar*
hodiē *Adv.*	heute	
permittere, permittō	erlauben, überlassen	mittere
vāsa, vāsa *n Pl.*	Gefäße	*Vase*
aqua	Wasser	*Aquarium, Aquädukt*
pellere, pellō	schlagen, (ver)treiben	*Pro-peller*
cadere, cadō	fallen	*Kadenz*
frangere, frangō	zerbrechen (trans.)	*Fraktur, Fraktion, Fragment*
dēsinere, dēsinō	aufhören	
pēs, pedem *m*	Fuß	*Pedal*
venia	Gefallen; Nachsicht, Verzeihung	
veniam dare	verzeihen	
vitium	Fehler, schlechte Eigenschaft	
oportet	es gehört sich, es ist nötig	
īgnōscere, īgnōscō	verzeihen	
silva	Wald	*Silvester*

Wortfamilien

Zu vielen lateinischen Verben gibt es sogenannte Komposita, das sind mit bestimmten Vorsilben zusammengesetzte Verben (vgl. im Deutschen: laufen, weg-laufen, hin-laufen). In den Vorsilben kann man oft Präpositionen entdecken, z. B. in, ad, de, cum.

mittere	venire	petere	esse
per-mittere	in-venire	ap-petere	ad-esse
pro-mittere			de-esse
di-mittere			

com-prehendere	ac-cedere
re-prehendere	dis-cedere

F Personalpronomen (Persönliches Fürwort)

1. Person	Sg.		Pl.	
Nom.	egō	ich	nōs	wir
Dat.	mihi	mir	nōbīs	uns
Akk.	mē	mich	nōs	uns
Abl.	mēcum	mit mir	nōbīscum	mit uns
	ā mē	von mir	ā nōbīs	von uns

2. Person	Sg.		Pl.	
Nom.	tu	du	vōs	ihr
Dat.	tibi	dir	vōbīs	euch
Akk.	tē	dich	vōs	euch
Abl.	tēcum	mit dir	vōbīscum	mit euch
	ā tē	von dir	ā vōbīs	von euch

S Personalpronomen: Verwendung

Quid? *Tu* parere dubitas? *Ego* dominus sum, *tu* servus es!
Was? Du zögerst zu gehorchen? Ich bin der Herr, du bist der Sklave!

Im Nominativ wird das Personalpronomen nur verwendet, wenn in einem Satz das – bereits im Verb enthaltene – Subjekt besonders betont werden soll.
In den anderen Kasus wird das Personalpronomen wie im Deutschen oder Englischen verwendet.

Latein lebt

Redensarten und Wendungen aus unserem Alltag - mit lateinischen Vokabeln:

in die *Pedale* treten
keinen *Appetit* haben
das Essen *probieren*
den *Pro-peller* anwerfen
das Auto *re-parieren*

So ein *Klamauk*!

den Schreibstil *kultivieren*
Fraktur reden
ein Lied *komponieren*
eine *Audienz* beim Papst
sensibel *re-agieren*

Wegen *Inventur* geschlossen!

die *Daten* sichern
eine *Akte* schließen
ins *Solarium* gehen
„Gaudi“ machen
die Ware *re-klamieren*

Die *Aktien* steigen!

12

nēmō	niemand	dēscendere	herabsteigen
exspectāre	warten, erwarten	lūdere	spielen, scherzen
gaudēre	sich freuen	quia	weil
rētinēre	zurückhalten, behalten, festhalten	imprīmīs	besonders, vor allem

epistula	Brief	*Epistel*
avus	Großvater	
vīlla	Haus, Landhaus	*Villa, Weiler*
prīmum *Adv.*	erstens, zuerst, zum ersten Mal	
relinquere, relinquō	zurücklassen, verlassen	
dūcere, dūcō	führen; ziehen	*Aquä-dukt*
haud	nicht	
rārō *Adv.*	selten	
aedificium	Gebäude	aedificāre
vīcus	Dorf; Gasse	*e. Ips-wich, Braunsch-weig*
īnsula	Insel; Wohnblock	
campus	Feld, freier Platz	*Camping, e. camp*
mūrus	Mauer	
tēctum	Dach; Haus	*Archi-tekt*
familia	Familie, Hausgemeinschaft	*e. family*
paulō post	(ein) wenig später	
mora	Aufenthalt, Verzögerung	
-que *(angehängt)*	und	
aura	Luft(zug)	*Aura*
movēre, moveō	bewegen	*Motiv, Motor, Lokomotive, e. to move*
nātūra	Beschaffenheit, Natur, Wesen	*Naturell, natürlich, e. nature*
laudāre, laudō	loben	*Laudatio*

via Appia — Via Appia (Straße von Rom nach Capua in Kampanien)

villa

insula

tectum

templum

F Substantive: Genitiv

	Sg.		Pl.		
Gen.	**domin-ae**	der/einer Dame	**domin-ārum**	der Damen	a-Deklination
Gen.	**domin-ī**	des/eines Herrn	**domin-ōrum**	der Herren	o-Deklination *m*
Gen.	**templ-ī**	des/eines Tempels	**templ-ōrum**	der Tempel	o-Deklination *n*
Gen.	**senātōr-is**	des/eines Senators	**senātōr-um**	der Senatoren	3. Deklination

Der **Genitiv** bezeichnet den **2. Fall**.
Künftig ist bei Substantiven der 3. Deklination immer der Genitiv Singular angegeben, der mitgelernt werden muss; durch Abstreichen der Endung -is erhält man den Wortstamm.

S Genitiv als Attribut

Templa deorum spectamus.
Wir betrachten die Tempel der Götter.

Als Attribut bezeichnet der Genitiv wie im Deutschen die Zugehörigkeit einer Person oder Sache zu einer anderen. Nach dem **Genitivattribut** fragen wir „wessen?“.

Objekt — Prädikat
Templa — spectamus

Attribut
deorum

M Verwende jetzt die folgende **Abfragetabelle**:

Wer oder was ...?	Subjekt: Nominativ
Wen oder was ...?	Objekt: Akkusativ
Wem ...?	Objekt: Dativ
Wessen *(m. Bezugswort)* ...?	Attribut: Genitiv
Womit, wodurch ...? Worüber, weshalb ...?	Adverbiale: Ablativ des Mittels Adverbiale: Ablativ des Grundes
Wo ...?	Adverbiale: Präposition in *m. Abl.*
Wohin ...?	Adverbiale: Präposition in *m. Akk.*

Felix-Tipps

Felix Jetzt kennen wir endlich alle lateinischen Kasus!

✲ *Ein bisschen Sorge habe ich schon, dass ich die vielen Endungen verwechsle. Einige der Endungen für den Genitiv kennen wir doch schon von anderen Kasus.*

Felix Nur keine Aufregung! Schau, ich zeige dir nochmal alle Endungen im Überblick. Zunächst findest du – nach Kasus geordnet – die Tabellen mit den Beispielwörtern, die dir aus den Lektionen bekannt sind:

Nominativ (1. Fall)

	Sg.		Pl.		
Nom.	domin-**a**	die/eine Dame	domin-**ae**	(die) Damen	a-Deklination
Nom.	domin-**us**	der/ein Herr	domin-**ī**	(die) Herren	o-Deklination *m*
Nom.	templ-**um**	der/ein Tempel	templ-**a**	(die) Tempel	o-Deklination *n*
Nom.	senātor	der/ein Senator	senātōr-**ēs**	(die) Senatoren	3. Deklination

Genitiv (2. Fall)

	Sg.		Pl.		
Gen.	domin-**ae**	der/einer Dame	domin-**ārum**	der Damen	a-Deklination
Gen.	domin-**ī**	des/eines Herrn	domin-**ōrum**	der Herren	o-Deklination *m*
Gen.	templ-**ī**	des/eines Tempels	templ-**ōrum**	der Tempel	o-Deklination *n*
Gen.	senātōr-**is**	des/eines Senators	senātōr-**um**	der Senatoren	3. Deklination

Dativ (3. Fall)

	Sg.		Pl.		
Dat.	domin-**ae**	der/einer Dame	domin-**īs**	(den) Damen	a-Deklination
Dat.	domin-**ō**	dem/einem Herrn	domin-**īs**	(den) Herren	o-Deklination *m*
Dat.	templ-**ō**	dem/einem Tempel	templ-**īs**	(den) Tempeln	o-Deklination *n*
Dat.	senātōr-**ī**	dem/einem Senator	senātōr-**ibus**	(den) Senatoren	3. Deklination

Akkusativ (4. Fall)

	Sg.		Pl.		
Akk.	domin-**am**	die/eine Dame	domin-**ās**	(die) Damen	a-Deklination
Akk.	domin-**um**	den/einen Herrn	domin-**ōs**	(die) Herren	o-Deklination *m*
Akk.	templ-**um**	den/einen Tempel	templ-**a**	(die) Tempel	o-Deklination *n*
Akk.	senātōr-**em**	den/einen Senator	senātōr-**ēs**	(die) Senatoren	3. Deklination

Ablativ (6. Fall)

	Sg.		Pl.		
Abl.	(cum)	domin-**ā**	domin-**īs**		a-Deklination
Abl.	(cum)	domin-**ō**	domin-**īs**		o-Deklination *m*
Abl.	(in)	templ-**ō**	templ-**īs**		o-Deklination *n*
Abl.	(cum)	senātōr-**e**	senātōr-**ibus**		3. Deklination

Felix Ähnlich wie bei den Verben können wir auch die Substantivformen anders anordnen. Sieh dir die folgenden Deklinationsreihen an:

a-Deklination

	Sg.		Pl.	
Nom.	amīc-**a**	die Freundin	amīc-**ae**	die Freundinnen
Gen.	amīc-**ae**	der Freundin	amīc-**ārum**	der Freundinnen
Dat.	amīc-**ae**	der Freundin	amīc-**īs**	den Freundinnen
Akk.	amīc-**am**	die Freundin	amīc-**ās**	die Freundinnen
Abl.	amīc-**ā**		amīc-**īs**	

Fast alle Substantive der a-Deklination sind Feminina.

o-Deklination *m*

	Sg.		Pl.	
Nom.	amīc-**us**	der Freund	amīc-**ī**	die Freunde
Gen.	amīc-**ī**	des Freundes	amīc-**ōrum**	der Freunde
Dat.	amīc-**ō**	dem Freund	amīc-**īs**	den Freunden
Akk.	amīc-**um**	den Freund	amīc-**ōs**	die Freunde
Abl.	amīc-**ō**		amīc-**īs**	

Fast alle Substantive der o-Deklination auf -us sind Maskulina.

o-Deklination *n*

	Sg.		Pl.	
Nom.	verb-**um**	das Wort	verb-**a**	die Worte
Gen.	verb-**ī**	des Wortes	verb-**ōrum**	der Worte
Dat.	verb-**ō**	dem Wort	verb-**īs**	den Worten
Akk.	verb-**um**	das Wort	verb-**a**	die Worte
Abl.	verb-**ō**		verb-**īs**	

Fast alle Substantive der o-Deklination auf -um sind Neutra.
Sie haben im Nominativ und Akkusativ gleiche Endungen.

3. Deklination

	Sg.		Pl.	
Nom.	mercātor	der Kaufmann	mercātōr-**ēs**	die Kaufleute
Gen.	mercātōr-**is**	des Kaufmanns	mercātōr-**um**	der Kaufleute
Dat.	mercātōr-**ī**	dem Kaufmann	mercātōr-**ibus**	den Kaufleuten
Akk.	mercātōr-**em**	den Kaufmann	mercātōr-**ēs**	die Kaufleute
Abl.	mercātōr-**e**		mercātōr-**ibus**	

Viele Substantive der 3. Deklination bilden Kasusformen wie mercātor.

Felix Nun musst du natürlich noch wissen, zu welcher Deklinationsklasse ein Wort gehört. Dann kannst du feststellen, um welche Form es sich jeweils in einem Text handelt. Du musst also immer die „Lernform" des Wortschatzes (Nominativ, Genitiv und gegebenenfalls Genusangabe) kennen.

timor	Angst, Furcht	quiēscere	(aus)ruhen, schlafen
sollicitāre	aufhetzen, beunruhigen, erregen	grātiās agere	danken
cessāre	zögern, rasten	nōnne?	etwa nicht? denn nicht?

vesper, vesperī *m*	Abend; Westen	*Vesper*
urbs, urbis *f* (*Gen. Pl.* -ium)	Stadt, Hauptstadt (Rom)	
tenebrae, tenebrārum *f Pl.*	Dunkelheit, Finsternis	
puer, puerī *m*	Junge	
līberī, līberōrum *m Pl.*	Kinder	
nox, noctis *f* (*Gen. Pl.* -ium)	Nacht	*e. night*
vir, virī m	Mann	
prōcēdere, prōcēdō	(vorwärts) gehen, vorrücken	*Prozession, Prozess*
minister, ministrī *m*	Diener, Gehilfe	*Minister*
posse, possum	können	
prīmō *Adv.*	zuerst	prīmum; *„prima“*
ager, agrī *m*	Acker, Feld, Gebiet	*Agrar-*
mōns, montis *m* (*Gen. Pl.* -ium)	Berg	*Mount Everest, Mont Blanc*
praebēre, praebeō	geben, hinhalten	
cēnāre, cēnō	essen	cēna
deinde *Adv.*	dann, darauf	
fābula	Erzählung, Geschichte, Theaterstück	*Fabel, fabelhaft*
familiāris, familiāris *m* (*Gen. Pl.* -ium)	Freund	familia
vendere, vendō	verkaufen	
scīlicet *Adv.*	freilich, natürlich, selbstverständlich	
nōn dēbēre	nicht dürfen	
fōns, fontis *m* (*Gen. Pl.* -ium)	Quelle; Ursprung	*Fontäne*
arcessere, arcessō	herbeirufen, holen	

Latein lebt

Lehnwörter in der deutschen Sprache: Hättest du gewusst, dass gerade die folgenden Wörter aus dem Lateinischen stammen?

Mauer	von	murus	Preis	von	pretium	Kette	von	catena
Wein	von	vinum	prüfen	von	probare	Käse	von	caseus

Übrigens: Der Spiegel kommt vom lateinischen Wort speculum; die Bedeutung kannst du erklären, wenn du an das Verbum spectare denkst.

F 1 Substantive der o-Deklination auf -(e)r

Beispiel: **puer, puerī** der Junge

	Sg.	Pl.
Nom.	puer	puer-**ī**
Gen.	puer-**ī**	puer-**ōrum**
Dat.	puer-**ō**	puer-**īs**
Akk.	puer-**um**	puer-**ōs**
Abl.	puer-**ō**	puer-**īs**

Beispiel: **ager, agrī** der Acker

	Sg.	Pl.
Nom.	ager	agr-**ī**
Gen.	agr-**ī**	agr-**ōrum**
Dat.	agr-**ō**	agr-**īs**
Akk.	agr-**um**	agr-**ōs**
Abl.	agr-**ō**	agr-**īs**

Die Deklinationsformen der Substantive auf -(e)r sind außer im Nom. Sg. denen der Substantive auf -us gleich. Der Vokativ entspricht dem Nominativ (z. B. puer). Ihr Geschlecht ist maskulin. Da bei diesen Wörtern das -e- in den deklinierten Formen zum Teil fehlt, muss man immer den Gen. Sg. mitlernen.

2 Substantive der 3. Deklination: Erweiterung (Gen. Pl. -ium)

Beispiel: **mōns, montis** der Berg

	Sg.	Pl.
Nom.	mōns	mont-ēs
Gen.	mont-is	mont-**ium**
Dat.	mont-ī	mont-ibus
Akk.	mont-em	mont-ēs
Abl.	mont-e	mont-ibus

Beispiel: **familiāris, familiāris** der Freund

	Sg.	Pl.
Nom.	familiār-is	familiār-ēs
Gen.	familiār-is	familiār-**ium**
Dat.	familiār-ī	familiār-ibus
Akk.	familiār-em	familiār-ēs
Abl.	familiār-e	familiār-ibus

Einige Substantive der 3. Deklination haben im Gen. Pl. die Endung -ium statt -um. Es sind dies in der Regel die folgenden Gruppen:

a) Substantive, die im Nom. und Gen. Sg. eine unterschiedliche Silbenzahl haben und deren Wortstamm auf zwei Konsonanten endet (z. B. mons, mont-is).

b) Substantive, die auf -is oder -es enden und die im Nom. und Gen. Sg. die gleiche Silbenzahl haben (z. B. familiar-**is**, familiar-**is**).

Damit du weißt, welche Substantive zu diesen Gruppen gehören, wird ab sofort der Gen. Pl. -ium im Wortschatz eigens angegeben.

3 Verben: posse

a) Infinitiv

posse	können

b) Präsens

	Sg.	Pl.
1. Person	pos-sum	pos-sumus
2. Person	pot-es	pot-estis
3. Person	pot-est	pos-sunt

Die Formen von posse sind aus dem Adjektiv (Eigenschaftswort) potis (mächtig, fähig) und dem Hilfsverb esse entstanden.
Vor Vokal steht pot-, vor s pos-.

14

aura	Luft(zug)	sōl	Sonne
via	Straße, Weg	dūcere	führen, ziehen
arbor	Baum	adhūc	bis jetzt, noch

ārdēre, ārdeō	brennen	
laetus, a, um	froh, fröhlich	
contentus, a, um	zufrieden	*e. content*
pulcher, pulchra, pulchrum	schön	
medius, a, um	der mittlere, in der Mitte (von)	*Medium, e. middle*
mediā in viā	mitten auf der Straße	
nōnnūllī, ae, a	einige, manche	
arēna	Sand, Kampfplatz, Arena	
saxum	Fels, Stein	
varius, a, um	bunt, verschieden, vielfältig	*variabel, Variante, Variation, e. various*
parvus, a, um	klein, gering	
ūnus, a, um *Gen.* ūnīus *Dat.* ūnī	ein(er), ein einziger	*Union, e. one*
ūnus ē/ex	einer von	
paucī, ae, a	wenige	
faber, fabrī *m*	Arbeiter, Handwerker	*Fabrik*
antīquus, a, um	alt, altertümlich	*antik, Antiquität*
dūrus, a, um	hart	*Dur, dauern*
miser, misera, miserum	arm, unglücklich, erbärmlich	*Misere, miserabel*
iterum atque iterum	immer wieder	
magnus, a, um	groß, bedeutend	*„Magnum"*
magnā vōce	mit lauter Stimme	
imperāre, imperō *(m. Dat.)*	befehlen, herrschen (über)	*Imperativ*
probus, a, um	anständig, gut; tüchtig	probāre
resistere, resistō	stehen bleiben, Widerstand leisten	
pergere, pergō	aufbrechen; weitermachen	
viam dare	Platz machen	
nūllus, a, um *Gen.* nullīus *Dat.* nullī	kein	*Null, annullieren*
rūsticus, a, um	ländlich	*rustikal*
vīlla rūstica	Landgut	
eō *Adv.*	dorthin; deswegen	

montēs Albānī	Albanergebirge (südlich von Rom)
ager Albānus	Albanerland (südlich von Rom)

F 1 Adjektive der a-/o-Deklination

Beispiel:
laetus, a, um froh, fröhlich

	Sg. *m*	*f*	*n*	Pl. *m*	*f*	*n*
Nom.	laet-**us**	laet-**a**	laet-**um**	laet-**ī**	laet-**ae**	laet-**a**
Gen.	laet-**ī**	laet-**ae**	laet-**ī**	laet-**ōrum**	laet-**ārum**	laet-**ōrum**
Dat.	laet-**ō**	laet-**ae**	laet-**ō**	laet-**īs**	laet-**īs**	laet-**īs**
Akk.	laet-**um**	laet-**am**	laet-**um**	laet-**ōs**	laet-**ās**	laet-**a**
Abl.	laet-**ō**	laet-**ā**	laet-**ō**	laet-**īs**	laet-**īs**	laet-**īs**

Die Adjektive (Eigenschaftswörter) auf -us, a, um werden dekliniert wie die Substantive der a- und o-Deklination.

2 Adjektive der a-/o-Deklination auf -(e)r

Beispiele:
miser, misera, miserum arm, unglücklich
pulcher, pulchra, pulchrum schön

Die Deklinationsformen der Adjektive auf -(e)r entsprechen (außer im Nom. Sg. *m*) denen der Adjektive auf -us, a, um (vgl. puer, pueri bzw. ager, agri). Da das -e- in den deklinierten Formen zum Teil fehlt (z. B. pulchra), muss man immer den Nominativ aller drei Genera lernen.

S 1 Adjektive: KNG-Kongruenz

Liberi laeti monumenta spectant.
Die fröhlichen Kinder betrachten die Denkmäler.

Liberi urbem antiquam spectant.
Die Kinder betrachten die alte Stadt.

Liberi nonnulla monumenta vident.
Die Kinder sehen einige Denkmäler.

Das Adjektiv richtet sich im **K**asus, **N**umerus und **G**enus nach dem Nomen, zu dem es gehört (**KNG-Kongruenz**).
Die Endungen sind gleich, wenn Substantiv und Adjektiv der gleichen Deklinationsklasse angehören (z. B. liberi laeti), andernfalls unterscheiden sie sich (z. B. urbem antiquam).
Die Adjektive stehen meist hinter dem Substantiv, zu dem sie gehören; wenn sie eine Menge, ein Maß oder eine Zahl bezeichnen (z. B. nonnulla), stehen sie häufig davor.

2 Adjektive als Attribut

Die Adjektive in dieser Lektion sind als Attribute verwendet. Sie sind keine notwendigen Bestandteile des Satzes. Ein **Adjektivattribut** kann ein Subjekt, Objekt oder Adverbiale erweitern.

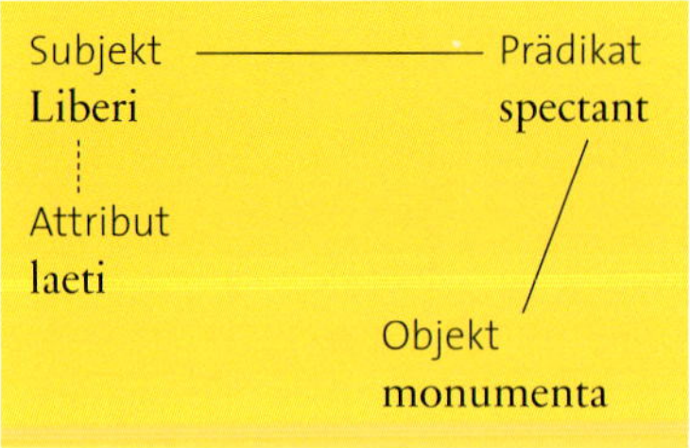

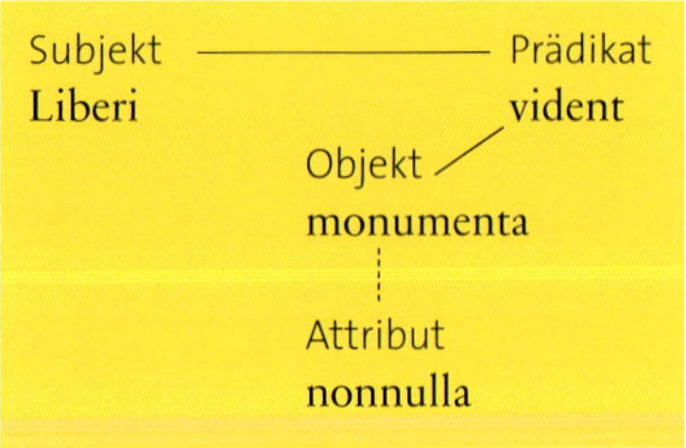

3 Adjektiv als Prädikatsnomen

a) Balbus probus est.
Balbus ist tüchtig.

Ein Adjektiv kann ebenso wie ein Substantiv als Prädikatsnomen zum Hilfsverb esse treten. Es gilt die KNG-Kongruenz mit dem Bezugswort.

b) Servi et servae probi sunt.
Die Sklaven und Sklavinnen sind tüchtig.

Bezieht sich ein Adjektiv auf mehrere Wörter, die maskulin und feminin sind, so steht das Adjektiv im Maskulin Plural.

M Balbus servus probus est.
Balbus ist ein tüchtiger Sklave.
oder: Der Sklave Balbus ist tüchtig.

In diesem Satz kannst du servus sowohl als **Attribut** (zu Balbus) wie auch als **Prädikatsnomen** (zu est) auffassen, sodass sich zwei grammatikalisch richtige Übersetzungsmöglichkeiten ergeben. Im Satzmodell ist der Unterschied zu erkennen:

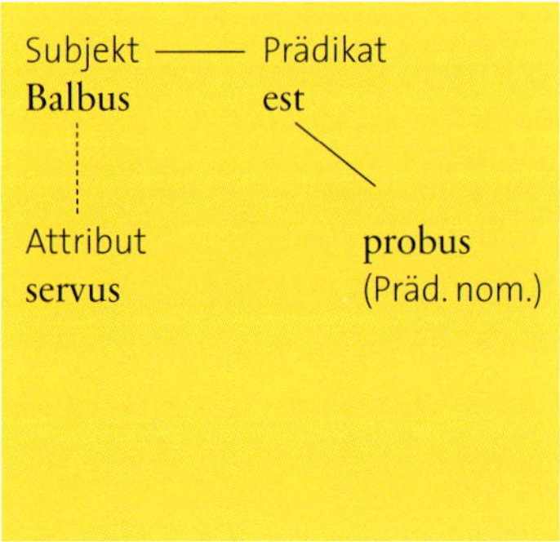

oder:

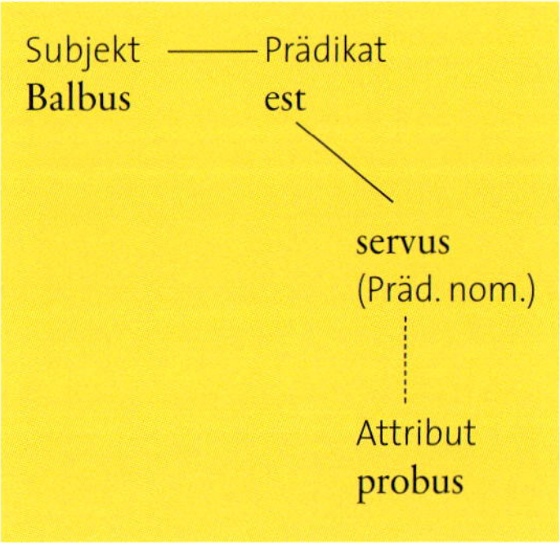

dubitāre	zweifeln; zögern	audīre	hören
arcessere	herbeirufen, holen	ut	wie
comprehendere	ergreifen, festnehmen; begreifen	paulum	ein wenig

facere, faciō	machen, tun, handeln	*Fazit, Faktor*
■ cupere, cupiō	verlangen, wünschen, wollen	
bōs, bovis *m/f*	Kuh, Ochse, Rind	*e. beef*
multus, a, um	viel	*multiplizieren, multikulturell*
multa, multōrum *n Pl.*	viel(es)	
vāstus, a, um	riesig; menschenleer, verwüstet	
■ pecus, pecoris *n*	Vieh; Tier	pecūnia
■ velle, volō	wollen	
tam	so	
terrēre, terreō	erschrecken *(trans.)*	*Terror, Terrorist*
latus, lateris *n*	Flanke, Seite	*multi-lateral*
sinister, sinistra, sinistrum	links; trügerisch, falsch	
incendium	Brand, Feuer	
indicāre, indicō	anzeigen, melden	dīcere; *Indikativ, Index*
alius, alia, aliud *(Gen.* alterīus*)*	ein anderer	
aliī ... aliī	die einen ... die anderen	
cēterī, ae, a	die übrigen	*etc. (et cetera)*
exstinguere, exstinguō	auslöschen, vernichten	
suspīciō, suspīciōnis *f*	Verdacht, Vermutung	
crīmen, crīminis *n*	Beschuldigung, Vorwurf; Verbrechen	*Krimi, kriminell, e. crime*
acerbus, a, um	bitter; grausam, rücksichtslos	
numquam *Adv.*	niemals	
meus, a, um	mein	*e. my*
corpus, corporis *n*	Körper, Leichnam	*korpulent, corpus delicti*
vulnus, vulneris *n*	Wunde, Verlust *(milit.)*	
malus, a, um	schlecht, schlimm	
condiciō, condiciōnis *f*	Bedingung, Lage	*Konditionalsatz, Kondition*
incendere, incendō	entflammen, in Brand stecken	incendium
■ onus, oneris *n*	Last, Belastung	
■ mūnus, mūneris *n*	Aufgabe; Geschenk	
suscipere, suscipiō *m. Akk.*	auf sich nehmen, sich (einer Sache) annehmen, unternehmen	

Latein lebt

aedificium	*i.* edificio	*s.* edificio	*f.* édifice	*e.* edifice
incendium	*i.* incendio	*s.* incendio	*f.* incendie	
exstinguere	*i.* estinguere	*s.* extinguir		*e.* to extinguish
ignorare	*i.* ignorare	*s.* ignorar	*f.* ignorer	*e.* to ignore
tenere	*i.* tenere	*s.* tener	*f.* tenir	

F 1 Verben: Konsonantische Konjugation (ĭ-Erweiterung)

a) Infinitiv **facĕ-re** machen, tun

b) Präsens	Sg.		Pl.	
1. Person	faci-**ō**	ich mache	faci-**mus**	wir machen
2. Person	faci-**s**	du machst	faci-**tis**	ihr macht
3. Person	faci-**t**	er (sie, es) macht	faci-**u-nt**	sie machen

Bei einer Reihe von Verben, die zur konsonantischen Konjugation gezählt werden, endet der Wortstamm auf ein kurzes -i-. Die Formen gleichen deshalb teilweise denen der ī-Konjugation (vgl. 9 F 1).
Der Imperativ I zu facere lautet fac (Sg.) und facite (Pl.).

2 Substantive der 3. Deklination: Erweiterung (Neutra)

Beispiele:

	corpus, -oris	Körper	mūnus, -eris	Aufgabe	crīmen, -inis	Vorwurf
	Sg.	Pl.	Sg.	Pl.	Sg.	Pl.
Nom.	corpus	corpor-**a**	mūnus	mūner-**a**	crīmen	crīmin-**a**
Gen.	corpor-is	corpor-um	mūner-is	mūner-um	crīmin-is	crīmin-um
Dat.	corpor-ī	corpor-ibus	mūner-ī	mūner-ibus	crīmin-ī	crīmin-ibus
Akk.	corpus	corpor-**a**	mūnus	mūner-**a**	crīmen	crīmin-**a**
Abl.	corpor-e	corpor-ibus	mūner-e	mūner-ibus	crīmin-e	crīmin-ibus

Auch in der 3. Deklination haben die Neutra im Nominativ und Akkusativ die gleiche Endung.

3 Substantive der 3. Deklination: Genera

a) Bei den Substantiven der 3. Deklination ist im Wortschatz grundsätzlich das Genus angegeben. Nach ihren Endungen fasst man die Substantive in mehrere Gruppen zusammen, deren **grammatisches Geschlecht** bestimmten Regeln folgt. Häufig kommen vor:

- Substantive auf -or (z. B. mercātor, -ōris): Maskulina
- Substantive auf -ō (z. B. condiciō, -ōnis): Feminina
- Substantive auf -s oder -x (z. B. plēbs, plēbis oder nex, necis): Feminina
- Substantive auf -us (z. B. corpus, -oris oder mūnus, -eris): Neutra
- Substantive auf -en (z. B. crīmen, -inis): Neutra

b) Manche Substantive folgen allerdings dem **natürlichen Geschlecht**, z. B. senex, senis (m).
Manche sind zweigeschlechtlich, z. B. cūstōs, cūstōdis (Wächter, Wächterin).

4 Verben: velle

a) Infinitiv	velle	wollen

b) Präsens	Sg.	Pl.
1. Person	**volō**	**volumus**
2. Person	**vīs**	**vultis**
3. Person	**vult**	**volunt**

Latein lebt

deutsch		*lateinisch*		*französisch*		*italienisch*	
wollen		**velle**		**vouloir**		**volere**	
ich will	wir wollen	volo	volumus	je veux	nous voulons	io voglio	noi vogliamo
du willst	ihr wollt	vis	vultis	tu veux	vous voulez	tu vuoi	voi volete
er/sie will	sie wollen	vult	volunt	il/elle veut	ils/elles veulent	lui/lei vuole	loro vogliono

Kontext

Familia ad avum pergit.	Die Familie bricht zum Großvater auf.
Avus imperat: „Pergite, servi!“	Der Großvater befiehlt: „Macht weiter, Sklaven!“
Avus nonnull*is* serv*is* imperat.	Der Großvater ist Herr (herrscht) *über* einige Sklaven.
Servi *et* servae avo adsunt. Servi servae*que* avo adsunt.	Die Sklaven *und* Sklavinnen helfen dem Großvater.
Avus causam clamoris *ignorat*.	Der Großvater kennt die Ursache des Lärms nicht.
Avus servo libenter *ignoscit*.	Der Großvater verzeiht dem Sklaven gern.
Multi pecuni*am* cupiunt.	Viele (Menschen) wünschen sich Geld.
Amica ornamentum habe*re* cupit.	Die Freundin will das Schmuckstück haben.
Servus senem curat.	Der Sklave pflegt den alten Mann.
Servus boves curat.	Der Sklave sorgt für die Rinder.

auxilium	Hilfe	lūdere	spielen, scherzen
fōns	Quelle, Ursprung	frangere	zerbrechen
dōnāre	schenken	neque … neque	weder ... noch
manēre	bleiben, (er)warten	neque tamen	und trotzdem nicht

■ quī, quae, quod *Rel. pron.*	der, die, das; welcher, welche, welches	
agitāre, agitō	(be)treiben, überlegen	agere; *Agitation*
pater, patris *m*	Vater	*Pater, Patrizier, Patriarch, Pate, e. father*
vīta	Leben, Lebensweise	*vital, Vitamin*
vītam agere	sein Leben verbringen/führen	
noster, nostra, nostrum	unser	
alere, alō	ernähren, großziehen	*„Alete“, Eltern*
annus	Jahr	*Anno Domini*
tuus, a, um	dein	
superbus, a, um	stolz, überheblich	
homō, hominis *m*	Mensch	*Homo sapiens*
bonus, a, um	gut	bene; *Bon, Bonus, Bonbon*
bonum	das Gut(e); Besitz	
bona, bonōrum *n. Pl.*	Güter, Besitz	
proinde *Adv.*	daher, also, ebenso	
vester, vestra, vestrum	euer	
nōn ignōrāre	gut kennen, wohl wissen	*Ignorant*
possidēre, possideō	besitzen	sedēre; *Possessivpronomen*
parēns, parentis *m/f*	Vater, Mutter; *Pl.* Eltern	*e. parents*
quam	als, wie	
tam … quam	so ... wie	

Latein lebt

pater	*i.* padre	*s.* padre	*f.* père	*e.* father	*dt.* Vater
homo	*i.* uomo	*s.* hombre	*f.* homme		
annus	*i.* anno	*s.* año	*f.* an/année		
vita	*i.* vita	*s.* vida	*f.* vie		
possidere	*i.* possedere	*s.* poseer	*f.* posséder	*e.* to possess	
noster	*i.* nostro	*s.* nuestro	*f.* notre		
vester	*i.* vostro	*s.* vuestro	*f.* votre		

Das bekannteste christliche Gebet heißt nach seinem Beginn: *„Paternoster“* – „Vaterunser“

An einer Ladentür in Italien steht: *Grazie per la Vostra visita!* – Danke für Ihren Besuch!

F Relativpronomen (Bezügliches Fürwort)

	Sg.		Pl.		
Nom.	quī	der (welcher)	quī	die (welche)	*m*
	quae	die (welche)	quae	die (welche)	*f*
	quod	das (welches)	quae	die (welche)	*n*
Gen.	cuius	dessen	quōrum	deren	*m*
	cuius	deren	quārum	deren	*f*
	cuius	dessen	quōrum	deren	*n*
Dat.	cui	dem	quibus	denen	*m*
	cui	der	quibus	denen	*f*
	cui	dem	quibus	denen	*n*
Akk.	quem	den (welchen)	quōs	die (welche)	*m*
	quam	die (welche)	quās	die (welche)	*f*
	quod	das (welches)	quae	die (welche)	*n*
Abl.	quō		quibus		*m*
	quā		quibus		*f*
	quō		quibus		*n*

Die Ablativformen müssen im Deutschen je nach Zusammenhang mit entsprechenden Präpositionalausdrücken (z.B. „mit dem", „in der") übersetzt werden.

S Relativsatz als Attribut

Servus, quem avus reprehendit, dominum timet.
Der Sklave, den der Großvater kritisiert, fürchtet seinen Herrn.

Das Relativpronomen richtet sich im Genus und Numerus nach seinem Bezugswort (NG-Kongruenz). Der Kasus wird jedoch wie im Deutschen von der Konstruktion des Relativsatzes bestimmt.

Relativsätze haben – wie der Genitiv oder das Adjektiv – meist die Funktion des Attributes. Sie geben eine Erläuterung zum Bezugswort.

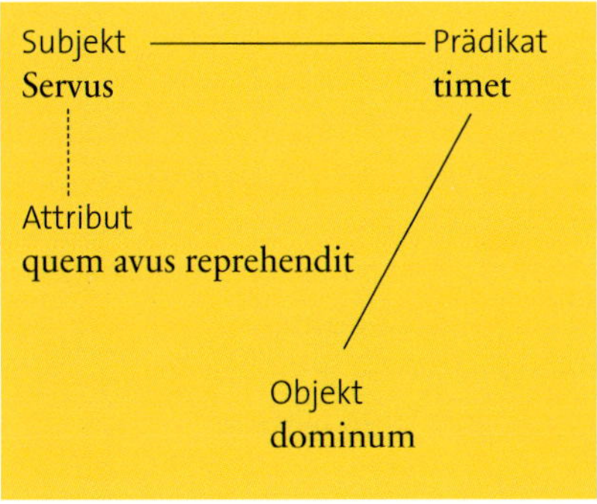

onus	Last, Belastung	vendere	verkaufen
urbs	Stadt, Hauptstadt	intereā	inzwischen, unterdessen
studēre	sich bemühen	itaque	deshalb

calamitās, calamitātis *f*	Schaden, Unglück	*Kalamität*
quondam *Adv.*	einmal, einst; manchmal	
bellum	Krieg	
gerere, gerō	tragen; ausführen, führen	
nōn sōlum … sed etiam	nicht nur … sondern auch	
■ multōs annōs	viele Jahre (lang) *(wie lange?)*	
pūgnāre, pūgnō	kämpfen	
mīles, mīlitis m	Soldat	*Militär*
patria	Heimat	pater; *patriotisch, Patriot*
abesse, absum (ā *m. Abl.*)	abwesend sein (von), fehlen	*Absentenheft*
nātiō, nātiōnis *f*	Volk, Volksstamm	*Nation, national, e. nation*
superāre, superō	besiegen, übertreffen	
posterus, a, um	folgend	
posterī, posterōrum *m Pl.*	die Nachkommen	
opprimere, opprimō	bedrohen, niederwerfen, unterdrücken	
parcus, a, um	sparsam	
fīnis, fīnis *m (Gen. Pl.* -ium*)*	Ende, Grenze; Ziel, Zweck; *Pl.* Gebiet	*Finale, e. final*
respondēre, respondeō	antworten; entsprechen	*Kor-respondenz*
iubēre, iubeō *(m. Akk.)*	anordnen, befehlen	
hōra	Stunde; Zeit	*Meister Hora, e. hour*

Rōmānus, a, um	römisch
Ītalia	Italien
Hispānia	Spanien
Āfrica	Afrika
Graecia	Griechenland

Kontext

Dominus serv*is* imperat …	Der Herr befiehlt den Sklaven …
Dominus serv*os* iubet …	
Servi onera gerunt.	Die Sklaven tragen Lasten.
Servae labores gerunt.	Die Sklavinnen verrichten ihre Arbeiten (führen … aus).
Milites bellum gerunt.	Die Soldaten führen Krieg.
Servi vitam duram agunt.	Die Sklaven führen ein hartes Leben.
Liberi avo gratias agunt.	Die Kinder danken dem Großvater.
Mercatores negotia agunt.	Die Kaufleute gehen ihren Geschäften nach.
Mercatores de pretio agunt.	Die Kaufleute verhandeln über den Preis.

F Verben: Imperfekt (1. Vergangenheit)

Die lateinischen Verbformen geben außer der Person und dem Numerus (Sg. bzw. Pl.) auch das **Tempus** (die Zeit) an.
Nach dem Präsens (Gegenwart) lernst du nun das **Imperfekt** (1. Vergangenheit), z. B. vocabam ich rief.

	Sg.	Pl.	
1. Person	vocā-**ba-m**	vocā-**bā-mus**	ā-Konjugation
2. Person	vocā-**bā-s**	vocā-**bā-tis**	
3. Person	vocā-**ba-t**	vocā-**ba-nt**	
1. Person	monē-**ba-m**	monē-**bā-mus**	ē-Konjugation
2. Person	monē-**bā-s**	monē-**bā-tis**	
3. Person	monē-**ba-t**	monē-**ba-nt**	
1. Person	audi-**ēba-m**	audi-**ēbā-mus**	ī-Konjugation
2. Person	audi-**ēbā-s**	audi-**ēbā-tis**	
3. Person	audi-**ēba-t**	audi-**ēba-nt**	
1. Person	ag-**ēba-m**	ag-**ēbā-mus**	kons. Konjugation
2. Person	ag-**ēbā-s**	ag-**ēbā-tis**	
3. Person	ag-**ēba-t**	ag-**ēba-nt**	
1. Person	faci-**ēba-m**	...	

Mit Ausnahme der 1. Pers. Sg., die auf **-m** endet (vgl. sum), sind alle Personalendungen gegenüber dem Präsens unverändert.

Tempuszeichen für das Imperfekt ist **-ba-** bzw. **-eba-**.

Imperfekt zu esse:	eram, erās, erat, erāmus, erātis, erant
Imperfekt zu posse:	pot-eram, pot-erās, pot-erat, pot-erāmus, pot-erātis, pot-erant
Imperfekt zu velle:	volēbam, volēbās, volēbat, volēbāmus, volēbātis, volēbant

S 1 Verwendung des Imperfekts

Wie im Deutschen kommen auch im Lateinischen drei verschiedene **Tempora** (Zeiten) für Handlungen oder Vorgänge in der Vergangenheit vor. Sie heißen:

lateinisch	deutsch
Imperfekt	Präteritum/Imperfekt (1. Vergangenheit)
Perfekt	Perfekt (2. Vergangenheit)
Plusquamperfekt	Plusquamperfekt (3. Vergangenheit)

Diese Vergangenheitstempora werden in den beiden Sprachen zum Teil unterschiedlich verwendet.
Das **lateinische Imperfekt** bezeichnet vor allem

– Zustände oder Vorgänge, die die Haupthandlung begleiten oder erläutern:

Avus multos agros possidebat.
Der Großvater besaß viele Felder.

– wiederholte Handlungen oder Ereignisse in der Vergangenheit:

Populus Romanus (saepe) bella gerebat.
Das römische Volk führte (oft) Kriege.

2 Akkusativ als Adverbiale: Akkusativ der zeitlichen Ausdehnung

Avus *multos annos* agros vastos possidebat.
Der Großvater besaß *viele Jahre (lang)* riesige Felder.

Der Akkusativ der zeitlichen Ausdehnung steht auf die Frage „wie lange?“.

M In unserer **Abfragetabelle** ist beim Akkusativ nun eine weitere Frage möglich:

Wer oder was ...?	Subjekt: Nominativ
Wen oder was ...?	Objekt: Akkusativ
Wie lange ...?	Adverbiale: Akkusativ der zeitlichen Ausdehnung
Wem ...?	Objekt: Dativ
Wessen *(m. Bezugswort)* ...?	Attribut: Genitiv
Womit, wodurch ...? Worüber, weshalb ...?	Adverbiale: Ablativ des Mittels Adverbiale: Ablativ des Grundes
Wo ...?	Adverbiale: Präposition in *m. Abl.*
Wohin ...?	Adverbiale: Präposition in *m. Akk.*

18

tēctum	Dach, Haus	ārdēre	brennen
tenebrae	Dunkelheit, Finsternis	terrēre	erschrecken
mōns	Berg	discēdere	auseinander gehen; weggehen
nox	Nacht	pellere	schlagen, (ver)treiben

nūntius	Bote, Nachricht	*Nuntius*
nihil	nichts	
novus, a, um	neu, ungewöhnlich	*Novum, re-novieren, e. new*
■ audīre, audiō, audīvī	hören	*Audienz, Auditorium, „Audi“*
oppidum	Stadt	
dēlēre, dēleō, dēlēvī	zerstören, vernichten	*e. to delete*
cinis, cineris *m*	Asche	*„Cinderella“*
sub *m. Abl.*	unten an/bei, unter *(wo?)*	*Sub-unternehmer*
salūs, salūtis *f*	Gesundheit, Glück, Rettung; Gruß	salūtāre; *Salut*
tegere, tegō, tēxī	bedecken; schützen, verbergen	tēctum
angustus, a, um	eng; schwierig	*Angina, Angst*
torquēre, torqueō, torsī	drehen, schlendern; quälen	*Torte, Tortur*
exstinguere, exstinguō, exstīnxī	auslöschen, vernichten	
saevus, a, um	schrecklich; wild, wütend	
temperāre, temperō *m. Dat.*	maßvoll gebrauchen, zurückhalten, schonen	*Temperament*
nūbēs, nūbis *f*	Wolke	
extrā *m. Akk.*	außerhalb (von)	ex; *extra(-), extern*
effugere, effugiō *(m. Akk.)*	entfliehen, entkommen	
terra	Erde, Land	*Terrarium, Terrasse, Territorium*
mare, maris *(Abl. Sg.* -ī, *Nom./Akk. Pl.* -ia, *Gen. Pl.* -ium*) n*	Meer	*Marine, frutti di mare*
terrā marīque	zu Wasser und zu Lande	
mala, malōrum *n Pl.*	Schlechtes; schlimme Dinge	malus; *Malheur*
posse, possum, potuī	können	
■ esse, sum, fuī	sein, sich befinden	
sentīre, sentiō, sēnsī	fühlen, meinen, wahrnehmen	*sentimental*
■ discēdere, discēdō, discessī	weggehen, auseinander gehen	
■ velle, volō, voluī	wollen	
necāre, necō	töten	nex
dēcēdere, dēcēdō, dēcessī	weggehen; sterben	
dē vītā dēcēdere	sterben, umkommen	
Vesuvius mōns	Vesuv (Vulkan in Kampanien)	
Campānia	Kampanien (Landschaft südlich von Rom)	

F 1 Verben: Perfekt (2. Vergangenheit)

	Sg.	Pl.
1. Person	vocā-**v-ī**	vocā-**v-imus**
2. Person	vocā-**v-istī**	vocā-**v-istis**
3. Person	vocā-**v-it**	vocā-**v-ērunt**

Beim **Perfekt** sind die Endungen für alle Konjugationsklassen gleich.
Sie werden an den **Perfektstamm** angefügt.

2 Perfektbildung: v-/u-/s-Perfekt

Der Perfektstamm wird auf verschiedene Weise gebildet:

Infinitiv Präsens	Präsensstamm	Perfektstamm	Art der Perfektbildung
vocāre audīre	vocā- audī-	vocā**v**- audī**v**-	**v-Perfekt** (meistens bei den Verben der ā- und ī-Konjugation)
monēre	monē-	mon**u**-	**u-Perfekt** (meistens bei den Verben der ē-Konjugation)
sentīre tegere	sentī- teg-	sēn**s**- tē**x**- (aus: teg-**s**-)	**s-Perfekt**

Perfektstamm zu esse: **fu-** (fuī, fuistī, fuit, fuimus, fuistis, fuērunt)
Perfektstamm zu posse: **potu-** (potuī, potuistī, potuit, potuimus, potuistis, potuērunt)
Perfektstamm zu velle: **volu-** (voluī, voluistī, voluit, voluimus, voluistis, voluērunt)

M Bei vielen Verben musst du die 1. Person Singular Perfekt dazulernen, da du nicht ohne Weiteres von einer Perfektform auf den Infinitiv Präsens schließen kannst. Im Wortschatz ist daher häufig auch die 1. Person Singular Perfekt als Form des **Perfektstamms** mit angegeben, z. B. sentire, sentio, sensi.

S Verwendung des Perfekts

Servi in agris laborabant; tum magnum periculum senserunt.
Die Sklaven arbeiteten auf den Feldern; da nahmen sie eine große Gefahr wahr.

Das Perfekt ist im Lateinischen vor allem das Tempus für die Darstellung einmaliger Vorgänge, die zum Abschluss gelangt sind. Es ist also das Tempus, in dem die wesentlichen Ereignisse der Haupthandlung erzählt werden. Meistens wird es im Deutschen mit dem Präteritum/Imperfekt wiedergegeben.
Das lateinische Imperfekt dagegen beschreibt in diesem Satz den Hintergrund für den Hauptvorgang.

locus	Ort, Platz, Stelle	saevus	schrecklich, wild, wütend
comes	Begleiter, Gefährte	velle	wollen
nūbēs	Wolke	dēnique	schließlich, zuletzt
homō	Mensch	immo	im Gegenteil, ja sogar

■ nōbilis, e	berühmt, adelig, vornehm	*nobel, e. noble*
caelum	Himmel	
■ omnis, e	ganz, jeder; *Pl.* alle	*Omnibus*
cognōscere, cognōscō, cognōvī	erkennen, kennenlernen; *Perf.* kennen, wissen	
āter, ātra, ātrum	schwarz; düster	
super *m. Akk.*	(oben) auf; über (... hinaus)	*„super", Supermarkt, Superman*
opportūnus, a, um	geeignet, günstig	*Opportunist*
fortis, e	kräftig, tapfer	*Forte, e. air force*
nāvis, nāvis *f* *(Gen. Pl.* -ium*)*	Schiff	*Navigation, e. Navy*
iubēre, iubeō, iussī	anordnen, befehlen	
similis, e *m. Gen./Dat.*	ähnlich	*As-similation, Fak-simile (Fax)*
studium	Beschäftigung, Engagement, Interesse	studēre; *Studium, e. study*
animus	Geist, Gesinnung, Mut	
■ trīstis, e	traurig; unfreundlich	*trist*
accēdere, accēdō, accessī	herbeikommen, hinzukommen	*e. access*
classis, classis *f* *(Gen. Pl.* -ium*)*	Abteilung, Flotte	*Klasse, e. class*
regere, regō, rēxī	beherrschen, leiten, lenken	*regieren, Regent, Regime, Rektor*
turpis, e	unanständig, hässlich, schändlich	
fortūna	Schicksal, Glück	*e. fortune*
lītus, lītoris *n*	Strand, Küste	*Lido*
petere, petō, petīvī	(auf)suchen, (er)streben, bitten, verlangen	
familiāris, e	freundschaftlich, vertraut	familia; *familiär*
vīvere, vīvō, vīxī	leben	vīta
posteā Adv.	nachher, später	
studēre, studeō	sich bemühen; sich (wissenschaftlich) beschäftigen	*studieren, Student, e. to study*
quiēscere, quiēscō, quiēvī	(aus)ruhen, schlafen	*e. quiet*

Plīnius	1. Gaius Plinius Secundus der Ältere 2. Gaius Plinius Caecilius Secundus der Jüngere
Rēctīna	Rektina (Frau eines Freundes von Plinius)
Stabiae, Stabiārum *Pl.*	Stabiä (kleine Stadt am Golf von Neapel)
Pompōniānus	Pomponianus (Freund des Plinius)

F Adjektive der 3. Deklination (zweiendige)

Beispiel:
trīstis *(m)* **trīstis** *(f)* **trīste** *(n)* traurig

	Sg. *m/f*		Sg. *n*	Pl. *m/f*		Pl. *n*
Nom.	trīst-is		trīst-e	trīst-ēs		trīst-**ia**
Gen.		trīst-is			trīst-**ium**	
Dat.		trīst-ī			trīst-ibus	
Akk.	trīst-em		trīst-e	trīst-ēs		trīst-**ia**
Abl.		trīst-ī			trīst-ibus	

Bei den zweiendigen Adjektiven der 3. Deklination gibt es nur im Nom. und Akk. verschiedene Formen für die Genera.
Die Endungen **-ī** (Abl. Sg.), **-ia** (Nom./Akk. Pl. *n*) und **-ium** (Gen. Pl.) unterscheiden sich von den bisher gelernten Formen der 3. Deklination.

Sachfeld Natur

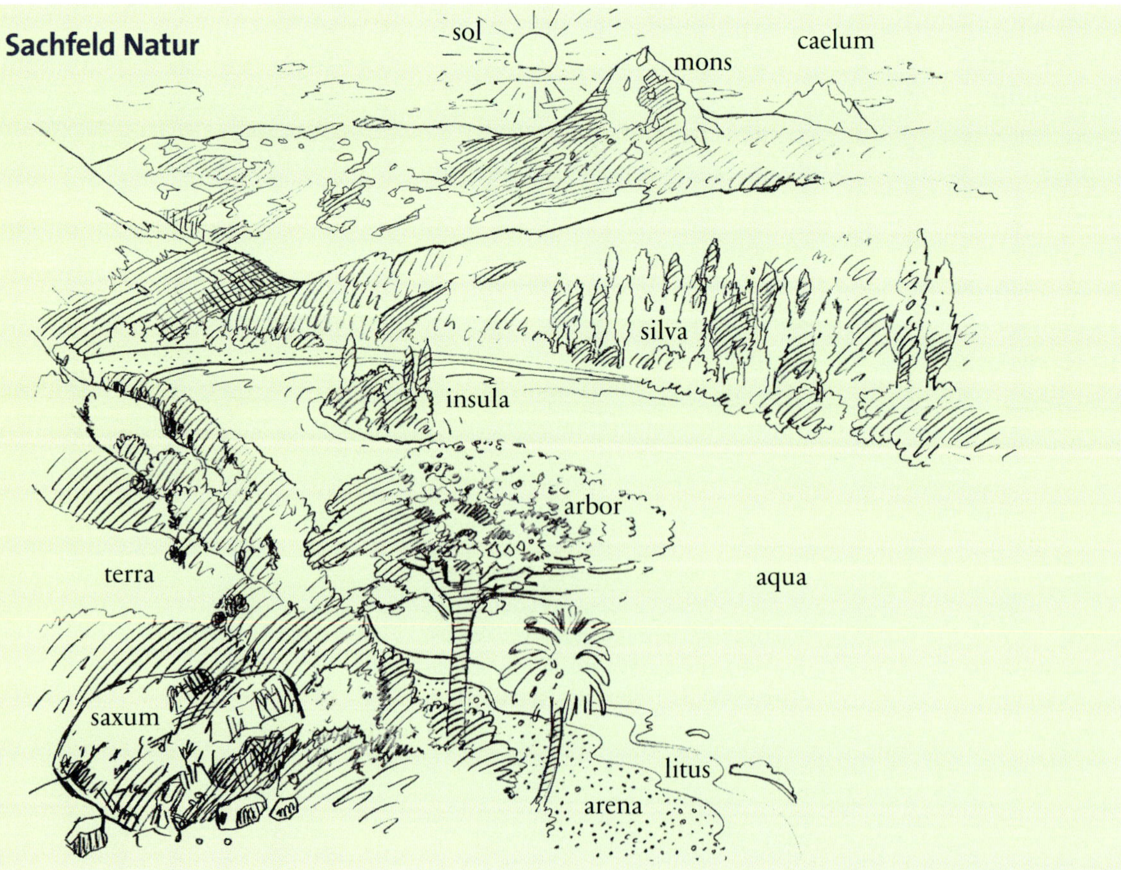

FELIX Du hast nun schon so viele verschiedene lateinische Wörter gelernt, dass wir heute einmal einen Blick in die Werkstatt der lateinischen Sprache werfen wollen; ich zeige dir, wie lateinische Wörter aus anderen entstehen.

✳ *Hör auf! Mir reichen die Wörter schon, die es gibt. Bloß nicht noch etwas zum Lernen.*

FELIX Kein Problem. Ich will dir damit doch Arbeit ersparen.

✳ *Und wie soll das gehen?*

FELIX Du hast schon gesehen, dass es Wörter gibt, die in „Wortfamilien" zusammengehören, wie labor und laborare. Vielleicht hast du auch bemerkt, dass bestimmte Bauelemente, wie z. B. die Präpositionen ab und ad, als Vorsilben von Verben immer wieder die gleiche Bedeutung haben?

✳ *Das kann man ja auch in den Kästen mit den „Wortfamilien" sehen.*

FELIX Darüber wollen wir jetzt genauer nachdenken, damit du einen Einblick in die Struktur der Sprache bekommst und mit weniger Arbeitsaufwand mehr erreichen kannst.

✳ *Aber Wörter muss ich doch trotzdem lernen!*

FELIX Freilich, aber in vielen Fällen kannst du sie dir dann leichter merken oder ihre Bedeutung sogar erschließen.
Fangen wir mit den **Substantiven** an. Viele Substantive werden dadurch gebildet, dass bestimmte Nachsilben (**Suffixe**) an den Wortstamm angefügt werden:
Manche Substantive hängen mit Verben zusammen; so bezeichnet das Suffix -tio eine Handlung, z. B. oratio (Rede) zu orare (Grundbedeutung „reden");
-ium bezeichnet ein Ergebnis, z. B. aedificium zu aedificare, imperium (Befehl) zu imperare;
-mentum bezeichnet ein Mittel, und weil du ornamentum schon kennst, kannst du dir jetzt denken, was ornare heißt.

✳ *Wahrscheinlich „schmücken".*

FELIX Du siehst, es klappt. Nun noch ein Blick auf die **Verben**: Zahlreiche Verben sind von Substantiven abzuleiten, so z. B. das schon vorhin erwähnte laborare von labor.
Jetzt kannst du dir wohl auch denken, was vulnerare (zu vulnus) und nuntiare (zu nuntius) oder umgekehrt desiderium (zu desiderare) und amor (zu amare) bedeuten?

✳ *Na klar. Und geht das wirklich immer so einfach?*

Felix Nicht immer. Zur Vorsicht kannst du dich ja in einem Lexikon vergewissern, ob deine Vermutung auch zutrifft.
Besonders wichtig ist noch eine bestimmte Gruppe von Verben, nämlich die **Komposita**.

✻ *Was ist denn das?*

Felix Komposita nennt man die Verben, die aus einem einfachen Verb (**Verbum simplex**) und einer Vorsilbe (**einem Präfix**) zusammengesetzt sind.

✻ *Zum Beispiel mit ab- und ad-, wie du am Anfang gesagt hast?*

Felix Richtig. Wenn du die Bedeutung dieser Vorsilben und das Verbum simplex kennst, so ergibt sich die Bedeutung des Kompositums oft von selbst, z. B. ab-ducere „wegführen".
Zu lernen brauchst du nur die Komposita mit einer abweichenden Bedeutung.

✻ *Dafür müsste ich aber alle Vorsilben kennen.*

Felix Ich habe dir hier eine Aufstellung von zehn wichtigen Präfixen gemacht, die du zum größten Teil schon kennst. Damit kommst du vorläufig aus.

ab- (a-, abs-)	weg-, ab-	abesse
ad- (ac-, at- und andere Formen)	hinzu-, dabei-	accedere
com- (col-, con-)	zusammen-	componere
de-	herab-, weg-	deponere
dis- (di-, dif-)	auseinander	discedere
ex- (e-, ef-)	heraus-	educere
in- (il-, im- und andere Formen)	hinein-, darin-	im-portare (!)
per-	(hin)durch-	permittere
pro-	(her)vor-	procedere
re-	zurück-, wieder-	retinere

Manchmal wird das Präfix an den Anlaut (den ersten Buchstaben) des Verbum simplex angeglichen. Dann sieht es z. B. so aus wie in den Klammern. Du kennst schon appetere: Hier ist das Präfix ad- an das p- von petere angeglichen (**assimiliert**).

✻ *Du hast nicht zu viel versprochen, das könnte mir wirklich Arbeit ersparen.*

cōnsilium	Beratung, Beschluss, Plan, Rat	rārō	selten
nōnnūllī	einige, manche	adhūc	bis jetzt, noch
comprehendere	ergreifen, festnehmen, begreifen	multōs annōs	viele Jahre (lang)

orbis, orbis *m*	Kreis(lauf); Erdkreis, Welt	
orbis terrārum	Erde, Welt	
crūdēlis, e	grausam	
tot *indekl.*	so viele	
exīstimāre, exīstimō	einschätzen, meinen	
regiō, regiōnis *f*	Gebiet, Gegend, Richtung	*Region, regional*
mīrus, a, um	erstaunlich, sonderbar; wunderbar	*Mirakel, „Mirácoli"*
aspicere, aspiciō, aspexī	erblicken	*Aspekt*
mittere, mittō, mīsī	loslassen, schicken; werfen	*Mission*
cōnstat	es ist bekannt, es steht fest	stāre
brevis, e	kurz	*Brief*
tempus, temporis *n*	(günstige) Zeit; *Pl.* Umstände	*Tempo, Ex-temporale*
brevī tempore	nach kurzer Zeit, bald (darauf)	
putāre, putō	glauben, meinen	*Com-puter*
mūtāre, mūtō	(ver)ändern, verwandeln	*sich mausern*
prōmittere, prōmittō, prōmīsī	versprechen	*e. to promise*
post *m. Akk.*	hinter, nach	posteā
quaerere, quaerō, quaesīvī (ex/dē *m. Abl.*)	suchen; erwerben wollen; (jmdn.) fragen	
contendere, contendō *m. AcI*	behaupten	

Wortfamilien

stat – con-**stat** – **stat**ua – **stat**im

dic-ere – in-**dic**-are – con-**dic**-io

os-**tendere** – con-**tendere**

stud-ium – **stud**-ere

ag-ere – **ag**-itare

famili-a – **famili**-aris

nex, **nec**-is – **nec**-are

F Verben: Infinitiv Perfekt

vocā-**v**-**isse**	gerufen (zu) haben
fu-**isse**	gewesen (zu) sein

Der Infinitiv Perfekt wird gebildet, indem an den Perfektstamm die Endung **-isse** angefügt wird.

Akkusativ mit Infinitiv (AcI)

a) Erscheinungsform und Übersetzung

Plinius homines discedere videt.
Plinius sieht die Menschen weggehen.

Eine Konstruktion, bei der nach bestimmten Verben zu einem Akkusativobjekt (hier: homines) ein Infinitiv (hier: discedere) hinzukommt, gibt es gelegentlich auch im Deutschen.

Servus Plinium quiescere scit.
Der Sklave weiß, dass Plinius schläft.

Im Lateinischen ist der **AcI** (**Accusativus cum Infinitivo**) jedoch viel häufiger und kommt meist nach Verben vor, bei denen eine wörtliche Wiedergabe des AcI im Deutschen nicht möglich ist. Die gebräuchlichste Übersetzung ist ein mit „dass" eingeleiteter Gliedsatz.

b) Zeitverhältnis

Servus Plinium quiescere scit.
Der Sklave weiß, dass Plinius schläft.

Servus Plinium quiescere sciebat.
Der Sklave wusste, dass Plinius schlief.

Der **Infinitiv Präsens** drückt aus, dass das Geschehen des AcI mit dem des Prädikats gleichzeitig abläuft; er bezeichnet die **Gleichzeitigkeit** (Infinitiv der Gleichzeitigkeit).

Servus Plinium quievisse scit.
Der Sklave weiß, dass Plinius geschlafen hat.

Servus Plinium quievisse sciebat.
Der Sklave wusste, dass Plinius geschlafen hatte.

Der **Infinitiv Perfekt** drückt aus, dass das Geschehen des AcI vor dem des Prädikats stattgefunden hat; er bezeichnet die **Vorzeitigkeit** (Infinitiv der Vorzeitigkeit).

c) Der AcI als satzwertige Konstruktion

Servus scit: *Plinius quiescit.* Der Sklave weiß: *Plinius schläft.*	Servus Plinium *quiescere* scit. Der Sklave weiß, *dass Plinius schläft.*

Man kann den AcI als einen eigenständigen Aussagesatz verstehen, der in einen anderen Satz hineingenommen und von dessen Prädikat abhängig gemacht wurde. Der AcI wird deshalb als **satzwertige Konstruktion** bezeichnet; im Deutschen erhält er den „Wert" eines Gliedsatzes.

Der Infinitiv kann durch Objekte, Adverbialien oder Prädikatsnomina ergänzt werden:

Plinium diu Vesuvium spectavisse scimus.
Wir wissen, dass Plinius lange den Vesuv betrachtet hat.

Plinium fortem fuisse scimus.
Wir wissen, dass Plinius tapfer war.

Das Prädikatsnomen (hier: fortem) steht im AcI ebenfalls im Akkusativ.

d) Satzgliedfunktion

Plinium quiescere constat.
Es steht fest, dass Plinius schläft.

Subjekt — Prädikat
Plinium quiescere — constat

Servus Plinium quiescere scit.
Der Sklave weiß, dass Plinius schläft.

Subjekt — Prädikat
Servus — scit
Objekt (zu scit): Plinium quiescere

- Nach unpersönlichen Ausdrücken (z. B. constat) steht der AcI als Subjekt.
- Nach Verben des Wahrnehmens (z. B videre, audire, sentire), des Meinens oder Wissens (z. B existimare, putare, scire), des Redens oder Erzählens (z. B. dicere, narrare) steht der AcI als Objekt.

M 1 Wenn du dir die folgende Übersicht einprägst, bereitet dir die Beachtung des **Zeitverhältnisses im AcI** keine Schwierigkeiten mehr.

Hauptsatz	AcI (lat.)	*Zeitverhältnis* →	dass-Satz (dt.)
Präsens	Infinitiv Präsens	*gleichzeitig* →	Präsens
Vergangenheit	Infinitiv Präsens	*gleichzeitig* →	Präteritum
Präsens	Infinitiv Perfekt	*vorzeitig* →	Perfekt
Vergangenheit	Infinitiv Perfekt	*vorzeitig* →	Plusquamperfekt

M 2 Durch Objekte, Adverbialien oder Prädikatsnomina können der Akkusativ und der Infinitiv manchmal weit voneinander getrennt sein. Dies kann dir das **Erkennen des AcI** erschweren. Andererseits hilft es, wenn du weißt, dass die von dem Akkusativ und dem Infinitiv „eingerahmten" Wörter zum AcI gehören, z. B.:

Plinium diu Vesuvium *spectavisse* scimus.

21

vīcus	Dorf, Gasse	laetus	froh, fröhlich

cadere, cadō, cécidī	fallen	*Kadenz*
occidere, occidō, occidī	umkommen, untergehen	cadere; *Okzident*
nūper *Adv.*	neulich, vor kurzem	
dēscendere, dēscendō, dēscendī	herabsteigen	
theātrum	Theater	*e. theatre*
vidēre, videō, vīdī	sehen	*Video, wissen, e. (to) view*
amphitheātrum	Amphitheater	
adesse, adsum, adfuī	da sein; helfen	
per *m. Akk.*	durch, hindurch	*per Mail*
hūc et illūc	hin und her	
currere, currō, cucurrī	eilen, laufen	*Kurier, Curriculum*
venīre, veniō, vēnī	kommen	
reperīre, reperio, repperī	(wieder)finden	
stāre, stō, stetī	stehen	
lūdere, lūdō, lūsī	spielen, scherzen	
rīdēre, rīdeō, rīsī	lachen, auslachen	
thermae, thermārum *f Pl.*	Thermen, Badeanlage	
pervenīre, perveniō, pervēnī (ad/in *m. Akk.*)	kommen zu/nach	venīre
occurrere, occurrō, occurrī	begegnen, entgegentreten	currere
apud *m. Akk.*	bei, nahe bei	
manēre, maneō, mānsī	bleiben, warten	*per-manent*
longus, a, um	lang, weit	*e. long*
sermō, sermōnis *m*	Gespräch, Sprache, Äußerung, Gerede	*„Sermon"*
commūnis, e	gemeinsam, allgemein	*Kommunion, Kommune, Kommunismus*
effugere, effugiō, effūgī *(m. Akk.)*	entfliehen, entkommen	
lūdus	Spiel; Schule	lūdere
nōmen, nōminis *n*	Name	*Nomen, Pro-nomen, e. name*
gladiātor, gladiātōris *m*	Gladiator, Schwertkämpfer	
vincere, vincō, vīcī	(be)siegen, übertreffen	*Vinzenz*
vincere *m. Abl.*	übertreffen an	
glōria	Ehre, Ruhm	*Gloria, glor-reich, e. glory*
augēre, augeō, auxī	vergrößern, vermehren	*Augustus, Auktion*
tangere, tangō, tétigī	berühren	*Tangente*

Pompēī, Pompēiōrum *m Pl.* — Pompeji (Stadt in Kampanien)

F Perfektbildung: Reduplikation, Dehnung, ohne Stammveränderung

a) Reduplikationsperfekt

Infinitiv Präsens	Präsensstamm	Perfektstamm	1. Pers. Sg. Perf.
tangere	tang-	**te**tig-	**té**tigī
currere	curr-	**cu**curr-	**cu**cúrrī
cadere	cad-	**ce**cid-	**cé**cidī
occidere (aus: oc-cadere)	occid-	occid-	occidī

Beim Reduplikationsperfekt wird der Wortanfang „verdoppelt" (dupliziert), indem der anlautende Konsonant (z. B. t bei tangere) mit einem Bindevokal davorgesetzt wird.
Bei den Komposita (zusammengesetzten Verben) fehlt die Reduplikationssilbe im Perfekt (z. B. occidere – occidi).

b) Dehnungsperfekt

Infinitiv Präsens	Präsensstamm	Perfektstamm	1. Pers. Sg. Perf.
vidēre	vide-	vīd-	vīdī
venīre	veni-	vēn-	vēnī
vincere	vinc-	vīc-	vīcī
effugere	effug-	effūg-	effūgī

Beim Dehnungsperfekt wird der Stammvokal in der Aussprache gedehnt und manchmal zusätzlich verändert.

c) ohne Stammveränderung

Infinitiv Präsens	Präsensstamm	Perfektstamm	1. Pers. Sg. Perf.
dēscendere	dēscend-	dēscend-	dēscendī

Bei einigen Verben bleibt der Perfektstamm gegenüber dem Präsensstamm unverändert.

M venit — er kommt/er ist gekommen
descendit — er steigt herab/er ist herabgestiegen

Bei einigen Verbformen ist das Tempus nicht eindeutig zu erkennen.
Ob **Präsens oder Perfekt** vorliegt, kannst du im Einzelfall nur dem Kontext, oft auch den „benachbarten" Verbformen entnehmen.

22

tenēre	besitzen, festhalten, halten	scīre	wissen, kennen, verstehen
īgnōscere	verzeihen	prīmō	zuerst
reprehendere	kritisieren, schimpfen	quoque	auch

is, ea, id	dieser, diese, dieses; er, sie, es	
crūdēlitās, crūdēlitātis *f*	Grausamkeit	crūdēlis
caedēs, caedis *f* (*Gen. Pl.* -ium)	Blutbad, Mord	
libellus	kleines Buch, Heft	
fābulam agere	ein Theaterstück spielen	
sīgnum	Merkmal, Zeichen	*Signal, e. sign*
-ne	*(unübersetzte Fragepartikel)*	
sententia	Meinung, Satz, Sinn, Antrag (im Senat)	sentīre; *Sentenz, e. sentence*
memoria	Erinnerung, Gedächtnis; Zeit	*Memoiren, e. memory*
memoriā tenēre	im Gedächtnis behalten	
ultrō *Adv.*	freiwillig, noch dazu	
ars, artis *f* (*Gen. Pl.* -ium)	Fertigkeit, Kunst; *Pl.* Eigenschaften	*Artist*
superāre *m. Abl.*	übertreffen an	
an *(im Fragesatz)*	oder (etwa)	
sōlum	nur	nōn sōlum … sed etiam
mēns, mentis *f* (*Gen. Pl.* -ium)	Geist, Sinn, Verstand; Meinung	*mental*
discere, discō, didicī	lernen, erfahren	
mīlle *Sg. indekl.*	tausend	*Millenium, Millionär, Pro-mille, Millimeter, Meile, e. mile*
modus	Art, Weise; Maß	*Mode*
eiusmodī	derartig, so beschaffen	
pertinēre, pertineō (ad *m. Akk.*)	betreffen, gehören (zu)	tenēre
nisī *Subj.*	wenn nicht	sī
āctiō, āctiōnis *f*	Tätigkeit, Gerichtsverhandlung, Rede	agere; *Aktion, e. action*
intellegere, intellegō, intellēxī	(be)merken, verstehen	*Intellekt, intellektuell, Intelligenz*
comprehendere, comprehendō, comprehendī	ergreifen, festnehmen, begreifen	

Sachfeld denken

discere
comprehendere
memoria tenere
non ignorare

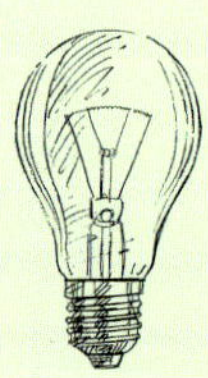

cognoscere
agitare
intellegere
scire

F Pronomen is

	Sg.		Pl.		
Nom.	is	dieser/er	iī/eī	diese/sie	*m*
	ea	diese/sie	eae	diese/sie	*f*
	id	dieses/es	ea	diese/sie	*n*
Gen.	eius	(dessen) sein	eōrum	(deren) ihr	*m*
	eius	(deren) ihr	eārum	(deren) ihr	*f*
	eius	(dessen) sein	eōrum	(deren) ihr	*n*
Dat.	eī	diesem/ihm	eīs/iīs	diesen/ihnen	*m*
	eī	dieser/ihr	eīs/iīs	diesen/ihnen	*f*
	eī	diesem/ihm	eīs/iīs	diesen/ihnen	*n*
Akk.	eum	diesen/ihn	eōs	diese/sie	*m*
	eam	diese/sie	eās	diese/sie	*f*
	id	dieses/es	ea	diese/sie	*n*
Abl.	eō		iīs/eīs		*m*
	eā		iīs/eīs		*f*
	eō		iīs/eīs		*n*

S Pronomen is: Verwendung

Das Pronomen is hat mehrere Bedeutungen; seine Formen verbinden oft Sätze, sie stehen für vorher genannte Personen (oder Dinge) im Text.

a) is vir — dieser Mann
is, qui ludos laudat — der(jenige), der die Spiele lobt

Das Pronomen is wird häufig als **Demonstrativpronomen** (hinweisendes Fürwort) gebraucht.

b) Ubi est Marcus? Quis *eum* vidit?
Wo ist Markus? Wer hat *ihn* gesehen?

Oft wird das Pronomen is auch als **Personalpronomen** (persönliches Fürwort) anstelle einer bereits genannten Person oder Sache verwendet.

c) Gladiatores pugnant. Populus *eorum* nomina scit.
Die Gladiatoren kämpfen. Das Volk kennt *ihre (deren)* Namen.

Die Genitivformen von is, ea, id werden meist als **Possessivpronomen** (besitzanzeigendes Fürwort) verwendet.

aliī … aliī	die einen … die anderen	sustinēre	ertragen, standhalten
dūrus	hart	resistere	stehen bleiben; Widerstand leisten
exspectāre	warten, erwarten	dum	während, solange, (so lange) bis

multitūdō, multitūdinis *f*	große Zahl, Menge	multus
praeclārus, a, um	großartig	
iuvāre, iuvō, iūvī	unterstützen, erfreuen	
volāre, volō	fliegen; eilen	*Voliere*
arma, armōrum *n Pl.*	Waffen	*Armaturen, Armee*
sēcum	mit sich, bei sich	
sē *(Akk.)*	sich	
dēfendere, dēfendō, dēfendī	abwehren, verteidigen	*defensiv*
aut	oder	
temptāre, temptō	angreifen; prüfen, versuchen	
numerus	Zahl; Menge	*Nummer, e. number*
dolor, dolōris *m*	Schmerz	
suus, sua, suum	ihr, sein	
suī *m Pl.*	seine/ihre Leute	
sua *n Pl.*	sein/ihr Besitz	
flēre, fleō, flēvī	beklagen, (be)weinen	*flennen*
iuvenis, iuvenis *m*	jung; *Subst.* junger Mann	*juvenil*
dēcernere, dēcernō, dēcrēvī	beschließen, entscheiden	
dīcere, dīcō, dīxī	sagen, sprechen	*dichten, diktieren*
initium	Anfang, Eingang	*Initiative, Initial*
facere, faciō, fēcī	machen, tun, handeln	
damnāre, damnō	verurteilen	
poena	Strafe	*Pein; e. penalty*
afficere, afficiō, affēcī *m. Abl.*	versehen mit	facere; *Affekt*
poenā afficere	bestrafen	
permittere, permittō, permīsī	erlauben, überlassen	mittere; *e. to permit*
decem *indekl.*	zehn	*Dezember, Dezimalsystem, e. December*
iūdicāre, iūdicō	beurteilen, urteilen	dīcere

Pompēiānī, -ōrum *Pl.*	Pompejaner (Einwohner von Pompeji)
Pompēiānus, a, um	pompejanisch, aus Pompeji
Rōmam	nach Rom *(wohin?)*

Kontext

Gladiatorem armis temptat.	Er greift den Gladiator mit Waffen an.
Fortunam temptat.	Er versucht sein Glück.
Romam volo.	Ich eile nach Rom.
Te iuvare volo.	Ich will dich unterstützen.

F Reflexivpronomen (Rückbezügliches Fürwort)

	Sg. und Pl.	Sg. und Pl.
Nom.	–	–
Gen.	suī	seiner/ihrer
Dat.	sibi	sich
Akk.	sē	sich
Abl.	ā sē/sēcum	von sich/mit sich

Das Reflexivpronomen hat jeweils nur eine Form für alle drei Genera sowie für Singular und Plural. Im Deutschen gibt es nur im Gen. Sg. zwei verschiedene Formen, nämlich „seiner" und „ihrer".

S 1 Pronomina im AcI

Gladiatores *se* viros fortes esse putabant.
Die Gladiatoren glaubten, dass *sie (selbst)* tapfere Männer seien.

Steht ein Reflexivpronomen in einem AcI, so bezieht es sich in der Regel auf das Subjekt des Satzes.

Romani *eos* viros fortes esse putabant.
Die Römer glaubten, dass *sie (die Gladiatoren)* tapfere Männer seien.

Formen des Pronomens **is** in einem AcI beziehen sich auf eine andere bereits genannte Person oder Sache bzw. andere bereits genannte Personen oder Sachen.

über sich

FELIX narrat *se* monumenta Romanorum libenter spectare.

FELIX narrat monumenta Romanorum *sibi* placere.

2 Pronomen suus: Verwendung

Gladiatores gladiis *suis* pugnant.
Die Gladiatoren kämpfen mit *ihren (eigenen)* Schwertern.

Das Pronomen **suus, a, um** wird reflexiv (rückbezüglich) verwendet, d. h. es bezieht sich auf das Subjekt des Satzes (hier: **gladiatores**).

Gladio suo pugnat. Eius gladium timet.

umerus	Schulter, Oberarm	currere	eilen, laufen
salūs	Gesundheit, Glück, Rettung; Gruß	intellegere	(be)merken, verstehen
cadere	fallen	extrā	außerhalb (von)

cūnctī, ae, a	alle (zusammen)	
occultē *Adv.*	heimlich	*Okkultismus*
socius	Gefährte; Verbündeter	*sozial, Sozialismus*
aperīre, aperiō, aperuī	aufdecken, öffnen	*Aperitif*
incendere, incendō, incendī	entflammen, in Brand stecken	
pāx, pācis *f*	Frieden	*Pazifist, e. peace*
dolus	List, Täuschung	
frūstrā *Adv.*	vergeblich	*frustriert, Frust*
capere, capiō, cēpī	fassen, nehmen, erhalten; erobern	*ein Schiff kapern, kapieren, capito?*
atque/ac	und, und auch	
abdūcere, abdūcō, abdūxī	wegführen	dūcere
quamquam *Subj.*	obwohl	
pietās, pietātis *f*	Frömmigkeit; Ehrfurcht, Pflichtgefühl	*Pietät*
movēre, moveō, mōvī	bewegen	*e. to move*
colligere, colligō, collēgī	sammeln	*Kollekte, Kollektion, e. to collect*
imperium	Befehl, Befehlsgewalt; Herrschaft, Herrschaftsgebiet	imperāre
rēx, rēgis *m*	König	regere
māter, mātris *f*	Mutter	
tūtus, a, um	sicher	
dūcere, dūcō, dūxī	führen, ziehen	
postquam *Subj. m. Perf.*	nachdem, als	post, posteā
ēdūcere, ēdūcō, ēdūxī	herausführen	
uxor, uxōris *f*	Ehefrau	
amor, amōris *m*	Liebe	amāre
pectus, pectoris *n*	Brust, Herz	

Trōiānus, a, um	trojanisch; *Subst.* Trojaner
Graecus, a, um	griechisch; *Subst.* Grieche
Lāocoōn, Lāocoontis	Laokoon (trojanischer Priester)
Trōia	Troja (Stadt in Kleinasien, der heutigen Türkei)
Aenēās, Aenēae	Äneas
Apollō, Apollinis	Apollo (Gott der Künste und Wissenschaften)
Venus, Veneris	Venus (Göttin der Liebe, Mutter des Äneas)
Anchīsēs, Anchīsae	Anchises (Vater des Äneas)

ducere abducere educere

S 1 Satzgefüge

Omnes quiescebant, quia nox erat.
Alle schliefen, weil es Nacht war.

Durch die Verwendung von **Subjunktionen** (unterordnenden Bindewörtern) wie postquam, quia oder si kann man einen Satz dem anderen unterordnen und so aus Haupt- und Gliedsatz ein **Satzgefüge** formen.

2 Gliedsätze als Adverbiale

Puella ridet, quia laeta est.
Das Mädchen lacht, weil es fröhlich ist.

Gliedsätze haben oft die Satzgliedfunktion des Adverbiales.
Als Adverbiale könnte im gleichen Satz auch ein Adverb (z. B. saepe) oder ein Präpositionalausdruck (z. B. in theatro) stehen.

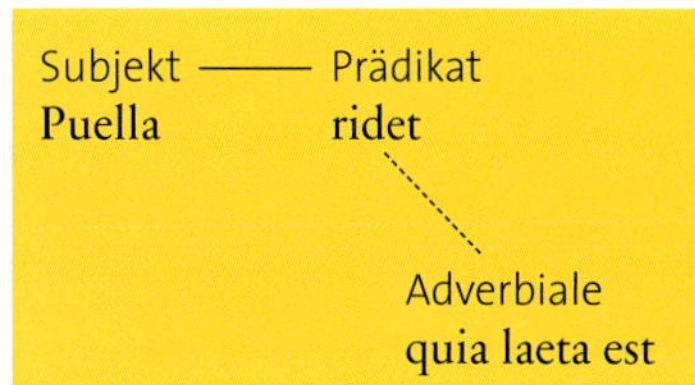

3 Gliedsätze: Sinnrichtungen der Adverbialsätze

Die Subjunktionen drücken die **Sinnrichtung** des jeweiligen Gliedsatzes aus. Nach den verschiedenen Sinnrichtungen unterscheidet man vor allem die folgenden Adverbialsätze:

- **Temporalsätze:** Gliedsätze mit Zeitangaben (z. B. während ..., nachdem ...)
- **Kausalsätze:** Gliedsätze, die einen Grund angeben (z. B. weil ...)
- **Konzessivsätze:** Gliedsätze, die einen Umstand angeben, weshalb das Geschehen im Hauptsatz eigentlich nicht stattfinden könnte oder sollte bzw. nicht hätte stattfinden können oder sollen (z. B. obwohl ...)
- **Konditionalsätze:** Gliedsätze, die eine Bedingung enthalten (z. B. wenn ...)

4 Dativ des Besitzers

Avo multi agri sunt.
(Dem Großvater sind viele Felder zu Eigen.)
Der Großvater hat (besitzt) viele Felder.

In Verbindung mit einer 3. Person von esse bezeichnet der Dativ ein Besitzverhältnis. Da er zusammen mit der Form von esse das Prädikat bildet, ist der Dativ des Besitzers als Prädikatsnomen aufzufassen.

T 1 Satzreihe

a) Nox erat. Omnes quiescebant.
Es war Nacht. Alle schliefen.

In einem Text können mehrere Hauptsätze **unverbunden** nebeneinander stehen.

b) Nox erat et omnes quiescebant.
Es war Nacht und alle schliefen.

Troiani quiescebant; interea Graeci a litore veniebant.
Die Trojaner schliefen; inzwischen kamen die Griechen von der Küste.

Hauptsätze können durch **Konjunktionen** (beiordnende Bindewörter; z.B. et, nam, sed), durch Adverbien (z.B. interea) oder durch Pronomina zur **Satzreihe** verbunden sein.

2 Relativer Satzanschluss

Miles: „Amici tui in magno periculo sunt."
Der Soldat: „Deine Freunde sind in großer Gefahr."

Plinius: „*Quod* si ita est, eos servare debemus. Veni mecum!"
Plinius: „Wenn *das* so ist, müssen wir sie retten. Komm mit mir!"

Quibus verbis militi respondet.
Mit *diesen* Worten antwortet er dem Soldaten.

Im Lateinischen kann – anders als im Deutschen – am Anfang eines Satzes statt eines Demonstrativpronomens ein Relativpronomen stehen, das sich auf ein Wort oder den Inhalt des vorhergehenden Satzes bezieht. Dadurch wird der Satz eng mit dem vorhergehenden verbunden. Im Deutschen muss man ein entsprechendes Demonstrativpronomen einsetzen.

M Dum omnes *quiescunt* (Präs.), Aeneas clamorem audivit.
Während alle *schliefen* (Präteritum), hörte Äneas ein Geschrei.

Postquam Aeneas clamorem *audivit* (Perf.), statim in viam cucurrit.
Nachdem Äneas ein Geschrei *gehört hatte* (Plusqpf.), lief er sofort auf die Straße.

Besonders aufpassen musst du bei den **Subjunktionen** dum und postquam. Nach dum steht immer Präsens, nach postquam immer Perfekt. Im Deutschen steht nach „während" das gleiche Tempus wie im Hauptsatz, auf „nachdem" folgt meist das Plusquamperfekt.

scelerātus	Verbrecher	invenīre	finden, erfinden
cēterī	die übrigen	vincere	(be)siegen, übertreffen
sustinēre	ertragen, standhalten	cōgnōscere	erkennen, kennen lernen
iubēre	anordnen, befehlen	alere	ernähren, großziehen

virgō, virginis *f*	Mädchen	*e. virgin*
somnus	Schlaf	
futūrus, a, um	zukünftig	*Futur, e. future*
futūra, futurōrum *n. Pl.*	Zukunft	
dēmōnstrāre, dēmōnstrō	beweisen, darlegen	*Demonstrant, Demonstration*
omnia *n. Pl.*	alles	
duo, duae, duo	zwei	*Duett, Gesangsduo*
parere, pariō, peperī	zur Welt bringen; erwerben, schaffen	
licentia	Freiheit, Willkür	*Lizenz*
tyrannus	Tyrann, Gewaltherrscher	
vinculum	Band, Fessel; *Pl.* Gefängnis	
in vincula dare	in Fesseln legen, fesseln	
prō *m. Abl.*	vor; an Stelle von, für; entsprechend	
adulēscēns, adulēscentis *m (Gen. Pl.* -ium*)*	jung; *Subst.* junger Mann	
virtūs, virtūtis *f*	Tapferkeit, Tüchtigkeit, Vortrefflichkeit; Leistung; *Pl.* gute Eigenschaften, Verdienste	vir
contendere, contendō	behaupten; kämpfen, sich anstrengen	
praeda	Beute	
inter *m. Akk.*	unter, während, zwischen	intereā; *Inter-City*
dīvidere, dīvidō, dīvīsī	teilen, trennen	*Division, Divisor, dividieren*
scelerātus, a, um	verbrecherisch	
rapere, rapiō, rapuī	rauben, wegreißen, wegführen	*rapide, Trans-rapid*
falsus, a, um	falsch	*e. false*
falsō *Adv.*	fälschlich	
frāter, frātris *m*	Bruder	
cupere, cupiō, cupīvī	verlangen, wünschen, wollen	
supplicium	Hinrichtung, Strafe; flehentliches Bitten	
nepōs, nepōtis *m*	Enkel	*Neffe, e. nephew*
īra	Zorn	
mihi placet	mir gefällt es, ich beschließe	
condere, condō, condidī	verwahren, verbergen; erbauen, gründen	
caput, capitis *n*	Kopf, Hauptstadt	*Kapitalverbrechen, Kapitel, Kapitän*

Ascanius	Askanius (Sohn des Äneas)
Alba Longa	Alba Longa (antike Stadt südlich von Rom)
Numitor, Numitōris	Numitor (Großvater von Romulus und Remus)
Amūlius	Amulius (König von Alba Longa)
Rēa Silvia	Rea Silvia (Mutter des Romulus und Remus)
Mārs, Mārtis	Mars (Gott des Krieges)

Tiberis, *Akk.* Tiberim *m*	Tiber (Fluss durch Rom)
Faustulus	Faustulus (Pflegevater von Romulus und Remus)
Lārentia	Larentia (Pflegemutter von Romulus und Remus)
Remus	Remus (Bruder des Romulus)
Rōmulus	Romulus (sagenhafter Gründer Roms)

F 1 Verben: Futur I (a- und e-Konjugation, esse)

	Sg.	Pl.	
1. Person	vocā-**b-ō**	vocā-**bi-mus**	ā-Konjugation
2. Person	vocā-**bi-s**	vocā-**bi-tis**	
3. Person	vocā-**bi-t**	vocā-**bu-nt**	
1. Person	monē-**b**-ō	…	ē-Konjugation

Das Tempuszeichen für das **Futur I (Zukunft)** der ā- und ē-Konjugation ist in der 1. Pers. Sg. **-b-**, in der 3. Pers. Pl. **-bu-**, sonst **-bi-**.

	Sg.	Pl.	
1. Person	er-ō	er-i-mus	Hilfsverb
2. Person	er-i-s	er-i-tis	
3. Person	er-i-t	er-u-nt	

Futur I zu posse:
pot-erō, pot-eris, pot-erit, pot-erimus, pot-eritis, pot-erunt

2 Verben: Futur I (ī- und konsonantische Konjugation)

	Sg.	Pl.	
1. Person	audi-**a-m**	audi-**ē-mus**	ī-Konjugation
2. Person	audi-**ē-s**	audi-**ē-tis**	
3. Person	audi-**e-t**	audi-**e-nt**	

	Sg.	Pl.	
1. Person	ag-**a**-m	ag-ē-mus	konsonantische Konjugation
2. Person	ag-**ē**-s	ag-ē-tis	
3. Person	ag-**e**-t	ag-e-nt	
1. Person	capi-**a**-m	capi-ē-mus	
2. Person	capi-**ē**-s	capi-ē-tis	
3. Person	capi-**e**-t	capi-e-nt	

Das Tempuszeichen für das Futur I der ī- und der konsonantischen Konjugation ist **-e-**.

Eine Ausnahme bildet die 1. Pers. Sg., die auf **-a-m** endet.

T Verwendung des Futur I

Das Futur I wird im Lateinischen genauso verwendet wie im Deutschen oder Englischen. Es bezeichnet ein Geschehen, das aus der Sicht des Sprechers in der Zukunft eintreten oder fortdauern wird.

Mox patrem videbo.
Bald werde ich meinen Vater sehen.
(Bald sehe ich meinen Vater.)

Während das Futur I im Lateinischen zur Bezeichnung künftiger Handlungen (oder Zustände) immer verwendet wird, kann im Deutschen im Zusammenhang mit entsprechenden Zeitangaben (z.B. morgen, bald) auch das Präsens auftreten.

M audi-e-t er wird hören mone-t er mahnt

Anders als beim Imperfekt werden die Formen des Futur I nicht in allen Konjugationen auf die gleiche Art gebildet. Während du das **Futur I** der a- und e-Konjugation leicht und eindeutig am Tempuszeichen -b- **erkennen** kannst, kommt das -e- nicht nur als Tempuszeichen der ī- und der kons. Konjugation vor; in der e-Konjugation gehört es zum Wortstamm.

familia

Latein lebt

Aussagen – wie wir sie täglich in der Zeitung lesen oder in Nachrichten hören:

Die *Kollekte* für die *Aktion* „Mensch" erbrachte ein stolzes Ergebnis.
Die Politiker appellierten an die *soziale* Verantwortung der Bürger.
Die *Pazifisten demonstrierten* gegen die Teilnahme an dem *Militär*einsatz.
Sein *Temperament* verleitete den *Regierungs*sprecher zu einem Wutausbruch.
Bei der Modenschau sah man *futuristische* Modelle.
Die Teilnahme am *Finale* war ein großer Erfolg.

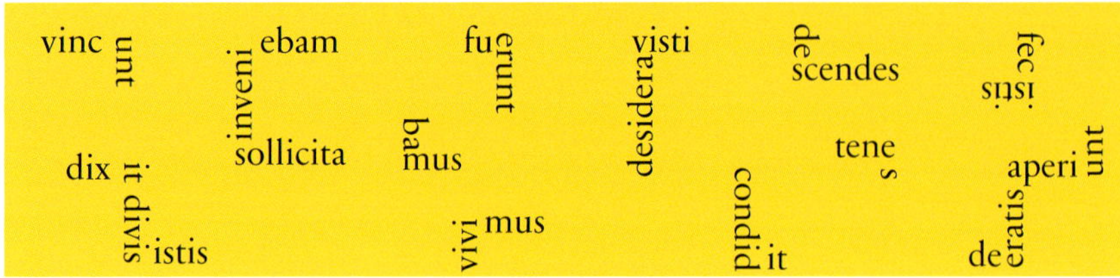

FELIX Da du nun bereits so viele Verbformen kennst, dass sie auf den ersten Blick verwirrend wie ein Labyrinth wirken, wollen wir dafür sorgen, dass wir den Überblick nicht verlieren. Das wichtigste Hilfsmittel, sozusagen der rote Faden, ohne den man im Labyrinth verloren geht, sind die Tempuszeichen und Endungen. Denn sie liefern drei wesentliche Informationen:

- Person
- Numerus
- Tempus

✲ *Das klingt ja kompliziert!*

FELIX Lass es dir an einem Beispiel zeigen: Das Tempuszeichen – bi- bezeichnet zusammen mit der Personalendung -t bei vielen Verben die 3. Pers. Sg. im Futur. Wenn also eine Verbform auf -bit endet, so bedeutet das immer „er (sie, es) wird ...“. Dann musst du nur noch den Infinitiv des Verbs und seine deutsche Bedeutung kennen und schon ist alles klar. Ich zeige dir jetzt, dass das immer für die a- und e-Konjugation gilt:

muta- / ride- > -bi-t — er (sie, es) wird < verändern / lachen

✲ *Das ist wirklich nicht schlecht.*

FELIX Wenn du diesen roten Faden nicht loslässt, findest du dich im Labyrinth der Verbformen immer zurecht.

✲ *Mühsam ist es aber trotzdem!*

FELIX Freilich, du musst einen lateinischen Text schon langsamer und konzentrierter lesen als einen englischen. Denn die Puzzle-Teile, aus denen die Formen bestehen, sind im Englischen meist mehrere einzelne Wörter, im Lateinischen werden sie aber zu einer kompakten Form zusammengefügt.

Beispiel: voca bi t
he/she will call

Die lateinischen Wortbestandteile zeigen dir immer, wo du dich im Labyrinth befindest, du musst sie nur genau ansehen. Hier eine Zusammenstellung der Bauteile, die an den **Präsensstamm** angefügt werden:

a) Personalendungen

	Sg.	Pl.
1. Person	-ō/-m	-mus
2. Person	-s	-tis
3. Person	-t	-nt

b) Tempuszeichen

Präsens	Imperfekt	Futur I	
---	-ba- (-ēba-)	-b- (-bi-, -bu-) ā- und ē-Konjugation	-e- (1. Pers. Sg. -a-) ī- und kons. Konjugation

Felix Das System funktioniert so gut, dass du sogar ohne weiteres Formen von Verben bilden kannst, die es gar nicht gibt. Stell' dir z. B. vor, es gäbe ein Verb, das mit oggel- beginnt, und du bildest dazu verschiedene Formen.

✲ *Das verstehe ich nicht ganz.*

Felix Ganz einfach. Du musst festlegen, zu welcher Konjugationsklasse das Verb gehören soll, d. h. ob es im Infinitiv auf -āre, -ēre, -īre oder -ĕre endet, und dann Endungen und gegebenenfalls Tempuszeichen hinzufügen. Wenn du dich für die ā-Konjugation entscheidest, hieße oggelabant z. B. „sie oggelten", oggelamus „wir oggeln", oggelabis „du wirst oggeln" usw.

✲ *Das klingt wirklich lustig.*

Felix Bevor du nun selbst mit oggel- oder einem anderen Phantasieverb das Formenbilden anfängst, noch kurz zum Perfekt.

Der **Perfektstamm** kann, wie du weißt, auf verschiedene Arten gebildet werden (v-Perfekt, u-Perfekt usw.). An diese Perfektstämme werden aber erfreulicherweise immer die gleichen Endungen angefügt:

	Sg.	Pl.
1. Pers.	-ī	-imus
2. Pers.	-istī	-istis
3. Pers.	-it	-ērunt

✲ *Dann kann man also auch solche Formen mit Phantasieverben bilden?*

Felix Selbstverständlich. Du musst nur vorher die Art der Perfektbildung festlegen.

✲ *Das probiere ich jetzt: oggelavit, „er hat geoggelt". Richtig?*

Felix Genau! Wenn du dieses Spiel beherrschst, dann hast du nicht nur den roten Faden in der Hand, sondern kannst ihn sogar selbst herstellen.

26

colligere	sammeln	aspicere	erblicken
appetere	haben wollen, erstreben	profectō	sicherlich, tatsächlich

invenīre, inveniō, invēnī	finden, erfinden	
alere, alō, aluī	ernähren, großziehen	
moenia, moenium *n. Pl.*	(Stadt-)Mauern	
turris, turris *f* *(Abl. Sg.* -ī, *Gen. Pl.* -ium*)*	Turm	
ingēns, ingentis	gewaltig, ungeheuer	
idōneus, a, um	geeignet, passend	
rēgnum	(Königs-)Herrschaft, Reich	regere, rēx
potēns, potentis	mächtig, stark	posse; *Potential*
vehemēns, vehementis	energisch, heftig	*vehement*
ācer, ācris, ācre	energisch, heftig, scharf	
neque enim	denn nicht	
iūdicium	Gericht; Urteil	iūdicāre
contendere, contendō, contendī	behaupten; kämpfen, sich anstrengen; eilen	
celer, celeris, celere	schnell	
sex *indekl.*	sechs	*Sextett*
duodecim *indekl.*	zwölf	decem
fēlīx, fēlīcis	glücklich, erfolgreich; Glück bringend	*Felix, Felizitas, Felizia*
ōmen, ōminis *n*	Vorzeichen	*Omen, ominös*
victōria	Sieg	vincere; *e. victory*
concēdere, concēdō, concessī	erlauben, nachgeben, zugestehen	*Konzession, konzessiv*
nōmināre, nōminō	nennen, benennen	nomen; *nominieren*
tantum	nur	
hostis, hostis *m/f (Gen. Pl.* -ium*)*	Feind (Landesfeind)	
corripere, corripiō, corripuī	ergreifen, gewaltsam an sich reißen	rapere
recēns, recentis	frisch, neu	
dare, dō, dedī	geben	

Palātium	Palatin (Hügel Roms)	*Palast, Pfalz, e. palace*
Aventīnus	Aventin (Hügel Roms)	
Līvius	Titus Livius (Geschichtsschreiber)	

contendere
behaupten

contendere
kämpfen

contendere
eilen

contendere
sich anstrengen

F Adjektive der 3. Deklination (drei- und einendige)

a) Dreiendige Adjektive

Beispiel:
ācer *(m)* **ācris** *(f)* **ācre** *(n)* scharf

	Sg. *m*	*f*	*n*	Pl. *m*	*f*	*n*
Nom.	ācer	ācr-**is**	ācr-**e**	ācr-**ēs**	ācr-**ēs**	ācr-**ia**
Gen.		ācr-**is**			ācr-**ium**	
Dat.		ācr-**ī**			ācr-**ibus**	
Akk.	ācr-**em**	ācr-**em**	ācr-**e**	ācr-**ēs**	ācr-**ēs**	ācr-**ia**
Abl.		ācr-**ī**			ācr-**ibus**	

Im Nominativ Singular gibt es für jedes Genus eine eigene Form. Ansonsten werden die dreiendigen Adjektive wie die zweiendigen dekliniert.

b) Einendige Adjektive

Beispiel:
fēlīx *(m)* **fēlīx** *(f)* **fēlīx** *(n)* glücklich

	Sg. *m/f*		*n*	Pl. *m/f*		*n*
Nom.		fēlīx		fēlīc-**ēs**		fēlīc-**ia**
Gen.		fēlīc-**is**			fēlīc-**ium**	
Dat.		fēlīc-**ī**			fēlīc-**ibus**	
Akk.	fēlīc-**em**		fēlīx	fēlīc-**ēs**		fēlīc-**ia**
Abl.		fēlīc-**ī**			fēlīc-**ibus**	

Diese Adjektive haben im Nom. Sg. nur eine Form für alle drei Genera.

Da bei den einendigen Adjektiven der Wortstamm nicht an den Formen des Nom. Sg. zu erkennen ist, muss man den Gen. Sg. mitlernen, z. B. feli**x**, feli**c**is bzw. veheme**ns**, veheme**nt**is.

M Wie bei den Substantiven kommen auch bei den Adjektiven bestimmte **Endungen** in allen Deklinationen vor, z. B. **-i** und **-is**.
In all diesen Fällen musst du die Deklinationsklasse des Adjektivs kennen, um die Form bestimmen zu können.
Pulchri kann z. B. Gen. Sg. *m*, Gen. Sg. *n* oder Nom. Pl. *m* sein, acri dagegen Dat. oder Abl. Sg. aller drei Genera.

initium	Anfang; Eingang	salūtāre	(be)grüßen
mōns	Berg	petere	(auf)suchen, (er)streben, bitten, verlangen
sermō	Gespräch, Sprache, Äußerung, Gerede		
laetus	froh, fröhlich	libenter	gern

cursus, cursūs *m*	Lauf	currere; *Kurs, kursieren, e. course*
agere, agō, ēgī	handeln, treiben, verhandeln	
respondēre, respondeō, respondī	antworten, entsprechen	
soror, sorōris *f*	Schwester	
magna, magnōrum *n Pl.*	Großes, große Werke	
perficere, perficiō, perfēcī	erreichen, fertig stellen, vollenden	facere; *Perfekt, e. perfect*
manus, manūs *f*	Hand; Schar (von Bewaffneten)	*Manufaktur, manuell, Mani-küre*
serpēns, serpentis *m/f*	Schlange	*Serpentine*
vultus, vultūs *m*	Gesicht, Gesichtsausdruck; *Pl.* Gesichtszüge	
animal, animalis (*Abl. Sg.* -ī, *Nom./Akk. Pl.* -ia, *Gen. Pl.* -ium)	Lebewesen, Tier	animus; *animalisch, e. animal*
spīritus, spīritūs *m*	Atem, Seele	*e. spirit*
vīs, *Akk.* vim, *Abl.* vī *f*	Gewalt, Kraft; Menge	
vīres, vīrium *f Pl.*	Kräfte; Streitkräfte	
impetus, impetūs *m*	Angriff, Schwung	petere
metus, metūs *m*	Angst	
contrā *m. Akk.*	gegen	*Kontra geben, Konter, Kontrast*
cāsus, cāsūs *m*	Fall, Zufall	cadere; *Kasus, e. case*
adversus, a, um	entgegengesetzt, feindlich	
plūs, plūris	mehr	*„Plus", Plural*
plūs … quam	mehr … als	
valēre, valeō, valuī	Einfluss haben; gesund sein, stark sein	*In-valide*
sēnsus, sēnsūs *m*	Gefühl, Sinn; Verstand	sentīre; *Non-sens*
ostendere, ostendō, ostendī	zeigen, erklären	*ostentativ*
ūsus, ūsūs *m*	Benutzung, Nutzen, Gebrauch	*„Usus", e. use*
convīvium	Gastmahl, Gelage	
bibere, bibō, bibī	trinken	
carmen, carminis *n*	Gedicht, Lied	
Mūsae, Mūsārum *f*	Musen (Göttinnen der Künste, Töchter des Zeus)	*Museum, Musik, musisch, e. musical*
Pȳthōn, Pȳthōnis *m*	Python (von Apollo in Delphi getöteter Drache)	
Delphī, Delphōrum *m Pl.*	Delphi (Apollonheiligtum)	
Delphicus, a, um	delphisch	
Pȳthia	Pythia (Orakelpriesterin in Delphi)	
Mercurius	Merkur (Götterbote)	
Olympus	Olymp (Berg in Griechenland)	

F 1 Substantive: u-Deklination (4. Deklination)

Beispiel:
cāsus, ūs der Fall, Zufall

	Sg.	Pl.
Nom.	cās-**us**	cās-**ūs**
Gen.	cās-**ūs**	cās-**uum**
Dat.	cās-**uī**	cās-**ibus**
Akk.	cās-**um**	cās-**ūs**
Abl.	cās-**ū**	cās-**ibus**

Die meisten Substantive dieser Deklination sind maskulin.

2 Verben: Futur II

vocāverō (ich werde gerufen haben)

	Sg.	Pl.
1. Pers.	vocā-**v-erō**	vocā-**v-erimus**
2. Pers.	vocā-**v-eris**	vocā-**v-eritis**
3. Pers.	vocā-**v-erit**	vocā-**v-erint**

Die Endungen des Futur II werden an den Perfektstamm angefügt.
Sie sind bei allen Konjugationsklassen gleich.

S 1 Verwendung des Futur II

Romulus: „Si dei mihi victoriam concesserint, urbs nostra nomen meum capiet."
Romulus: „Wenn mir die Götter den Sieg zugestehen (zugestanden haben), wird unsere Stadt meinen Namen erhalten."

Das Futur II bezeichnet im Lateinischen einen Vorgang in der Zukunft, der vor einem anderen – ebenfalls in der Zukunft liegenden – Geschehen abgeschlossen sein wird. Im Deutschen wird dieses Zeitverhältnis nicht genau beachtet; meist wird das Futur II durch Präsens oder Perfekt ersetzt.

2 Ablativ als Adverbiale: Ablativ der Zeit

ea nocte	in dieser Nacht
brevi (tempore)	nach kurzer Zeit, bald (darauf)
eo anno	in diesem Jahr
antiquis temporibus	in alten Zeiten
initio	zu Beginn, anfangs

Der Ablativ wird auch zur Angabe einer Zeit (Ablativus temporis) verwendet. Wir fragen „wann?".

Es gibt noch eine Frage nach dem Ablativ. Nun ist unsere **Abfragetabelle** vorläufig vollständig!

Wer oder was ...?	Subjekt: Nominativ
Wen oder was ...? Wie lange ...?	Objekt: Akkusativ Adverbiale: Akkusativ der zeitlichen Ausdehnung
Wem ...?	Objekt: Dativ
Wessen *(m. Bezugswort)* ...?	Attribut: Genitiv
Womit, wodurch ...? Worüber, weshalb ...?	Adverbiale: Ablativ des Mittels Adverbiale: Ablativ des Grundes
Wann ...?	Adverbiale: Ablativ der Zeit
Wo ...?	Adverbiale: Präposition in *m. Abl.*
Wohin ...?	Adverbiale: Präposition in *m. Akk.*

Sachfeld Gefühle

sensus
Gefühl, Sinn, Verstand

metus
Angst

ira
Zorn

timor
Angst, Furcht

amor
Liebe

tristis
traurig, unfreundlich

miser
arm, erbärmlich, unglücklich

laetus
froh, fröhlich

felix
glücklich, erfolgreich, Glück bringend

28

virtus	Tapferkeit, Tüchtigkeit, Vortrefflichkeit, Leistung	possidēre	besitzen
caput	Kopf; Hauptstadt	scīre	wissen, kennen, verstehen
nōn īgnōrāre	gut kennen, wohl wissen	aperīre	aufdecken, öffnen
		numquam	niemals

prīmus, a, um	der (die, das) erste	*„prima", Prim-zahl*
tēlum	(Angriffs-)Waffe, Geschoss	
ferus, a, um	wild	
interficere, interficiō, interfēcī	töten, vernichten	facere
■ diēs, diēī *m*	Tag	diū
diēs, diēī *f*	Termin	
secundus, a, um	der (die, das) zweite, günstig	*Sekunde, e. second*
centum *indekl.*	hundert	*Pro-zent, Zenti-meter, Cent*
īgnis, īgnis *m*	Feuer	
spēs, speī *f*	Hoffnung	
dēpōnere, dēpōnō, dēposuī	niederlegen, ablegen	*deponieren, Depot*
■ rēs, reī *f*	Angelegenheit, Ding, Sache	*real*
rēs adversae *f Pl.*	Unglück	
tertius, a, um	der (die, das) dritte	*Terz*
quārtus, a, um	der (die, das) vierte	*Quarte, Quartett*
indīgnus, a, um *(m. Abl.)*	unwürdig *(einer Sache)*	
difficilis, e	schwierig	*diffizil, e. difficult*
mandāre, mandō	einen Auftrag geben, übergeben	*Mandat, Mandant*
āit	behauptet(e) er, sagt(e) er	
cōpia	Menge; Möglichkeit; Vorrat; *Pl.* Truppen	*Kopie*
decimus, a, um	der (die, das) zehnte	decem
pars, partis *f (Gen. Pl.* -ium*)*	Teil, Seite, Richtung	*Partei, e. part*
rēs familiāris	Vermögen	
reddere, reddō, reddidī	zurückgeben, zukommen lassen	dare; *Rente, rentabel*
aestus, aestūs *m*	Hitze	
labōrāre *(m. Abl.)*	leiden (an)	
auxiliō venīre	zu Hilfe kommen	
relinquere, relinquō, relīquī	zurücklassen, verlassen	*Relikt*
dexter, dext(e)ra, dext(e)rum	rechts	
flūmen, flūminis *n*	Fluss	
volvere, volvō, volvī	rollen, wälzen; überlegen	*E-volution, Re-volution, „Volvo"*
quīntus, a, um	der (die, das) fünfte	*Quintett*
fidēs, fideī *f*	Glaube, Treue, Vertrauen, Zuverlässigkeit	
gerere, gerō, gessī	tragen; ausführen, führen	*Geste*

Herculēs, Herculis	Herkules (Held in der griech. Sage)
Hydra	Hydra (vielköpfige Schlange)
Eurystheus	Eurystheus (König von Tiryns)
Augīās	Augias (griechischer König)
Alphēus	Alpheus (Fluss in Griechenland)

F 1 Substantive: e-Deklination (5. Deklination)

Beispiel:
rēs, rĕī Sache, Ding

	Sg.	Pl.
Nom.	rē-s	rē-s
Gen.	rĕ-ī	rē-**rum**
Dat.	rĕ-ī	rē-**bus**
Akk.	re-**m**	rē-s
Abl.	rē	rē-**bus**

Fast alle Substantive dieser Deklination sind Feminina.

2 Verben: Plusquamperfekt (3. Vergangenheit)

	Sg.	Pl.
1. Person	vocā-**v-era-m**	vocā-**v-erā-mus**
2. Person	vocā-**v-erā-s**	vocā-**v-erā-tis**
3. Person	vocā-**v-era-t**	vocā-**v-era-nt**

Die Formen des Plusquamperfekts bestehen bei allen Verben aus dem Perfektstamm, dem Kennzeichen **-era-** und den Imperfekt-Endungen.

1. Person	vocā-**v-era-m**	ich hatte gerufen
	mon-**u-era-m**	ich hatte ermahnt
	mān-**s-era-m**	ich war geblieben
	dēscend-**era-m**	ich war herabgestiegen
	tetig-era-m	ich hatte berührt
	vēn-era-m	ich war gekommen
	fu-era-m	ich war gewesen

S Verwendung des Plusquamperfekts

Apollo serpentem necaverat. Itaque Musae gaudebant.
Apollon hatte die Schlange getötet. Deshalb freuten sich die Musen.

Musae gaudebant, quia Apollo serpentem necaverat.
Die Musen freuten sich, weil Apollon die Schlange getötet hatte.

Das **Plusquamperfekt** wird im Lateinischen ebenso verwendet wie das Plusquamperfekt im Deutschen:
Es bezeichnet einen Vorgang der Vergangenheit, der zeitlich vor einem anderen – ebenfalls vergangenen – Vorgang liegt (Vorvergangenheit).

cursus	Lauf	reperīre	(wieder)finden
lītus	Strand, Küste	sollicitāre	aufhetzen, beunruhigen, erregen
pars	Teil, Seite, Richtung	procul	von fern, weit weg
vāstus	riesig; menschenleer, verwüstet	subitō	plötzlich
dūcere	führen, ziehen	tandem	endlich

quō	wohin	
vertere, vertō, vertī	drehen, wenden	*Version*
spērāre, spērō	erwarten, hoffen	
perniciēs, perniciēī *f*	Verderben, Vernichtung	
cōnspicere, cōnspiciō, cōnspexī	erblicken	spectāre
circumdare, circumdō, circumdedī	umgeben	dare
unda	Gewässer, Welle	
ambō, ambae, ambō	beide (zusammen)	
undique *Adv.*	von allen Seiten	
īnfēlīx, īnfēlīcis	unglücklich	fēlīx
ventus	Wind	*Ventil, Ventilator*
vestis, vestis *f*	Kleidung; *Pl.* Kleider	*Weste*
cum *Subj. m. Ind.*	als (plötzlich), (zu der Zeit) als, (immer) wenn	
dēmittere, dēmittō, dēmīsī	hinabschicken, sinken lassen	mittere
ō mē miserum!	Oh ich Unglücksrabe! Oh ich Armer!	
āmittere, āmittō, āmīsī	aufgeben, verlieren	mittere
animum dēmittere	den Mut verlieren	
dēspērāre, dēspērō	die Hoffnung aufgeben, verzweifeln	sperāre
dē salūte dēspērāre	die Hoffnung auf Rettung aufgeben	
lacrima	Träne	
fundere, fundō, fūdī	(aus)gießen, zerstreuen	
convertere, convertō, convertī	verändern, (um-)wandeln, verwandeln	vertere; *konvertieren*
ante *m. Akk.*	vor	
cōnspectus, cōnspectūs *m*	Anblick, Blickfeld	spectāre
auris, auris *f*	Ohr	
aurēs dare	zuhören	
necesse est	es ist notwendig	
Eurōpa	Europa (Königstochter aus Phönizien)	

F Verben: Passiv (Präsens)

voca- **t**	er (sie, es) ruft	(Aktiv)
vocā- **tur**	er (sie, es) wird gerufen	(Passiv)

Die Passivformen des Präsens werden aus den gleichen Bauelementen wie die Aktivformen gebildet, nämlich aus
- dem Präsensstamm und
- der Personalendung.

Die Passivformen haben eigene Personalendungen.

a) Infinitiv

vocā-**rī**	gerufen (zu) werden
monē-**rī**	gemahnt (zu) werden
audī-**rī**	gehört (zu) werden
ag-**ī**	getrieben (zu) werden
cap-**ī**	gefasst (zu) werden

Die Endungen der Infinitive lauten in der ā-, ē- und ī-Konjugation -rī, in der kons. Konjugation -ī.

b) Präsens

	Sg.		Pl.		
1. Person	voc-**or**	ich werde gerufen	vocā-**mur**	wir werden gerufen	ā-Konjugation
2. Person	vocā-**ris**	du wirst gerufen	vocā-**minī**	ihr werdet gerufen	
3. Person	vocā-**tur**	er (sie, es) wird gerufen	voca-**ntur**	sie werden gerufen	
1. Person	mone-**or**	ich werde gemahnt	monē-**mur**	wir werden gemahnt	ē-Konjugation
2. Person	monē-**ris**	du wirst gemahnt	monē-**minī**	ihr werdet gemahnt	
3. Person	monē-**tur**	er (sie, es) wird gemahnt	mone-**ntur**	sie werden gemahnt	
1. Person	audi-**or**	ich werde gehört	audī-**mur**	wir werden gehört	ī-Konjugation
2. Person	audī-**ris**	du wirst gehört	audī-**minī**	ihr werdet gehört	
3. Person	audī-**tur**	er (sie, es) wird gehört	audi-u-**ntur**	sie werden gehört	
1. Person	ag-**or**	ich werde getrieben	ág-i-**mur**	wir werden getrieben	kons. Konjugation
2. Person	ág-e-**ris**	du wirst getrieben	ag-i-**minī**	ihr werdet getrieben	
3. Person	ág-i-**tur**	er (sie, es) wird getrieben	ag-u-**ntur**	sie werden getrieben	
1. Person	capi-**or**	ich werde gefasst	cápi-**mur**	wir werden gefasst	(i-Erweiterung)
2. Person	cápe-**ris**	du wirst gefasst	capi-**minī**	ihr werdet gefasst	
3. Person	cápi-**tur**	er (sie, es) wird gefasst	capi-u-**ntur**	sie werden gefasst	

Verwendung des Passivs

Midas saxa in aurum convertit.
Midas verwandelt Steine in Gold.

Saxa a Mida in aurum convertuntur.
Die Steine werden von Midas in Gold verwandelt.

Neben den aktiven Verbformen, die angeben, was ein Subjekt tut, gibt es passive Formen, die angeben, dass jemand/etwas eine Handlung „erleidet" (Passiv – „Leideform").
Die Person, *von* der eine Handlung ausgeführt wird, steht mit der Präposition a/ab im Ablativ (hier: a Mida). Sachverhalte und Ursachen für eine Handlung stehen dagegen im bloßen Ablativ.
Als Oberbegriff für Aktiv und Passiv verwendet man die Bezeichnung **Genus verbi**.

capit capitur

Kontext

Cum villam amici intro, servus me salutat.
(Immer) wenn ich das Haus des Freundes betrete, grüßt mich der Sklave.

Tum amicos cognoscimus, *cum* in periculo sumus.
Dann erkennen wir die (wahren) Freunde, *wenn* wir in Gefahr sind.

Cum FELIX comitesque Romam venerunt, aedificia antiqua viderunt.
(Zu der Zeit) als FELIX und seine Begleiter nach Rom kamen, sahen sie antike Bauwerke.

Omnes quiescebant, *cum* fur villam intravit.
Alle schliefen, als (plötzlich) ein Dieb das Haus betrat.

dolus	List, Täuschung	certē	gewiss, sicherlich
scelerātus	Verbrecher	immō	im Gegenteil, ja sogar
rīdēre	lachen, auslachen	libenter	gern
vincere	(be)siegen, übertreffen	saepe	oft

perterrēre, perterreō	sehr erschrecken, einschüchtern	terrēre
nāvigāre, nāvigō	(mit dem Schiff) fahren, segeln	nāvis; *Navigation*
occīdere, occīdō, occīdī	niederschlagen, töten	caedēs
cōnfirmāre, cōnfirmō	bekräftigen, ermutigen, stärken	*Konfirmation*
metuere, metuō, metuī	(sich) fürchten	metus
cīvis, cīvis *m/f (Gen. Pl.* -ium*)*	Bürger(in)	*zivil*
causā *(nachgestellt) m. Gen.*	wegen	causa
mors, mortis *f*	Tod	
nūntiāre, nūntiō	melden	nūntius
intrā *m. Akk.*	innerhalb (von)	intrāre; *intra-venös*
aut … aut	entweder … oder	
exitus, exitūs *m*	Ende, Ausgang	*e. exit*
salvus, a, um	gesund, unversehrt	salvē
ut *Subj. m. Ind. Perf.*	sobald	
paene *Adv.*	fast	
animum *(m. Gen.)* cōnfirmāre	(jmd.) ermutigen	
cōnservāre, cōnservō *(ā m. Abl.)*	retten (vor), bewahren	servāre; *konservativ, Konserve*
ūtilis, e	nützlich	
pūgna	Kampf	pūgnāre
alter, altera, alterum *(Gen.* alterīus, *Dat.* alterī*)*	der eine/der andere (von zweien)	*Alternative*

Mīnōtaurus	Minotaurus (Menschen fressendes Ungeheuer auf Kreta)
Crēta	Kreta (Insel im Mittelmeer)
Athēniēnsis, Athēniēnsis	Athener (Einwohner der griechischen Stadt Athen)
Thēseus	Theseus (griechischer Held)
Aegeus	Ägeus (König von Athen)
Athēnae, Athēnārum	Athen
Mīnōs, Mīnōis	Minos (König von Kreta)
Ariadna	Ariadne (Tochter des Königs Minos)

Minotaurus inmitten eines Labyrinths. Fußbodenmosaik aus Conimbriga/Portugal. 1. Jh. v. Chr.

F Verben: Passiv (Imperfekt, Futur I)

a) Imperfekt

vocā-ba-r ich wurde gerufen

	Sg.	Pl.	
1. Person	vocā-ba-r	vocā-bā-mur	ā-Konjugation
2. Person	vocā-bā-ris	vocā-bā-minī	
3. Person	vocā-bā-tur	vocā-ba-ntur	

1. Person	vocā **ba** r	ich wurde gerufen	ā-Konjugation
	monē-**ba**-r	ich wurde gemahnt	ē-Konjugation
	audi-**ēba**-r	ich wurde gehört	ī-Konjugation
	ag-**ēba**-r	ich wurde getrieben	kons.
	capi-**ēba**-r	ich wurde gefasst	Konjugation

Die Formen des Imperfekt Passiv werden – wie die des Imperfekt Aktiv – mit dem Tempuszeichen **-ba-** bzw. **-ēba-** gebildet.

b) Futur I

vocā-**b**-or ich werde gerufen werden
audi-**a**-r ich werde gehört werden

	Sg.	Pl.	
1. Person	vocā-**b**-or	vocā-**bi**-mur	ā-Konjugation
2. Person	vocá-**be**-ris	vocā-**bi**-minī	
3. Person	vocā-**bi**-tur	vocā-**bu**-ntur	

1. Person	audi-**a**-r	audi-**ē**-mur	ī-Konjugation
2. Person	audi-**ē**-ris	audi-**ē**-minī	
3. Person	audi-**ē**-tur	audi-**e**-ntur	

1. Person	vocā-**b**-or	ich werde gerufen werden	ā-Konjugation
	monē-**b**-or	ich werde gemahnt werden	ē-Konjugation
	audi-**a**-r	ich werde gehört werden	ī-Konjugation
	ag-**a**-r	ich werde getrieben werden	kons.
	capi-**a**-r	ich werde gefasst werden	Konjugation

Die Formen des Futur I Passiv werden mit den folgenden Tempuszeichen gebildet:

ā- und ē-Konjugation:		ī- und kons. Konjugation:	
1. Pers. Sg.	**-b-**	1. Pers. Sg.	**-a-**
2. Pers. Sg.	**-be-**	sonst	**-e-**
3. Pers. Pl.	**-bu-**		
sonst	**-bi-**		

31

ars	Fertigkeit, Kunst; *Pl.* Eigenschaften	volāre	fliegen, eilen
modus	Art, Weise; Maß	ecce	schau/schaut, sieh da/seht da
ūnus	ein(er), ein einziger	deinde	dann, darauf
effugere	entfliehen, entkommen	prīmum	erstens, zuerst, zum ersten Mal
patēre	offen stehen, sich erstrecken	quamquam	obwohl

captīvus	gefangen; *Subst.* (Kriegs-)Gefangener	capere
claudere, claudō, clausī, clausum	abschließen, einschließen	*Klausur, e. to close*
modo *Adv.*	nur	
āēr, āeris *m*	Luft	*e. air*
igitur *Adv.*	also, folglich	
aliter *Adv.*	anders; sonst	
penna	Feder	
colligere, colligō, collēgī, collēctum	sammeln	*Kollekte, Kollektion*
ingenium	Begabung, Talent	*Ingenieur, Genie*
āla	Flügel	
facere, faciō, fēcī, factum	machen, tun, handeln	*Faktum*
docēre, doceō, docuī, doctum	lehren, unterrichten	*Dozent, Doktor*
inquam *(3. Ps. Sg.* inquit*)*	sag(t)e ich	
pendēre, pendeō, pependī	(herab)hängen, schweben	*Pendel*
avis, avis *f*	Vogel	
honor/honos, honōris *m*	Ehre, Ehrenamt	*honorieren, h.c.* (honoris causa)
relinquere, relinquō, relīquī, relictum	zurücklassen, verlassen	*Relikt*
respicere, respiciō, respexī, respectum	zurückblicken, berücksichtigen	spectāre; *Respekt*
quot	wie viele	
laetitia	Freude	laetus
capere, capiō, cēpī, captum	fassen, nehmen, erhalten; erobern	
dēlēre, dēleō, dēlēvī, dēlētum	zerstören, vernichten	
superbia	Stolz, Überheblichkeit	superbus

Daedalus	Dädalus (berühmter Baumeister und Künstler)
Īcarus	Ikarus (Sohn des Dädalus)

F Verben: Passiv (Perfekt, Plusquamperfekt, Futur II)

Die Passivformen von Perfekt, Plusquamperfekt und Futur II bestehen – wie im Deutschen – aus dem **Partizip Perfekt Passiv** (z. B. vocatus gerufen) und Formen des Hilfsverbs esse.

a) Partizip Perfekt Passiv (PPP)

Das PPP wird dekliniert wie die Adjektive der a- und o-Deklination.

– Bei vielen Verben (vor allem mit v-Perfekt) wird das PPP gebildet, indem **-tus, a, um** an den Präsensstamm angefügt wird;

z. B. laudā-**tus**, a, um	(gelobt)	ā-Konjugation
dēlē-**tus**, a, um	(zerstört)	ē-Konjugation
audī-**tus**, a, um	(gehört)	ī-Konjugation

– Manchmal werden der Stamm oder die Fugenstelle lautlich verändert:

Infinitiv	Präsensstamm	Perfektstamm	PPP
docēre	docē-	docu-	doctus
colligere	collig-	collēg-	collēctus
relinquere	relinqu-	relīqu-	relictus
claudere	claud-	claus-	clausus

Bei solchen Verben muss man sich also neben dem **Infinitiv Präsens**, der **1. Pers. Sg. Präs. Akt.** und **1. Pers. Sg. Perf. Akt.** das **PPP** als vierte Form merken.

Diese vier Formen, die so genannten **Stammformen**, sind die Grundlage für alle Formen, die von einem Verb gebildet werden können.

Beispiel:

facere	faciō	fēcī	factum

b) Perfekt Passiv

vocātus sum ich bin gerufen worden

	Sg.	Pl.
1. Person	vocātus, a, um sum	vocātī, ae, a sumus
2. Person	vocātus, a, um es	vocātī, ae, a estis
3. Person	vocātus, a, um est	vocātī, ae, a sunt

c) Plusquamperfekt Passiv

vocātus eram ich war gerufen worden

1. Person	vocātus, a, um eram	usw.

d) Futur II Passiv

vocātus erō — ich werde gerufen worden sein

1. Person	vocātus, a, um erō	usw.

e) Infinitiv Perfekt Passiv

vocātum, am, um esse
vocātōs, ās, a esse — gerufen worden (zu) sein

S Verwendung des Passivs (Perfekt, Plusquamperfekt)

Im Passiv werden die Tempora Perfekt und Plusquamperfekt genauso verwendet wie im Aktiv (vgl. 18 S und 28 S).

Hostis superatus est.	Hostis superatus erat.
Der Feind wurde besiegt.	Der Feind war besiegt worden.
Der Feind ist besiegt worden.	Der Feind war besiegt.
Der Feind ist besiegt.	

Das Perfekt wird im Deutschen in der Erzählung mit dem Präteritum/Imperfekt wiedergegeben.
Manchmal können Perfekt und Plusquamperfekt Passiv auch einen Zustand oder ein Ergebnis bezeichnen; dann fehlt der Zusatz „worden" im Deutschen.

Latein lebt

im Botanischen Garten in Berlin ...

32

nēmō	niemand	dēnique	schließlich, zuletzt
ingēns	gewaltig, ungeheuer	hīc	hier
parvus	klein, gering	paulum	ein wenig
exspectāre	warten, erwarten	quam	als, wie

amplus, a, um	groß, weit, bedeutend	
invenīre, inveniō, invēnī, inventum	finden, erfinden	*Inventur*
aditus, aditūs *m*	Zugang	
velut	wie, wie zum Beispiel	ut
frūctus, frūctūs *m*	Ertrag, Frucht, Nutzen	*Frutti di Mare, e. fruit*
cōnsīdere, cōnsīdō, cōnsēdī, cōnsessum	sich setzen, sich niederlassen	sedēre
■ perterrēre, perterreō, perterruī, perterritum	sehr erschrecken, einschüchtern	terrēre
membrum	Glied, Körperteil	*e. member*
altus, a, um	hoch; tief	alere; *Alt, Altar*
frōns, frontis *f*	Stirn, Vorderseite	*Front, frontal*
mediā in fronte	mitten auf der Stirn	
oculus	Auge	*Okular*
tendere, tendō, tetendī, tentum	spannen, (aus)strecken, sich anstrengen	contendere; *Tendenz, tendieren*
tollere, tollō, sustulī, sublātum	aufheben, in die Höhe heben, wegnehmen	
corripere, corripiō, corripuī, correptum	ergreifen, gewaltsam an sich reißen	rapere
īnfestus, a, um	feindlich, feindselig	
■ movēre, moveō, mōvī, mōtum	bewegen	*Motor, Loko-motive, Motivation*
iussū	auf Befehl	iubēre
volvere, volvō, volvī, volūtum	rollen, wälzen; überlegen	*E-volution, Re-volution, Kon-volut, „Volvo“*

Ulixēs, Ulixis	Odysseus (griechischer Feldherr)
Polyphēmus	Polyphem (Sohn des Neptun)

Kontext

Manus ad caelum tollimus.	Wir erheben die Hände zum Himmel.
Simulacra e templo tollimus.	Wir nehmen die Bilder aus dem Tempel weg.
Amicis timorem tollimus.	Wir nehmen den Freunden die Furcht.

F Verben mit unregelmäßiger Perfektbildung: Zusammenfassung (Stammformen)

In der folgenden Liste erhältst du eine Zusammenstellung derjenigen Verben mit unregelmäßiger Perfektbildung, zu denen du bereits alle vier **Stammformen** kennst:

v-Perfekt				
dēlēre	dēleō	dēlēvī	dēlētum	zerstören, vernichten
u-Perfekt				
docēre	doceō	docuī	doctum	lehren, unterrichten
perterrēre	perterreō	perterruī	perterritum	einschüchtern, sehr erschrecken
corripere	corripiō	corripuī	correptum	ergreifen, gewaltsam an sich reißen
s-Perfekt				
claudere	claudō	clausī	clausum	abschließen, einschließen
respicere	respiciō	respexī	respectum	zurückblicken, berücksichtigen
Dehnungsperfekt				
movēre	moveō	mōvī	mōtum	bewegen
invenīre	inveniō	invēnī	inventum	finden, erfinden
colligere	colligō	collēgī	collēctum	sammeln
relinquere	relinquō	relīquī	relictum	zurücklassen, verlassen
cōnsīdere	cōnsīdō	cōnsēdī	cōnsessum	sich setzen, sich niederlassen
capere	capiō	cēpī	captum	fassen, nehmen, erhalten; erobern
facere	faciō	fēcī	factum	machen, tun, handeln
Reduplikationsperfekt				
tendere	tendō	tetendī	tentum	sich anstrengen, spannen, (aus)strecken
Perfekt ohne Stammveränderung				
volvere	volvō	volvī	volūtum	rollen, wälzen; überlegen

Wenn du künftig ein Verb mit unregelmäßiger Perfektbildung neu lernst, findest du im Wortschatz auch die Stammformen.
PPP-Formen zu bereits bekannten Verben werden dort im Wortschatz nachgetragen, wo du sie benötigst; die bekannten Formen stehen dann im Kleindruck.

mēns	Geist, Sinn, Verstand; Meinung	praebēre	geben, hinhalten
vīs	Gewalt, Kraft, Menge	sustinēre	ertragen, standhalten
vehemēns	energisch, heftig	contrā *m. Akk.*	gegen
adesse	da sein; helfen	paulō post	(ein) wenig später
exstinguere	auslöschen, vernichten	semper	immer

mortālis, e	sterblich; *Subst.* Mensch	*Salto mortale*
nimis *Adv.*	(all)zu, (all)zu sehr	
stultus, a, um	dumm	*stolz*
crēdere, crēdō, crēdidī, crēditum	anvertrauen, glauben	dare; *Kredit*
unde	woher	
dēcipere, dēcipiō, dēcēpī, dēceptum	täuschen	capere
fidem dare	sein Wort geben	
dulcis, e	angenehm, süß	*„Dolce Vita"*
addūcere, addūcō, addūxī, adductum	heranführen, herbeibringen; veranlassen	dūcere
commovēre, commoveō, commōvī, commōtum	bewegen; veranlassen	movēre
incipere, incipiō, coepī (incēpī), inceptum	anfangen, beginnen	capere
laedere, laedō, laesī, laesum	beschädigen, verletzen	*lädieren*
pergere, pergō, perrēxī	aufbrechen; weitermachen	regere
vix *Adv.*	kaum, (nur) mit Mühe	
nēmō (*Gen.* nēminis, *Dat.* nēminī, *Akk.* nēminem)	niemand, kein(er)	
quandō	wann?	
perturbāre, perturbō	in Verwirrung bringen	turba
Neptūnus	Neptun (Gott des Meeres)	

S Verwendung des Partizip Perfekt Passiv

a) Erscheinungsform

Europa timore capta clamavit.
Die von Angst ergriffene Europa schrie.

Das PPP (hier: capta) steht in KNG-Kongruenz zu einem **Nomen** (Substantiv, Eigenname oder Pronomen) des Satzes (hier: Europa). Wegen dieser Zugehörigkeit zu einem Nomen wird es als **Participium coniunctum** (verbundenes Partizip) bezeichnet.

b) Das Participium coniunctum als satzwertige Konstruktion

Europa a Iove capta est. Europa clamavit. *Europa wurde von Jupiter ergriffen.* Europa schrie.	Europa *a Iove capta* clamavit. Die *von Jupiter ergriffene* Europa schrie.

Wie den AcI (vgl. 20 **S** c) kann man auch das Participium coniunctum als einen eigenständigen Aussagesatz verstehen, der in einen anderen Satz eingefügt ist. Deshalb bezeichnet man das Participium coniunctum als **satzwertige Konstruktion**.

c) Satzgliedfunktion

Europa a Iove capta clamavit.

Die Partizipialkonstruktion a Iove capta kann als Attribut (zu Europa) oder Adverbiale (zu clamavit) aufgefasst werden.
Daher gibt es manchmal mehrere Möglichkeiten der Wiedergabe:

d) Übersetzungsmöglichkeiten

	Europa a Iove capta clamavit.
Als Attribut	
– wörtlich:	Die von Jupiter ergriffene Europa schrie. Europa, von Jupiter ergriffen, schrie.
– mit Relativsatz:	Europa, die von Jupiter ergriffen worden war, schrie.
Als Adverbiale	
– mit Adverbialsatz:	Europa schrie, **weil (nachdem)** sie von Jupiter ergriffen worden war.
	Juppiter rapuit Europam timore sollicitatam.
	Jupiter raubte Europa, **obwohl** sie von Furcht beunruhigt war.

Bei der Übersetzung mit einem Adverbialsatz passen oft die deutschen Subjunktionen „weil“ oder „nachdem“. Manchmal erfordert der Sinn einen Adverbialsatz mit „obwohl“. Andere Sinnrichtungen treten beim PPP nur sehr selten auf.

Bei der Übersetzung musst du prüfen, ob das Participium coniunctum als Adverbiale aufzufassen ist und wie ggf. die Sinnrichtung des Partizips im jeweiligen Zusammenhang durch eine treffende Subjunktion deutlich gemacht werden kann.

e) Zeitverhältnis

Das **PPP** zeigt an, dass das im Participium coniunctum ausgedrückte Geschehen vor dem des Prädikats stattgefunden hat; es bezeichnet also die **Vorzeitigkeit** (Partizip der Vorzeitigkeit). Daher ist häufig eine Übersetzung mit „nachdem“ möglich.

condiciō	Bedingung, Lage	dēcernere	beschließen, entscheiden
serpēns	Schlange	dēscendere	herabsteigen
umbra	Schatten	ibī	dort
accēdere	herbeikommen, hinzukommen	nūper	neulich, vor kurzem

canere, canō, cecinī, cantātum	singen, besingen, (ein Instrument) spielen	*Kanon, Kantate*
nē … quidem	nicht … einmal	
nūbere, nūbō, nūpsī, nūpta *m. Dat.*	(jmd.) heiraten	
forte *Adv.*	zufällig	
interficere, interficiō, interfēcī, interfectum	töten, vernichten	facere
dīvidere, dīvidō, dīvīsī, dīvīsum	teilen, trennen	*dividieren, Division*
sōlus, a, um	allein, einzig	*Solo, Solist*
mortuus, a, um	tot	mors, mortālis
ambulāre, ambulō	spazieren gehen	*Ambulanz*
rapere, rapiō, rapuī, raptum	rauben, wegführen, wegreißen	*rapide*
prex, precis *f*	Bitte	
rēgīna	Königin	regere, rēx
resistere, resistō, restitī	stehen bleiben; Widerstand leisten	
gaudium	Freude	gaudēre; *Gaudi*
neglegere, neglegō, neglēxī, neglēctum	nicht (be)achten, vernachlässigen	
adeō *Adv.*	so sehr	
lūx, lūcis *f*	Licht, Tageslicht	*Luzi-fer*
fidem servāre	sein Wort halten	

Orpheus	Orpheus (thrakischer Sänger)
Eurydicē (*Akk.* Eurydicen)	Eurydike (Gattin des Orpheus)
Tartarus	Tartarus; das Totenreich
Plūtō, Plūtōnis	Pluto (König der Unterwelt)
Prōserpina	Proserpina (Königin der Unterwelt)

Latein lebt

Wendungen aus unserem Alltag:

die neue *Kollektion*
einen *Kanon* singen
ein *Dozent* an der Uni
das *Faktum* leugnen

frontal angreifen
ambulant behandeln
ein *lädiertes* Knie
der alte *Motor*

die jährliche *Inventur*
Relikte aus alter Zeit
Respekt vor den Eltern
zu einer Meinung *tendieren*

F Partizip Präsens Aktiv (PPA)

Beispiel:
vocāns rufend

	Sg. m/f	Sg. n	Pl. m/f	Pl. n
Nom.	vocā-**ns**		voca-**nt**-ēs	voca-**nt**-ia
Gen.	voca-**nt**-is		voca-**nt**-ium	
Dat.	voca-**nt**-ī		voca-**nt**-ibus	
Akk.	voca-**nt**-em	vocā-ns	voca-**nt**-ēs	voca-**nt**-ia
Abl.	voca-**nt**-e		voca-**nt**-ibus	

(voca-ns aus voca-nt-s)

Das Partizip Präsens Aktiv zu Verben der ā- und ē-Konjugation wird gebildet, indem zwischen den Präsensstamm und die Endung der 3. Deklination **-nt-** eingefügt wird:

vocāns, voca**nt**is
monēns, mone**nt**is

Bei der ī- und der konsonantischen Konjugation wird der Stamm durch ein **-e-** erweitert:

audi-**ē**-ns, audi**en**tis
ag-**ē**-ns, ag**en**tis
capi-**ē**-ns, capi**en**tis

PPA zu velle: volēns, volentis

S Verwendung des Partizip Präsens Aktiv

a) Das Partizip Präsens Aktiv als Participium coniunctum

Icarus clamans in mare cecidit.
Schreiend stürzte Ikarus ins Meer.

Das Partizip Präsens Aktiv (hier: clamans) steht – wie das PPP – als Participium coniunctum in Kongruenz zu einem Nomen (hier: Icarus). Auch die Partizipialkonstruktion mit einem Partizip Präsens Aktiv ist eine satzwertige Konstruktion.

Icarus patri non parens in mare cecidit.
(Dem Vater nicht gehorchend stürzte Ikarus ins Meer.)

Da das Partizip Präsens eine aktive Verbform ist, können Adverbialien und Objekte (hier: patri) von ihm abhängen.

b) Satzgliedfunktion

Puer patri non parens in mare cecidit.

Die Partizipialkonstruktion mit einem Partizip Präsens (hier: parens) kann als Attribut (hier: zu puer) oder als Adverbiale (hier: zu cecidit) aufgefasst werden (vgl. 33 **S** c).
Daher sind mehrere Möglichkeiten der Wiedergabe im Deutschen zu bedenken:

c) Übersetzungsmöglichkeiten

	Puer patri non parens in mare cecidit.
Als Attribut	
– wörtlich (selten):	Dem Vater nicht gehorchend stürzte der Junge ins Meer.
– mit Relativsatz:	Der Junge, der dem Vater nicht gehorchte, stürzte ins Meer.
Als Adverbiale	
– mit Adverbialsatz:	Der Junge stürzte ins Meer, **weil (als)** er dem Vater nicht gehorchte.

Daedalus per aerem volans Cretam reliquit.

Dädalus verließ Kreta, **indem (dadurch dass)** er durch die Luft flog.

Daedalus in patriam perveniens (tamen) infelix erat.

Obwohl Dädalus in seine Heimat kam, war er (dennoch) unglücklich.

Manchmal erfordert der Sinn einen Adverbialsatz mit „indem" oder „obwohl".

d) Zeitverhältnis

Das im **Partizip Präsens Aktiv** ausgedrückte Geschehen ist gleichzeitig zu dem des Prädikats; es bezeichnet also die **Gleichzeitigkeit** (Partizip der Gleichzeitigkeit). Daher ist oft auch eine Übersetzung mit „während" möglich.

M Achte immer darauf, welche Wörter zu der Partizipialkonstruktion gehören. Ähnlich wie beim AcI werden auch beim Participium coniunctum oft Adverbialien und Objekte vom Bezugswort und vom Partizip „eingerahmt", z. B. *Daedalus* per aerem *volans* Cretam reliquit.

Man nennt dies auch **geschlossene Wortstellung**.

iūdicium	Gericht, Urteil	docēre	lehren, unterrichten
imperāre	befehlen, herrschen (über)	immō	im Gegenteil, ja sogar

saeculum	Jahrhundert, Menschenalter, Zeit(alter)	
tōtus, a, um (*Gen.* tōtīus, *Dat.* tōtī)	ganz	*total*
tōtā Italiā	in ganz Italien *(wo?)*	
tōtō imperiō	im ganzen Reich *(wo?)*	
gēns, gentis *f*	Familienverband, Stamm, Volk	
mōs, mōris *m*	Sitte, Brauch; *Pl.* Charakter	*Moral*
cōnscrībere, cōnscrībō, cōnscrīpsī, cōnscrīptum	aufschreiben, verfassen	
mīlitēs cōnscrībere	Soldaten ausheben	
multīs locīs	an vielen Orten *(wo?)*	
castra, castrōrum *Pl. n*	Lager	
collocāre, collocō	aufstellen, unterbringen	locus
castra collocāre	das Lager aufschlagen	
cohors, cohortis *f*	Kohorte (bis zu 600 Mann)	
Rōmā	von/aus Rom (weg) *(woher?)*	
mittere, mittō, mīsī, missum	(los)lassen, schicken; werfen	*Mission, e. mission*
prōvincia	Provinz	*Provence*
Rōmae	in Rom *(wo?)*	
mūnītiō, mūnītiōnis *f*	Bau, Befestigung	*Munition*
dīcere *m. dopp. Akk.*	nennen, bezeichnen (als)	
impedīre, impediō, impedīvī, impedītum	hindern, verhindern	pēs
agmen, agminis *n*	Heereszug, Zug	agere
Biriciānam	nach Weißenburg *(wohin?)*	
iter, itineris *n*	Reise, Marsch, Weg	
iter facere	eine Reise machen	
mēnsis, mēnsis *m* (*Gen. Pl.* -ium)	Monat	*e. month*
suscipere, suscipiō, suscēpī, susceptum *m. Akk.*	auf sich nehmen, sich (einer Sache) annehmen, unternehmen	capere
dūcere *m. dopp. Akk.*	halten für	
praemium	Belohnung, Lohn	*Prämie*
appellāre, appellō *m. dopp. Akk.*	nennen, bezeichnen (als)	*Appell*
cīvitās, cīvitātis *f*	Gemeinde, Staat, Bürgerrecht	cīvis
capitis damnāre	zum Tode verurteilen	
imperātor, imperātōris *m*	Befehlshaber, Feldherr; Kaiser	imperāre; *e. emperor*
facere *m. dopp. Akk.*	machen zu	
putāre *m. dopp. Akk.*	halten für	

pūblicus, a, um	öffentlich, staatlich	*Publikum, publizieren, publik machen*
rēs pūblica	Staat	*Republik*
ad rem pūblicam accēdere	sich dem Staatsdienst widmen	
cursus honōrum	Ämterlaufbahn	
emere, emō, ēmī, ēmptum	kaufen	
Biriciāna	Weißenburg	
Raetia	Rätien (röm. Provinz)	

S 1 Doppelter Akkusativ

Homines *Herculem virum fortem* dicebant.
Die Menschen nannten *Herkules einen tapferen Mann*.

Homines *Herculem fortem* putabant.
Die Menschen hielten *Herkules für tapfer*.

Ein doppelter Akkusativ entsteht meist dadurch, dass nach bestimmten Verben zu einem Akkusativobjekt (hier: Herculem) ein Prädikatsnomen tritt (hier: virum fortem bzw. fortem), das mit dem Akkusativobjekt in Kongruenz steht. Dies tritt u. a. bei folgenden Verben auf:

dicere, vocare, appellare	nennen, bezeichnen (als)
ducere, putare	halten für
facere	machen zu

Hercules fortis dicebatur.
Herkules wurde als *tapfer* bezeichnet.

Im Passiv steht bei diesen Verben ein doppelter Nominativ.

2 Genitiv der Beschaffenheit

res *eius modi*	res *magni pretii*
eine Sache *von dieser Art*	eine Sache *von großem Wert*
eine *derartige* Sache	eine *wertvolle* Sache

iter *paucorum dierum*
ein Marsch *von wenigen Tagen*

Der Genitiv kann die Beschaffenheit eines Substantivs bezeichnen (Genitivus qualitatis). Er gehört meist als Attribut zu diesem Substantiv.

Romani *magnae virtutis* erant.
(Die Römer waren *von großer Tapferkeit*.)
Die Römer waren *sehr tapfer*.

Manchmal tritt der Genitiv der Beschaffenheit auch als Prädikatsnomen (bei esse) auf.

sermō	Gespräch, Sprache, Äußerung, Gerede	iuvāre	unterstützen, erfreuen
celer	schnell	sustinēre	ertragen, standhalten
opportūnus	geeignet, günstig	ambō	beide (zusammen)
cognōscere	erkennen, kennen lernen	illūc	dahin, dorthin

condere, condō, condidī, conditum	verwahren, verbergen; erbauen, gründen	dare
iūcundus, a, um	angenehm, erfreulich	
ōtium	freie Zeit, Ruhe (von berufl. Tätigkeit); Frieden	neg-ōtium
sē dare *m. Dat.*	sich widmen	
grandis, e	alt; bedeutend, groß	*grandios, e. grand*
opus, operis *n*	Arbeit, Werk	*Opus*
clārus, a, um	hell, klar, berühmt	*klar*
lūmen, lūminis *n*	Licht; Auge	*Illumination*
illīc *Adv.*	dort	
aquaeductus, aquaeductūs *m*	Wasserleitung	aqua, dūcere
nūllō modō	keineswegs, keinesfalls	
trecentī, ōrum	dreihundert	
mīlle *(Pl.* mīlia, mīlium*)*	tausend	*Milli-meter*
mīlle passūs	eine Meile (ca. 1,5 km)	*Meile, e. mile*
mīlia passuum	(mehrere) Meilen	
praeterea *Adv.*	außerdem	
Biriciānae	in Weißenburg *(wo?)*	
equidem	(ich) allerdings, freilich	
vērus, a, um	wahr, echt, richtig	*veri-fizieren*
grātus, a, um	dankbar, willkommen, beliebt	grātia
mōre *m. Gen.*	nach Art von, nach Sitte von	mōs
līber, lībera, līberum	frei	liberāre; *liberal*
cūra	Sorge, Pflege	cūrāre; *Kurator, Kur*
convenīre, conveniō, convēnī, conventum	besuchen, treffen	venīre; *Konvent*
cultus, cultūs *m*	Bildung, Lebensweise; Pflege, Verehrung	colere; *Kultur*
interdum *Adv.*	manchmal	
exercēre, exerceō	üben, trainieren; quälen	*exerzieren*
aedis, aedis *f*	Tempel; *Pl.* Haus	
vel	oder, sogar	
pons, pontis	Brücke	*Pontifex*
pōnere, pōnō, posuī, positum	(auf)stellen, (hin)legen, setzen	*Position*
latus, a, um	breit, ausgedehnt	
Cambodūnum	Kempten	

S Partizip als Adverbiale (Überblick)

a) Übersetzungsmöglichkeiten

Orpheus amore motus in Tartarum descendit.

Das Participium coniunctum (PPA oder PPP) tritt häufig als Adverbiale auf. Dann stehen drei Möglichkeiten der Wiedergabe zur Verfügung:

1. Adverbialsatz:	Weil Orpheus von Liebe bewegt war, stieg er in die Unterwelt hinab.
2. Präpositionalausdruck:	Aus Liebe stieg Orpheus in die Unterwelt hinab.
3. Beiordnung (mit einem Adverb, das die Sinnrichtung angibt):	Orpheus wurde von Liebe bewegt und stieg deshalb in die Unterwelt hinab.

b) Sinnrichtungen

Die Sinnrichtung bei einem adverbial gebrauchten Partizip wird im Lateinischen sprachlich meist nicht ausgedrückt. Daher ist für eine treffende deutsche Wiedergabe der logische Zusammenhang des Satzes bzw. Textes zu beachten.

Die folgende Tabelle bietet eine **Übersicht** über die verschiedenen **Sinnrichtungen** und gibt an, mit welchen

- Subjunktionen (im Adverbialsatz),
- Präpositionen (im Präpositionalausdruck) oder
- Adverbien (in der Beiordnung)

sie ausgedrückt werden können:

Sinnrichtung	Adverbialsatz	Präpositionalausdruck	Beiordnung
temporal vorz.	nachdem, als	nach	(und) dann
temporal gleichz.	während, als	während, bei	(und) dabei
kausal	weil, da	wegen	(und) deshalb
konditional	wenn, falls	im Falle	———
konzessiv	obwohl	trotz	(aber) trotzdem, (aber) dennoch
modal	indem, dadurch dass, wobei	bei, durch	(und) so

Beispiele:

a) temporal:	Eurydice a serpente interfecta in Tartarum venit. Nachdem (als) Eurydike von einer Schlange getötet worden war, kam sie in die Unterwelt.
b) kausal:	Orpheus uxorem desiderans in Tartarum descendit. Weil (da) Orpheus sich nach seiner Frau sehnte, stieg er in die Unterwelt hinab.
c) konditional:	Orpheus speravit: Pluto carmina mea audiens gaudebit. Orpheus hoffte: Wenn (falls) Pluto meine Lieder hört, wird er sich freuen.
d) konzessiv:	Orpheus iterum amisit uxorem a Plutone redditam. Orpheus verlor seine Frau wieder, obwohl sie (ihm) von Pluto zurückgegeben worden war.
e) modal:	Orpheus carmina pulchra canens homines deosque commovit. Indem (dadurch dass) Orpheus schöne Lieder sang, bewegte er Menschen und Götter.

c) Zeitverhältnis

Carmina pulchra *canens*

Orpheus deos commovit.

Das *PPA* drückt die Gleichzeitigkeit mit dem Geschehen des Prädikats aus.

A Iove *capta* Europa clamavit.

Das *PPP* drückt die Vorzeitigkeit zum Geschehen des Prädikats aus.

Sachfeld Ansehen und Anerkennung

gratia Dank, Gefälligkeit; Ansehen, Beliebtheit	honor Ehre, Ehrenamt	gloria Ehre, Ruhm
gratus dankbar, willkommen, beliebt	amplus bedeutend, groß, weit	grandis alt; bedeutend, groß

Wortfamilie

	reg-ere,	**rex**-i	(< **reg**-s–i)
pergere (< per-**reg**-ere)	**reg**-ina	**rex**	(< **reg**-s)
	reg-io	**rec**-tus	(< **reg**-tus)

vehemēns	energisch, heftig	quaesō	bitte
contendere	behaupten; kämpfen, sich anstrengen; eilen	undique	von allen Seiten

iūs, iūris *n*	Recht	*Jurist*
iūs dīcere	Recht sprechen	
magistrātus, magistrātūs *m*	Amt; Beamter	*Magistrat*
praetor, praetōris	Prätor (für die Rechtsprechung zuständiger Beamter)	
auctōritās, auctōritātis *f*	Ansehen, Einfluss, Macht	*Autorität*
ille, illa, illud	jener, jene, jenes (dort)	
scelus, sceleris *n*	Verbrechen	scelerātus
committere, committō, commīsī, commissum	anvertrauen; veranstalten, zustande bringen	mittere
scelus committere	ein Verbrechen begehen	
hic, haec, hoc	dieser, diese, dieses (hier)	
honōre affici	geehrt worden, Ehre erlangen	
sīc *Adv.*	so	
exemplum	Beispiel, Vorbild	*exemplarisch, e. example*
ēvenīre, ēveniō, ēvēnī, ēventum	sich ereignen	venīre
iactāre, iactō	(hin und her) schleudern, werfen	
pellere, pellō, pepulī, pulsum	stoßen; schlagen, (ver)treiben	*Puls*
culpa	Schuld	
in culpā esse	schuldig sein	
auctor, auctōris *m*	Anführer, Gründer, Ratgeber, Urheber, Verfasser	auctōritās; *Autor*
in iūs vocāre	vor Gericht rufen, anklagen	
trēs, tria	drei	
num *im dir. Fragesatz*	etwa	
forīs *Adv.*	außerhalb, draußen, im Krieg *(wo?)*	
iūdex, iūdicis *m*	Richter	iūdicāre
tālis, e	derartig, ein solcher, so (beschaffen)	
vās, vāsis *n*	Gefäß	*Vase*
vendere, vendō, vendidī, venditum	verkaufen	dare
parvō vendere	billig verkaufen	

cursus honorum

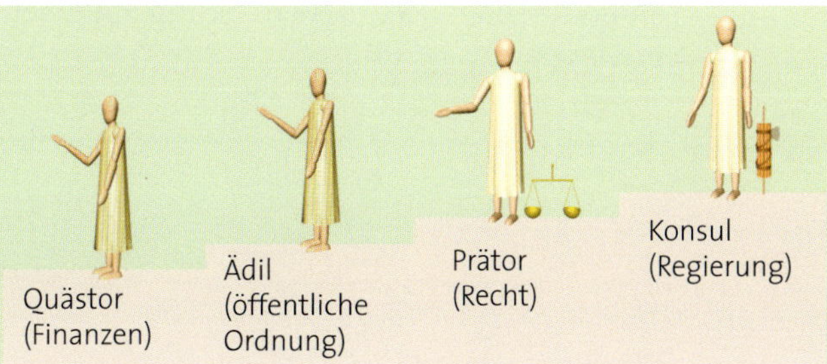

F Demonstrativpronomina: hic, ille

a) **hic** dieser

	Sg. *m*	*f*	*n*	Pl. *m*	*f*	*n*
Nom.	hic	haec	hoc	hī	hae	haec
Gen.		huius		hōrum	hārum	hōrum
Dat.		huic			hīs	
Akk.	hunc	hanc	hoc	hōs	hās	haec
Abl.	hōc	hāc	hōc		hīs	

b) **ille** jener

	Sg. *m*	*f*	*n*	Pl. *m*	*f*	*n*
Nom.	ille	illa	illud	illī	illae	illa
Gen.		illīus		illōrum	illārum	illōrum
Dat.		illī			illīs	
Akk.	illum	illam	illud	illōs	illās	illa
Abl.	illō	illā	illō		illīs	

S Demonstrativpronomina hic und ille: Verwendung

Das Demonstrativpronomen **hic** bezeichnet etwas, was sich in räumlicher oder zeitlicher Nähe des Sprechers befindet.
Das Demonstrativpronomen **ille** dagegen bezeichnet etwas, was sich in größerer Entfernung vom Sprecher befindet.

a) Daedalus et Icarus per aerem volabant; *hic* in mare cecidit, *ille* corpus filii invenit.
Dädalus und Ikarus flogen durch die Luft; *dieser (= Ikarus)* fiel ins Meer, *jener (= Dädalus)* fand den Leichnam seines Sohnes.

Beziehen sich **hic** und **ille** auf einen vorausgehenden Satz, so bezieht sich **hic** auf das näher stehende, **ille** auf das weiter entfernte Wort.

b) Daedalus haec dixit: „…"
Dädalus sagte Folgendes: „…"

Mit **hoc** (*n*) oder **haec** (*n*) wird häufig auf einen unmittelbar folgenden Text verwiesen.

intellegere	(be)merken, verstehen	permittere	erlauben, überlassen
condere	verwahren, verbergen; erbauen, gründen	immō	im Gegenteil, ja sogar

praeesse, praesum, praefuī *m. Dat.*	an der Spitze stehen, leiten	esse
licet, licuit	es ist erlaubt, es ist möglich	*Lizenz*
pōscere, pōscō, poposcī	fordern, verlangen	
admittere, admittō, admīsī, admissum	hinzuziehen, zulassen	mittere
ad rem pūblicam admittere	zur Leitung des Staates hinzuziehen	
cēdere, cēdō, cessī, cessum	gehen, weichen; nachgeben	
parvī putāre/facere	gering (ein)schätzen	
magnī putāre/facere	hoch (ein)schätzen	
fugere, fugiō, fūgī	fliehen, meiden	
sacer, sacra, sacrum *(m. Gen.)*	geweiht, heilig	*Sakralbau, Sakrament*
convenīre, conveniō, convēnī, conventum	zusammenkommen, zusammenpassen; besuchen, treffen	cum, venīre; *Konvent*
patrēs (cōnscrīptī)	Senatoren	
īrā incēnsus	von Zorn entflammt, aus Zorn	
cōnsulere, cōnsulō, cōnsuluī, cōnsultum		*Konsul, konsultieren*
m. Akk.	um Rat fragen	
m. Dat.	sorgen für	
carēre, careō *m. Abl.*	frei sein von, ohne (etw.) sein; nicht haben	*Karenzzeit*
cōgere, cōgō, coēgī, coāctum	(ver)sammeln, zwingen	agere
persuādēre, persuādeō, persuāsī, persuāsum *m. Dat*	überreden, überzeugen	
honestus, a, um	angesehen, ehrenhaft	honor/honōs
inimīcus, a, um	feindlich; *Subst.* Feind	amīcus
excipere, excipiō, excēpī, exceptum	ausnehmen, aufnehmen, empfangen	capere; e. *to except*
conicere, coniciō, coniēcī, coniectum	folgern, vermuten	*Konjektur*
accipere, accipiō, accēpī, acceptum	erhalten, annehmen, erfahren	capere; *akzeptieren*, e. *to except*
aestimāre, aestimō	einschätzen, beurteilen	
parvī aestimāre	gering (ein)schätzen	
magnī aestimāre	hoch (ein)schätzen	
temperāre, temperō *m. Akk.*	lenken, ordnen	

magnī esse	viel wert sein/gelten	
parvī esse	wenig wert sein/gelten	
restituere, restituō, restituī, restitūtum	wiederherstellen	*restituieren*
Mōns sacer	der heilige Berg (nordöstl. von Rom)	
Menēnius Agrippa	Menenius Agrippa (röm. Konsul)	

S 1 Verben mit abweichender Kasusrektion

Nonnulli servi *dominos (Akk.)* effugerunt.
Manche Sklaven entflohen *ihren Herren* (Dat.).

Romani *multis populis (Dat.)* imperabant.
Die Römer herrschten *über viele Völker* (Präpositionalausdruck).

Oft kann man einen lateinischen Akkusativ oder Dativ im Deutschen mit dem gleichen Kasus wiedergeben. Dies ist jedoch nicht immer möglich. Bei lateinischen Verben, die einen **vom Deutschen abweichenden Kasus** verlangen („regieren"), ist dieser im Wortschatz angegeben.
Beachte dies vor allem bei den folgenden Verben:

imperāre	*m. Dat.*	befehlen, herrschen über
nubere	*m. Dat.*	heiraten
persuadēre	*m. Dat.*	überreden, überzeugen
praeesse	*m. Dat.*	an der Spitze stehen, leiten
cūrāre	*m. Akk.*	pflegen, sorgen für
effugere	*m. Akk.*	entfliehen, entkommen
carēre	*m. Abl.*	frei sein von, ohne (etw.) sein; nicht haben

2 Verben mit unterschiedlicher Kasusrektion

Nonnulli Romani ser*vis (Dat.)* bene consulebant.
Einige Römer sorgten gut für ihre Sklaven.

Nonnulli Romani ser*vos* Graecos *(Akk.)* consulebant.
Manche Römer fragten ihre griechischen Sklaven um Rat.

Bei manchen Verben hängt die deutsche Bedeutung vom Kasus oder von der Konstruktion ab, die im Lateinischen nach dem Verbum steht. Wichtig sind dazu die folgenden Verben:

consulere	*m. Dat.*	sorgen für
	m. Akk.	um Rat fragen
quaerere	*m. Akk.*	suchen, erwerben wollen
	ex/de *m. Abl.*	jmd. fragen
temperāre	*m. Dat.*	maßvoll gebrauchen, zurückhalten, schonen
	m. Akk.	lenken, ordnen

3 Genitiv des Wertes

Mercator: „Res, quas vendo, *magni* sunt."
Der Kaufmann: „Die Sachen, die ich verkaufe, sind *viel wert.*"

In Verbindung mit esse (wert sein, gelten) sowie mit Verben des Einschätzens (z.B. putare) bezeichnet der Genitiv den Wert einer Person oder Sache (Genitivus pretii). Häufig treten folgende Wendungen auf:

magni (parvi) esse
viel (wenig) wert sein/gelten

magni (parvi) aestimare/putare/facere
hoch (gering) (ein)schätzen

Sachfeld Recht – Gericht

sceleratus
Verbrecher

custos
Wächter(in)

vinculum
Band, Fessel;
Pl. Gefängnis

defendere
abwehren, verteidigen

crimen
Beschuldigung, Vorwurf, Verbrechen

iudicare
beurteilen, urteilen

actio
Tätigkeit, Gerichtsverhandlung, Rede

damnare
verurteilen

poena
Strafe

capitis damnare
zum Tode verurteilen

iudicium
Gericht, Urteil

39

condiciō	Bedingung, Lage	dūrus	hart
modus	Art, Weise; Maß	placet *m. Dat.*	es gefällt jmd., jmd. beschließt
vīs	Gewalt, Kraft, Menge	resistere	stehen bleiben; Widerstand leisten

īre, eō, iī, itum	gehen	
adīre, adeō, adiī, aditum *(m. Akk.)*	herantreten (an), bitten	aditus
spem pōnere in *m. Abl.*	Hoffnung setzen in jmd.	
quālis, e	wie (beschaffen)	*Qualität*
tālis … quālis	so (beschaffen) … wie (beschaffen)	
inīre, ineō, iniī, initum	hineingehen, beginnen	initium
cōnsilium inīre	einen Beschluss fassen	
perīre, pereō, periī	umkommen, zugrunde gehen	
redīre, redeō, rediī, reditum	zurückgehen, zurückkehren	
abīre, abeō, abiī, abitum	weggehen	*Abitur*
subīre, subeō, subiī, subitum	auf sich nehmen, herangehen	
arcessere, arcessō, arcessīvī, arcessītum	herbeirufen, holen	
afficere, afficiō, affēcī, affectum	versehen mit	
timōre afficī	in Furcht geraten, Angst bekommen	
ōrātiō, ōrātiōnis *f*	Rede	ōrāre
iuventūs, iuventūtis *f*	Jugend	iuvenis
proelium	Kampf, Schlacht	
proelium inīre	den Kampf beginnen	
occīdere, occīdō, occīdī, occīsum	niederschlagen, töten	caedēs
quod *Subj.*	weil	
trānsīre, trānseō, trānsiī, trānsitum	durchqueren, hinübergehen, überschreiten	*Transit*
modum trānsīre	das Maß überschreiten	
colere, colō, coluī, cultum	bewirtschaften, pflegen; verehren	cultus; *Kultur, Kultusministerium*

Cincinnātus	(L. Quinctius) Cincinnatus (Diktator 458 v. Chr.)
Aequī, -ōrum	die Äquer (benachbarter Volksstamm der Römer)

Wortfamilie

ad-**ire** — **ire** — ab-**ire**
in-**ire** — **ire** — sub-**ire**
red-**ire** — **ire** — per-**ire**
ire — trans-**ire**

F Verben: ire

a) **Infinitiv Präsens:** **ī-re** gehen

b) **Präsensstamm**

	Präsens Sg.	Präsens Pl.	Imperfekt Sg.	Futur I Sg.	Futur I Pl.
1. Person	e-**ō**	ī-**mus**	ī-**ba**-m	ī-**b**-ō	ī-**bi**-mus
2. Person	ī-**s**	ī-**tis**	ī-**bā**-s	ī-**bi**-s	ī-**bi**-tis
3. Person	i-**t**	e-**u**-**nt**	...	ī-**bi**-t	ī-**bu**-nt

Imperativ ī geh! ī-**te** geht!

Der Wortstamm besteht nur aus dem Vokal i-; vor dunklen Vokalen (a, o, u) steht e-. Ansonsten sind die Formen regelmäßig.

c) **Perfektstamm**

	Perfekt Sg.	Perfekt Pl.	Plusquamperfekt Sg.	Futur II Sg.
1. Person	i-ī	i-imus	i-era-m	i-erō
2. Person	īstī	īstis	i-erā-s	i-eris
3. Person	i-it	i-ērunt	...	...

Der Perfektstamm lautet ebenfalls i-. Vor s wird ii- meist zu ī zusammengezogen.
Der Infinitiv Perfekt lautet **īsse**.

d) **Partizipien**

- Partizip Präsens Aktiv iēns, euntis
- Partizip Perfekt Passiv itum

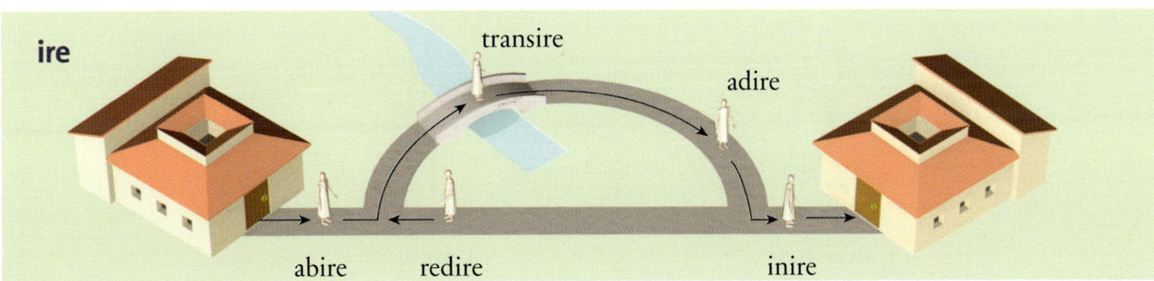

40

cōnsilium	Beratung, Beschluss, Plan, Rat	manēre	bleiben, (er)warten
somnus	Schlaf	prōcēdere	(vorwärts) gehen, vorrücken
impetus	Angriff, Schwung	nē … quidem	nicht … einmal
circumdare	umgeben	quamquam	obwohl

■ ipse, ipsa, ipsum	(er, sie, es) selbst	
īnsidiae, īnsidiārum *f Pl.*	Falle, Attentat, Hinterlist	
animadvertere, animadvertō, animadvertī, animadversum *m. AcI/Akk.*	bemerken	ad, animus, vertere
opprimere, opprimō, oppressī, oppressum	bedrohen, niederwerfen, unterdrücken	
coniūnx, coniugis *m/f*	Gatte, Gattin	
maximus, a, um	der größte, sehr groß	*Maximum, maximal*
diligentia	Sorgfalt, Umsicht	
summus, a, um	der oberste, der höchste, der letzte	*Summe*
inopia	Mangel, Not	
perspicere, perspiciō, perspexī, perspectum	durchschauen, erkennen, genau betrachten, sehen	spectāre; *Perspektive*
occupāre, occupō	besetzen, einnehmen	*Okkupation*
canis, canis *m*	Hund	
excitāre, excitō	erregen, ermuntern, wecken	*e. exciting*
■ īdem, éadem, idem	derselbe, der gleiche	*identisch*
exīre, exeō, exiī, exitum	herausgehen	īre, exitus
proximus, a, um	der nächste	
gerere, gerō, gessī, gestum	tragen; ausführen, führen	*Geste*
rēs gestae *Pl.*	Taten	
Gallus	Gallier	
Manlius	(Marcus) Manlius (röm. Konsul 392 v. Chr.)	

maximus

summus

F Pronomina: ipse, idem

a) ipse, ipsa, ipsum (er, sie, es) selbst

	Sg. *m*	*f*	*n*	Pl. *m*	*f*	*n*
Nom.	ipse	ipsa	ipsum	ipsī	ipsae	ipsa
Gen.		ipsīus		ipsōrum	ipsārum	ipsōrum
Dat.		ipsī			ipsīs	
Akk.	ipsum	ipsam	ipsum	ipsōs	ipsās	ipsa
Abl.	ipsō	ipsā	ipsō		ipsīs	

b) īdem derselbe, der gleiche

	m	*f*	*n*	*m*	*f*	*n*
Nom.	īdem	éadem	idem	eīdem/iīdem	eaedem	éadem
Gen.		eiusdem		eōrundem	eārundem	eōrundem
Dat.		eīdem			eīsdem/iīsdem/īsdem	
Akk.	eundem	eandem	idem	eōsdem	eāsdem	éadem
Abl.	eōdem	eādem	eōdem		eīsdem/iīsdem/īsdem	

Die Formen von īdem bestehen aus den Formen von is, ea, id und dem Suffix -dem. An der Fugenstelle kommen Lautveränderungen vor.

S Pronomen ipse: Verwendung

Hercules ipse	Herkules persönlich
hac ipsa nocte	gerade in dieser Nacht

Das Pronomen ipse dient zur Hervorhebung einer Person oder Sache. Deshalb kann es auch die Bedeutungen „gerade, eben, genau, persönlich, unmittelbar, allein" haben.

T Pronomina als Pro-Formen

Daedalus vir clarus erat.	*Idem* etiam labyrinthum aedificaverat.
Dädalus war ein berühmter Mann.	*Derselbe* hatte auch das Labyrinth erbaut.

Qui etiam labyrinthum aedificaverat.
Er/dieser hatte auch das Labyrinth erbaut.

Bei vielen Pronominalformen genügt es nicht, wenn man nur den jeweiligen Satz im Auge hat. Oft beziehen sich Pronomina auf ein Nomen oder einen Abschnitt des vorangehenden Textes. Bei jeder Form eines Pronomens ist daher genau zu überprüfen, *für* welche Person oder Sache es steht („Pro-Form"). Vgl. auch 22 **S** (is) und 37 **S** (hic, ille).

41

comes	Begleiter(in), Gefährte	trīstis	traurig, unfreundlich
fīnis	Ende, Grenze; Ziel, Zweck; *Pl.* Gebiet	petere	(auf)suchen, (er)streben, bitten, verlangen
hostis	Feind (Landesfeind)	tangere	berühren
fidēs	Glaube, Treue, Vertrauen, Zuverlässigkeit	sentīre	fühlen, meinen, wahrnehmen
vultus	Gesicht, Gesichtsausdruck; *Pl.* Gesichtszüge	dēnique	schließlich, zuletzt

exercitus, exercitūs *m*	Heer	exercēre
trādūcere, trādūcō, trādūxī, trāductum *(m. Akk.)*	hinüberführen (über)	dūcere
puer novem annōrum	ein neunjähriger Junge	
domī *Adv.*	zu Hause *(wo?)*	domum
nōlle, nōlō, nōluī	nicht wollen	
mālle, mālō, māluī	lieber wollen	
sinere, sinō, sīvī, situm	lassen, erlauben	
sacra facere	opfern	sacer
cōgitāre, cōgitō	beabsichtigen, denken	
sevērus, a, um	streng	
iūrāre, iūrō	schwören	iūs
iūsiūrandum	Eid, Schwur	
repetere, repetō, repetīvī, repetītum	wiederholen; (zurück)verlangen	petere
odium	Hass	
īdem ... quī	derselbe/der gleiche ... wie	
umquam *Adv.*	jemals	numquam
convertere, convertō, convertī, conversum	verändern, (um)wandeln, verwandeln	

Carthāginiēnsis, Carthāginiēnsis	karthagisch; Karthager
Carthāgō, Carthāginis *f*	Karthago (Stadt in Nordafrika)
Hamilcar, Hamilcaris	Hamilkar (Vater Hannibals)
Hannibal, Hannibalis	Hannibal (Feldherr der Karthager)
Hispānia	Spanien

Wortfamilie

ag-ere

- cog-ere (< co-ag-ere)
- **ag**-itare
  - cog-itare (< co-ag-itare)
- **ag**-men
  - ig-itur (< ag-itur)

F Verben: nolle, malle

Die Verben nolle (nicht wollen) und malle (lieber wollen) sind gebildet zu velle (wollen).
Die vollständigen Formentabellen findest du auf S. 208 f.

a) nōlle nicht wollen

	Präsens		Imperfekt
	Sg.	Pl.	Sg.
1. Pers.	nōlō	nōl**u**mus	nōlē-**ba**-m
2. Pers.	nōn vīs	nōn vultis	nōlē-**bā**-s
3. Pers.	nōn vult	nōlunt	…

nolo ist zusammengezogen aus ne-volo.
Imperativ: nōlī (Sg.), nōlī-te (Pl.)

b) mālle lieber wollen

	Präsens		Imperfekt
	Sg.	Pl.	Sg.
1. Pers.	mālō	māl**u**mus	mālē-**ba**-m
2. Pers.	māv**īs**	māv**ul**tis	mālē-bā-s
3. Pers.	māv**ul**t	māl**u**nt	…

malo ist zusammengezogen aus magis volo.

Das Futur zu nolle und malle ist ungebräuchlich.

Perfektstämme:	nōl**u**- (nōluī, nōluistī …) māl**u**-(māluī, māluistī …)
Partizip Präsens Aktiv:	nōlēns, -ntis mālēns, -ntis

S Verwendung von noli(te)

Noli clamare! Nolite clamare!
Schreie nicht! Schreit nicht!

Die Imperative noli! (Sg.) und nolite! (Pl.) mit einem folgenden Infinitiv drücken einen verneinten Befehl (Prohibitiv) aus.

cīvitās	Gemeinde, Staat, Bürgerrecht	pellere	schlagen, (ver)treiben, stoßen
gēns	Familienverband, Stamm, Volk	capere	fassen, nehmen, erhalten; erobern
iter	Reise, Marsch, Weg	quaerere	suchen; erwerben wollen;
mōns	Berg	(ex/dē)	(jmd.) fragen
salūs	Gesundheit, Glück, Rettung; Gruß	tollere	aufheben, in die Höhe heben, wegnehmen

amīcitia	Freundschaft	amīcus
coniungere, coniungō, coniūnxī, coniūnctum	verbinden, vereinigen	coniūnx; *Konjunktion*
victor, victōris *m*	Sieger	victōria, vincere; *Viktor, e. victory*
convocāre, convocō	versammeln	vocāre
cōnsul, cōnsulis *m*	Konsul	cōnsulere; *Konsulat*
vincere, vincō, vīcī, victum	(be)siegen, übertreffen	
plūrimī, ae, a	sehr viele	plus
propinquus, a, um	nahe; *Subst.* Verwandter	prope
mulier, mulieris *f*	Frau	
frequēns, frequentis	häufig, zahlreich	*Frequenz, frequentieren*
supplex, supplicis	demütig bittend	supplicium
immortālis, e	unsterblich	mortālis, mors
dēserere, dēserō, dēseruī, dēsertum	im Stich lassen, verlassen	*desertieren, Deserteur, e. to desert*
perdere, perdō, perdidī, perditum	zugrunde richten	
aliquī, aliqua, aliquod *adj.*	irgendein	
aliquis, aliquid *subst.*	irgendjemand, irgendetwas	
aliquā ex causā	aus irgendeinem Grund	
nescīre, nesciō, nescī(v)ī	nicht wissen	scīre
oppūgnāre, oppūgnō	angreifen	pūgnāre, pūgna
nōtus, a, um	bekannt	īgnōrāre; *Notiz, notieren*
revocāre, revocō	zurückrufen	vocāre
portus, portūs	Hafen	*e. port*

Āfrica	Afrika
Alpēs, Alpium	Alpen
Āpulia	Apulien (Landschaft in Unteritalien)
Cannae, Cannārum	Cannä (Ort in Apulien)
Scīpiō, Scīpiōnis	(Publius Cornelius) Scipio (Sieger über Hannibal)

F Indefinitpronomen: (ali)quis

a) substantivisch

aliquis irgendjemand
aliquid irgendetwas

	m/f	*n*
Nom.	aliquis	aliquid
Gen.	alicuius	alicuius reī
Dat.	alicui	alicui reī
Akk.	aliquem	aliquid
Abl.	aliquō	aliquā rē

b) adjektivisch

aliquī vir irgendein Mann
aliqua femina irgendeine Frau

Wird das Indefinitpronomen (unbestimmtes Fürwort) adjektivisch verwendet, so stimmen die Deklinationsformen außer im Neutrum Plural mit denen des Relativpronomens (qui, quae, quod) überein (vgl. 16 **F**):

	Sg.			Pl.		
	m	*f*	*n*	*m*	*f*	*n*
Nom.	aliquī	aliqua	aliquod	aliquī	aliquae	aliqua
Gen.		alicuius		aliquōrum	aliquārum	aliquōrum
Dat.		alicui			aliquibus	
Akk.	aliquem	aliquam	aliquod	aliquōs	aliquās	aliqua
Abl.	aliquō	aliquā	aliquō		aliquibus	

c) sī quis wenn jemand
nisī quid wenn nicht etwas

Nach si, nisi, num, cum und einigen anderen „kleinen Wörtern“ steht meist die Kurzform ohne das Präfix ali-.

S Prädikativum

a) Erscheinungsform

Hannibal primus elephantos Alpes traduxit.
Hannibal führte als Erster (zuerst) Elefanten über die Alpen.

Hannibal senex decessit.
Hannibal starb als alter Mann.

Im Lateinischen können bestimmte **Substantive** und **Adjektive** zur Ergänzung eines Vollverbs prädikativ gebraucht werden; ein so verwendetes Nomen heißt **Prädikativum**.

– **Substantivische Prädikativa** sind meist Altersangaben oder Amtsbezeichnungen; häufig treten in dieser Verwendung auf:

senex	als alter Mann
puer	als Junge, in seiner Kindheit
consul	als Konsul
victor	als Sieger
imperator	als Feldherr

– **Adjektivische Prädikativa** bezeichnen oft einen körperlichen oder seelischen Zustand, eine Reihenfolge oder Menge; häufig treten in dieser Verwendung auf:

laetus	froh, fröhlich
tristis	traurig, unfreundlich
frequens	häufig, zahlreich
supplex	demütig bittend
nolens	gegen meinen (deinen/seinen/ihren) Willen
primus	als Erster, zuerst
unus	als Einziger

Bei der Übersetzung muss im Deutschen oft „als" eingefügt werden.

b) Satzgliedfunktion

Das Prädikativum lässt sich, da es ein Vollverb näher erläutert, als Adverbiale auffassen; es ist mit einem Bezugswort (hier: Hannibal) kongruent.

Kontext

Imperator castra hostium *occupat*.	Der Feldherr nimmt das Lager der Feinde ein (besetzt ...).
Milites castra hostium *oppugnant*.	Die Soldaten greifen das Lager der Feinde an.
Exercitus hostibus *occurrit*.	Das Heer tritt den Feinden entgegen.
Tyrannus populum *opprimit*.	Der Tyrann unterdrückt das Volk.

43

unda	Gewässer, Welle	concēdere	erlauben, nachgeben, zugestehen
metus	Angst	reprehendere	kritisieren, schimpfen
ingēns	gewaltig, ungeheuer	brevī tempore	nach kurzer Zeit, bald (darauf)

ascendere, ascendō, ascendī, ascēnsum	hinaufsteigen, besteigen	dēscendere
magister, magistrī *m*	Lehrer	*Meister*
magister nāvis	Kapitän	
complēre, compleō, complēvī, complētum	anfüllen	*komplett, e. to complete*
impellere, impellō, impulī, impulsum	antreiben, veranlassen	pellere; *Impuls*
optimus, a, um	der beste, sehr gut	*optimal, Optimist*
cor, cordis *n*	Herz	*Courage*
cordī esse	am Herzen liegen	
nauta *m*	Seemann, Matrose	nāvis; *Astro-naut*
tantus, a, um	so groß, so viel	
quantus, a, um	wie groß, wie viel	
tantus … quantus	so groß … wie (groß)	
tantum … quantum	so viel … wie (viel)	
ancora	Anker	
ancoram tollere	den Anker lichten	
ūllus, a, um (*Gen.* ūllīus / *Dat.* ūllī)	irgendeiner	
sine ullā morā	unverzüglich	
multōs diēs	viele Tage (lang) *(wie lange?)*	
dīves, dīvitis	reich	
gaudium	Freude	gaudēre; *Gaudi*
curae esse	Sorge bereiten	
tempestās, tempestātis *f*	Sturm, (schlechtes) Wetter	tempus
vexāre, vexō	quälen, heimsuchen	
prōvidēre, prōvideō, prōvīdī, prōvīsum		vidēre; *Provision*
m. Akk.	vorhersehen	
m. Dat.	sorgen für	
vir vērē Rōmānus	ein echter Römer	
sē praebēre	sich zeigen	
ūsuī esse	von Nutzen / nützlich sein	
crīminī dare	zum Vorwurf machen	
interest inter *m. Akk.*	es ist ein Unterschied zwischen	
fluctus, fluctūs *m*	Flut, Strömung	flūmen
remittere, remittō, remīsī, remissum	zurückschicken; nachlassen, vermindern	mittere
iter pergere	die Reise / den Weg fortsetzen	

Ōstia	Ostia (Hafenstadt Roms an der Tibermündung)
Aeolus	Äolus (Gott der Winde)
mare Tyrrhēnum	tyrrhenisches Meer (westlich von Italien)

Korrelativa

tālis … quālis	so beschaffen ... wie (beschaffen)
tantus … quantus	so groß ... wie (groß)
tantum … quantum	so viel ... wie (viel)
tot … quot	so viele ... wie (viele)
tam … quam	so ... wie
ita … ut	so ... wie

S 1 Genitiv der Zugehörigkeit

Haec navis *patris est*.
Dieses Schiff *gehört meinem* Vater.

Der Genitiv der Zugehörigkeit bezeichnet als Genitivus possessivus den Eigentümer einer Sache.

Consulis erat	rem publicam regere.
Es war Aufgabe eines Konsuls,	den Staat zu lenken.
Parentum est	liberos alere.
Es ist Pflicht der Eltern,	die Kinder großzuziehen.

Es gibt auch Wendungen, in denen der Genitiv der Zugehörigkeit (bei einer 3. Pers. Sg. von esse) ausdrückt, dass etwas Aufgabe, Pflicht oder charakteristische Eigenschaft der Person ist, die im Genitiv steht.
Als Übersetzung eignet sich meist eine der folgenden Wendungen:

- es ist Aufgabe / Pflicht ...
- es ist Eigenschaft ...
- es ist typisch / charakteristisch für ...

Der Genitiv der Zugehörigkeit ist als Prädikatsnomen aufzufassen und bildet zusammen mit der Form von esse das Prädikat.

2 Dativ des Zwecks

Hoc *magno usui est.* — Das ist *von großem Nutzen.*

Tu mihi *curae es.* — Du *bereitest* mir Sorge.

Der Dativ eines abstrakten Substantivs (z.B. usus, honos, cura) gibt in Verbindung mit einer Form von esse an, welche Auswirkung oder welchen Zweck etwas hat (Dativus finalis). Häufig sind folgende Ausdrücke:

usui esse	von Nutzen/nützlich sein
cordi esse	am Herzen liegen
curae esse	Sorge bereiten
odio esse	verhasst sein
honori esse	Ehre einbringen
ornamento esse	als Schmuck dienen

Der Dativ des Zwecks ist als Prädikatsnomen aufzufassen und bildet zusammen mit der Form von esse das Prädikat.

In einigen Wendungen tritt der Dativ des Zwecks (als Adverbiale) bei Vollverben auf; z.B.: auxilio venire — zu Hilfe kommen
crimini dare — zum Vorwurf machen

3 Dativ des Vorteils

Consules civibus provident.
Die Konsuln sorgen für die Bürger.

Der Dativ des Vorteils (Dativus commodi) bezeichnet eine Person, für die

Latein lebt

An Aufzügen in italienischen Gebäuden findet sich die folgende Warnung in mehreren Sprachen:

(italienisch)

(französisch)

Wie wird die Warnung wohl auf Deutsch lauten?

adulēscēns	jung; *Subst.* junger Mann	discere	lernen, erfahren
ars	Fertigkeit, Kunst; *Pl.* Eigenschaften	memoriā tenēre	im Gedächtnis behalten
aurēs dare	zuhören	libenter	gern

situs, a, um	gelegen (in Ortsangaben)	
anteā *Adv.*	vorher, früher	ante
ūsque ad *m. Akk.*	bis zu	
pertinēre, pertineō (ad *m. Akk.)*	betreffen, gehören (zu); sich erstrecken (bis)	tenēre
perficere, perficiō, perfēcī, perfectum	erreichen, fertig stellen, vollenden	*perfekt, perfektionieren, Perfektionist*
scrīptor, scrīptōris *m*	Schriftsteller	
philosophus	Philosoph	
laus, laudis *f*	Lob, Ruhm	laudāre; *Laudatio*
dīgnus, a, um *m. Abl.*	wert, würdig (einer Sache)	
ēgregius, a, um	ausgezeichnet, hervorragend	
hīs dē causīs	aus diesen Gründen, deshalb	
māiōres, māiōrum *m Pl.*	Vorfahren	
litterae, litterārum *f Pl.*	Literatur, Wissenschaft	
Athēnīs	in Athen *(wo?)*	
liber, librī *m*	Buch	
lingua	Rede, Sprache	
scrībere, scrībō, scrīpsī, scrīptum	schreiben, beschreiben	
legere, legō, lēgī, lēctum	lesen	*Lektüre, Lektion*
recreāre, recreō	wiederherstellen, erfrischen	
comperīre, comperiō, comperī, compertum	(genau) erfahren	

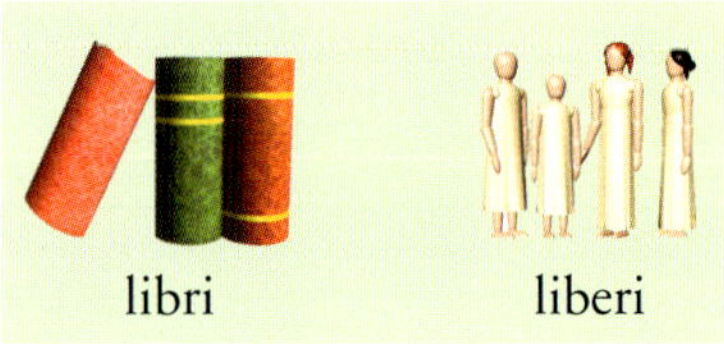

Athēnae, Athēnārum	Athen
Iūnō, Iūnōnis	Juno (griech. Hera, Frau Jupiters)
Magna Graecia	Großgriechenland (von den Griechen besiedeltes Gebiet in Unteritalien)
Neāpolis, Neāpolis *f*	Neapel (Stadt in Süditalien)
Paestum	Pästum (von den Griechen gegründete Stadt in Unteritalien)
Posīdōnia	Posidonia (älterer Name von Pästum)
Sicilia	Sizilien

F Verben: Konjunktiv Imperfekt

Lateinische Verbformen geben außer der Person, dem Numerus (Singular bzw. Plural), dem Tempus (z. B. Präsens, Imperfekt) und dem Genus verbi (Aktiv bzw. Passiv) auch den **Modus** (die Aussageweise) an.
Man unterscheidet drei Modi:

- **Indikativ** (sog. Wirklichkeitsform, z. B. er geht),
- **Imperativ** (Befehlsform, z. B. geh!),
- **Konjunktiv** (sog. Möglichkeitsform, z. B. er ginge).

Nach dem Indikativ und dem Imperativ lernst du nun auch die Formen und die Verwendung des lateinischen Konjunktivs kennen.

Konjunktiv Imperfekt

vocā-**re**-m	ich würde rufen, ich riefe
vocā-**re**-r	ich würde gerufen (werden)

Aktiv	ā-Konjugation	ē-Konjugation	ī-Konjugation	kons. Konjugation	
1. Pers.	vocā-**re**-m	monē-**re**-m	audī-**re**-m	ag-e-**re**-m	cape-**re**-m
2. Pers.	vocā-**rē**-s	monē-**rē**-s	audī-**rē**-s	ag-e-**rē**-s	cape-**rē**-s
Sg.	…	…	…	…	…
Passiv					
1. Pers.	vocā-**re**-r	monē-**re**-r	audī-**re**-r	ag-e-**re**-r	cape-**re**-r
2. Pers.	vocā-**rē**-ris	monē-**rē**-ris	audī-**rē**-ris	ag-e-**rē**-ris	cape-**rē**-ris
Sg.	…	…	…	…	…

Der Konjunktiv Imperfekt wird wie der Indikativ Imperfekt in allen Konjugationsklassen gleich gebildet. Zeichen des Konjunktiv Imperfekt ist **-re-**.

Besonders zu beachten sind:

Konj. Impf. Akt.		Infinitiv
īrem, īrēs …	ich ginge …	zu īre
essem, essēs …	ich wäre …	zu esse
possem, possēs …	ich könnte …	zu posse
vellem, vellēs …	ich wollte …	zu velle
nōllem, nōllēs …	ich wollte nicht …	zu nōlle
māllem, māllēs …	ich wollte lieber …	zu mālle

Vollständige Tabellen befinden sich auf S. 204 ff.

S Konjunktiv Imperfekt als Irrealis der Gegenwart

Si hoc scirem, gauderem.
Wenn ich dies wüsste, würde ich mich freuen.

Der **Konjunktiv Imperfekt** drückt aus, dass etwas sein könnte, aber nicht eintritt: **Irrealis** („Nichtwirklichkeit") der **Gegenwart**.

Im Deutschen hat der Konjunktiv Imperfekt die gleiche Bedeutung. Beachte, dass du ihn im Deutschen richtig bildest (z. B. ich wüsste, ich liefe, ich käme). Wo der deutsche Konjunktiv Imperfekt mit dem Indikativ Imperfekt gleich ist (z. B. ich sagte), musst du im Hauptsatz mit „würde" umschreiben (z. B. ich würde sagen).

āēr	Luft	varius	bunt, verschieden, vielfältig
canis	Hund	putāre	glauben, meinen; halten für
ōrātiō	Rede	vītam agere	sein Leben verbringen/führen
vestis	Kleidung; *Pl.* Kleider	paulum	ein wenig
omnis	ganz, jeder; *Pl.* alle	quondam	einmal, einst; manchmal

Paestī	in Pästum *(wo?)*	
incola *m*	Einwohner, Bewohner	colere
prius *Adv.*	eher, früher	
ōrātiōnem habēre	eine Rede halten	
īnstituere, īnstituō, īnstituī, īnstitūtum	beginnen, einrichten, unterrichten	*Institution, Institut, e. to institute*
inde *Adv.*	von dort; darauf; deshalb	deinde, proinde
induere, induō, induī, indūtum	anziehen, anlegen	
habitus, habitūs *m*	Aussehen	habēre
simplex, simplicis	einfach	*simpel*
plūris aestimāre	höher einschätzen, für wichtiger halten	
dīvitiae, dīvitiārum *f Pl.*	Reichtum	dīves
voluptās, voluptātis *f*	Lust, Vergnügen	
factum	Handlung, Tat; Tatsache	facere; *Faktum, faktisch, e. fact*
dictum	Ausspruch, Wort	dīcere
nōscere, nōscō, nōvī, nōtum	erkennen, kennenlernen	nōtus
nō(vi)sse, nōvī *Perf.*	kennen, wissen	
habitāre, habitō	bewohnen, wohnen	
sedēre, sedeō, sēdī, sessum	sitzen	*Sessel, e. to sit*
beneficium	Wohltat	bene, facere
optāre, optō	wünschen	*Option, adoptieren*
propter *m. Akk.*	wegen	
expellere, expellō, expuli, expulsum	vertreiben, verbannen	pellere

Alexander Magnus, Alexandrī Magnī	Alexander der Große (König von Makedonien)
Corinthus *f*	Korinth (griech. Stadt)
Cynicus	Kyniker (Angehöriger der philosoph. Richtung der Kyniker)
Diogenēs, Diogenis	Diogenes (griech. Philosoph, Begründer der Philosophenschule der Kyniker)

F Verben: Konjunktiv Plusquamperfekt

vocā-v-**isse**-m — ich hätte gerufen
vocā-tus, a, um essem — ich wäre gerufen worden

	Aktiv	Passiv
1. Pers.	vocā-v-**isse**-m	vocā-tus, a, um essem
2. Pers.	vocā-v-**issē**-s	vocā-tus, a, um essēs
	…	…

Die Formen des Konjunktiv Plusquamperfekt werden in allen Konjugationsklassen gleich gebildet.

Im Aktiv wird zwischen Perfektstamm und Endung **-isse-** eingefügt.
Im Passiv steht nach der PPP-Form eine Form des Konjunktiv Imperfekt von esse.

Die Formen von esse lauten: fuissem, fuissēs …
Die Formen von ire lauten: īssem, īssēs …

Vollständige Tabellen befinden sich auf S. 204 ff.

S Konjunktiv Plusquamperfekt als Irrealis der Vergangenheit

Si hoc scivissem, ad te venissem.
Wenn ich dies gewusst hätte, wäre ich zu dir gekommen.

Der **Konjunktiv Plusquamperfekt** drückt aus, dass etwas in der Vergangenheit hätte sein können, aber nicht eintrat: **Irrealis** („Nichtwirklichkeit") der **Vergangenheit**.

Im Deutschen hat der Konjunktiv Plusquamperfekt die gleiche Bedeutung. Er wird mit „hätte" oder „wäre" gebildet (z. B. ich hätte gesungen, ich wäre gegangen).

Wortfamilien

col-ere, col-ui, **cul**-tum
- in-**col**-a
  - **col**-onia
- **cul**-tus

leg-ere
- intel-**leg**-ere
  - neg-**leg**-ere
- col-**lig**-ere
  - di-**lig**-entia

46

ācer	energisch, heftig, scharf	pendēre	(herab)hängen, schweben
crūdēlis	grausam	cadere	fallen

efficere, efficiō, effēcī, effectum	bewirken, herstellen	facere; *effizient, Effekt, effektiv*
ut *Subj. m. Konj.*	dass	
invidia	Neid	
compōnere, compono, composuī, compositum	verfassen, ordnen; beenden; vergleichen	*Komposition, Kompost*
beātus, a, um	glücklich, reich	*Beate*
domus, domūs *f*	Haus	domī; *Dom, Domizil*
lectus	Bett, Liegesofa	
aureus, a, um	golden	aurum
mēnsa	Tisch	*Mensa*
ōrnāre, ōrnō	ausstatten, schmücken	ōrnāmentum
nē *Subj. m. Konj.*	dass nicht	
nē umquam	dass nie(mals)	
dīligere, dīligō, dīlēxī, dīlēctum	hochachten, lieben	legere
gladius	Schwert	*Gladiator, Gladiole*
suprā *m. Akk.*	oberhalb, über	*Sopran*
timēre, nē *m. Konj.*	Angst haben/fürchten, dass	
fīgere, fīgō, fīxī, fīxum	heften, befestigen	*fixieren*
dēsistere, dēsistō, dēstitī (ab/ā *m. Abl.*)	aufhören (mit)	
comparāre, comparō	vergleichen	parāre; *Komparativ, e. to compare*
rogāre, rogō	bitten, erbitten; fragen	inter-rogāre; *interrogativ*
rogāre, ut	darum bitten, dass	
Dāmoclēs, Dāmoclis	Damokles (Gast des Dionysios)	
Dionȳsius	Dionysius (Herrscher von Syrakus)	

Zeitadverbien

nuper	quondam	prius	primo	primum	numquam
nunc	iam	subito	statim		interdum
tum	deinde	postea	denique		umquam

S Gliedsätze als Objekt: Begehrsätze

Te oravi, ut mihi consilium dares.
Ich bat dich, dass du mir einen Rat gibst.
Ich bat dich darum, mir einen Rat zu geben.

Te oravi, ne abires.
Ich bat dich, dass du nicht weggehst.
Ich bat dich darum, nicht wegzugehen.

Abhängige Begehrsätze enthalten Wünsche und Aufforderungen; sie stehen im **Konjunktiv**. Sie werden eingeleitet mit

- ut (m. Konj.) dass (m. Ind.), zu (m. Inf.)
- ne (m. Konj.) dass nicht (m. Ind.), nicht zu (m. Inf.).

Daedalus timebat, ne filius in mare caderet.
Dädalus fürchtete, dass sein Sohn ins Meer fällt.

Nach Verben und Ausdrücken des **Fürchtens** (z.B. timere, metuere, periculum est) heißt ne (m. Konj.) dass (m. Ind.).

Abhängige Begehrsätze haben meist die Satzgliedfunktion des Objekts.

Latein lebt

Der berühmte Tyrann Dionysius kommt auch in Friedrich Schillers Ballade „**Die Bürgschaft**" vor: Hier stehen die ersten acht Strophen; lies auch den Rest der Ballade und überlege, wie Schiller den Tyrannen beschreibt.

Zu Dionys, dem Tyrannen, schlich
Damon, den Dolch im Gewande:
Ihn schlugen die Häscher in Bande,
„Was wolltest du mit dem Dolche? sprich!"
Entgegnet ihm finster der Wüterich.
„Die Stadt vom Tyrannen befreien!"
„Das sollst du am Kreuze bereuen."

„Ich bin", spricht jener, „zu sterben bereit
Und bitte nicht um mein Leben:
Doch willst du Gnade mir geben,
Ich flehe dich um drei Tage Zeit,
Bis ich die Schwester dem Gatten gefreit;
Ich lasse den Freund dir als Bürgen,
Ihn magst du, entrinn' ich, erwürgen."

Da lächelt der König mit arger List
Und spricht nach kurzem Bedenken:
„Drei Tage will ich dir schenken;
Doch wisse, wenn sie verstrichen, die Frist,
Eh' du zurück mir gegeben bist,
So muß er statt deiner erblassen,
Doch dir ist die Strafe erlassen."

Und er kommt zum Freunde: „Der König gebeut,
Daß ich am Kreuz mit dem Leben
Bezahle das frevelnde Streben.
Doch will er mir gönnen drei Tage Zeit,
Bis ich die Schwester dem Gatten gefreit;
So bleib du dem König zum Pfande,
Bis ich komme zu lösen die Bande."

Und schweigend umarmt ihn der treue Freund
Und liefert sich aus dem Tyrannen;
Der andere ziehet von dannen.
Und ehe das dritte Morgenrot scheint,
Hat er schnell mit dem Gatten die Schwester vereint,
Eilt heim mit sorgender Seele,
Damit er die Frist nicht verfehle.

Da gießt unendlicher Regen herab,
Von den Bergen stürzen die Quellen,
Und die Bäche, die Ströme schwellen.
Und er kommt ans Ufer mit wanderndem Stab,
Da reißet die Brücke der Strudel herab,
Und donnernd sprengen die Wogen
Des Gewölbes krachenden Bogen.

Und trostlos irrt er an Ufers Rand:
Wie weit er auch spähet und blicket
Und die Stimme, die rufende, schicket.
Da stößet kein Nachen vom sichern Strand,
Der ihn setze an das gewünschte Land,
Kein Schiffer lenket die Fähre,
Und der wilde Strom wird zum Meere.

Da sinkt er ans Ufer und weint und fleht,
Die Hände zum Zeus erhoben:
„O hemme des Stromes Toben!
Es eilen die Stunden, im Mittag steht
Die Sonne, und wenn sie niedergeht
Und ich kann die Stadt nicht erreichen,
So muß der Freund mir erbleichen." (...)

adulēscēns	jung; *Subst.* junger Mann	dēsinere	aufhören
nāvis	Schiff	convocāre	versammeln
scelus	Verbrechen	iter facere	eine Reise machen
saevus	schrecklich, wild, wütend	neglegere	nicht (be)achten, vernachlässigen

audācia	Frechheit, Kühnheit	
obses, obsidis *m/f*	Geisel	sedēre
ut *Subj. m. Konj.*	dass, sodass; damit	
ut nōn *Subj. m. Konj.*	(so)dass nicht	
nē *Subj. m. Konj.*	dass nicht, damit nicht	
Rhodum	nach Rhodos *(wohin?)*	
praestāre, praestō, praestitī *m. Akk.*	gewähren, leisten; zeigen	stāre
sē praestāre *m. Akk.*	sich erweisen als	
odiō esse	verhasst sein	
bonō animō esse	guten Mutes sein, zuversichtlich sein	
supplicium subīre	hingerichtet werden	
crēscere, crēscō, crēvī	wachsen	*Crescendo*
vērō *Adv.*	in der Tat, wirklich, aber	
nunc vērō	jetzt aber, nun aber	
poēta *m*	Dichter	*Poet*
recitāre, recitō	vorlesen, vortragen	*rezitieren*
opēs, opum *f Pl.*	Macht, Mittel, Reichtum	
dīmittere, dīmittō, dīmīsī, dīmissum	wegschicken, entlassen, aufgeben	mittere; *Dimission*
condūcere, condūcō, condūxī, conductum	zusammenführen, anwerben, mieten	cum, dūcere
animadvertere in *m. Akk.*	vorgehen gegen	
conicere, coniciō, coniēcī, coniectum	(zusammen)werfen; folgern, vermuten	
in vincula conicere	in Fesseln legen, fesseln	
parcere, parcō, pepercī *m. Dat.*	schonen, sparen	parcus
sūmere, sūmō, sūmpsī, sūmptum	nehmen	*Kon-sum*
supplicium sūmere dē *m. Abl.*	die Hinrichtung vollziehen an, hinrichten	

Caesar, Caesaris	(Gajus Julius) Cäsar (röm. Politiker, Heerführer und Schriftsteller; 100–44 v. Chr.)
Rhodus	Rhodos (griech. Insel)

S 1 Gliedsätze als Adverbiale (konsekutiv, final)

a) Konsekutivsätze

Tantus erat timor, *ut* omnes fugerent.
Die Angst war *so groß, dass* alle flohen.

Tantus erat timor, *ut* milites *non* pugnarent.
Die Angst war *so groß, dass* die Soldaten *nicht* kämpften.

Konsekutivsätze (Folgesätze) stehen im Konjunktiv.
Sie werden eingeleitet mit

- ut (m. Konj.) — dass, sodass (m. Ind.)
- ut non (m. Konj.) — (so)dass nicht (m. Ind.).

Auf ein konsekutives ut weist im übergeordneten Satz oft ein „Signalwort" wie ita, tantus o. Ä. hin.

b) Finalsätze

Omnes fugerunt,	*ut* se servarent.
Alle flohen,	*um* sich *zu* retten (*damit* sie sich retteten).

Omnes fugerunt,	*ne* perirent.
Alle flohen,	*um nicht* umzukommen (*damit* sie *nicht* umkamen).

Finalsätze (Absichtssätze) stehen im Konjunktiv.
Sie werden eingeleitet mit

- ut (m. Konj.) — dass, damit (m. Ind.), um zu (m. Inf.)
- ne (m. Konj.) — dass nicht, damit nicht (m. Ind.), um nicht zu (m. Inf.).

c) Satzgliedfunktion

Konsekutiv- und Finalsätze haben die Satzgliedfunktion des Adverbiales. Sie geben eine Folge bzw. eine Absicht (einen Zweck) an.

2 Ablativ der Beschaffenheit

Dionysius *magna crudelitate* erat.
Dionysios war *von großer Grausamkeit*.
Dionysios war *sehr grausam*.

Der Ablativ der Beschaffenheit (Ablativus qualitatis) bezeichnet eine Eigenschaft. Bei Formen von esse ist er als Prädikatsnomen aufzufassen und bildet mit der Form von esse das Prädikat.

vir *magna crudelitate (magnae crudelitatis)*
ein Mann *von großer Grausamkeit*
ein *sehr grausamer* Mann

Manchmal wird ein Ablativ der Beschaffenheit wie der Genitiv der Beschaffenheit auch attributiv verwendet.

M Wenn dir die Wörtchen **ut und ne** in einem Text begegnen, kannst du ihre Bedeutung leicht ermitteln, wenn du die hier abgedruckten „Straßenkarten“ benutzt:

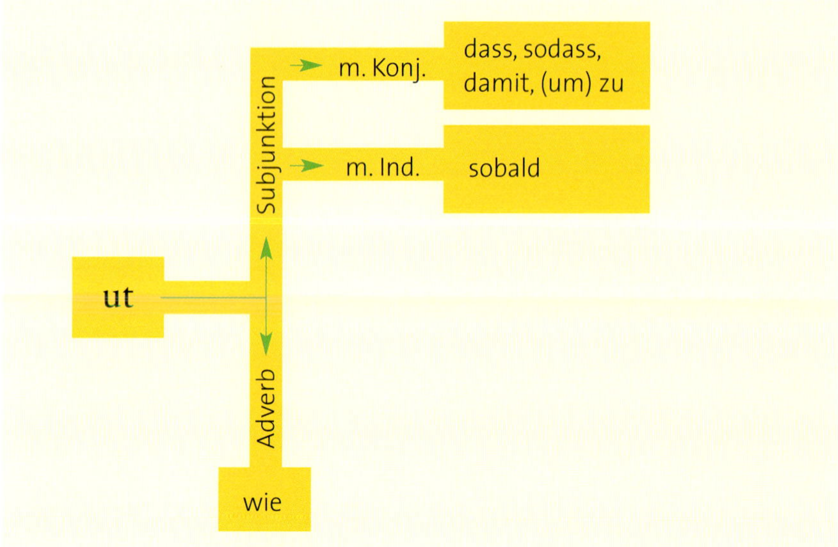

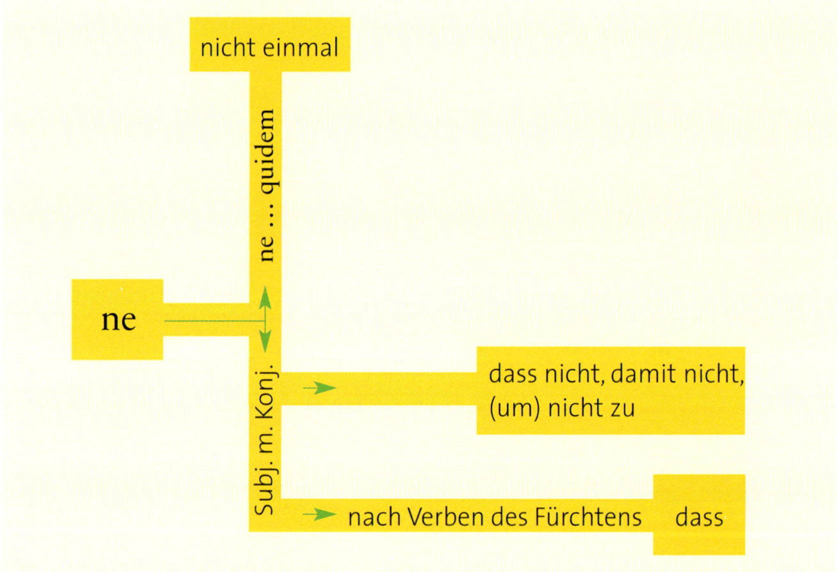

īnsidiae	Falle, Attentat, Hinterlist	mortuus	tot
nex	Mord, (gewaltsamer) Tod	ūllus, a, um	irgendeiner
umerus	Schulter, Oberarm	pergere	aufbrechen, weitermachen
vulnus	Wunde; Verlust *(milit.)*	occultē	heimlich

augēre, augeō, auxī, auctum	vergrößern, vermehren	*Auktion, e. augment*
cavēre, caveō, cāvī, cautum *m. Akk.*	sich hüten (vor), Vorsorge treffen	*Kaution*
odium tuī	der Hass auf dich	
domō *Adv.*	von zu Hause *(woher?)*	domus
sīn (autem)	wenn aber	
instare, insto, institi	bevorstehen, hart zusetzen	stāre
officium	Dienst, Pflicht(gefühl)	*offiziell*
officium praestāre	die Pflicht erfüllen	
senātus, senātūs *m*	Senat, Senatssitzung	
priusquam *Subj. m. Ind.*	bevor	prius
cum *Subj. m. Konj.*	als, nachdem	
toga	Toga	tegere
praeterīre, praetereō, praeteriī, praeteritum	vorbeigehen, übergehen	īre; *Präteritum*
ratiō, ratiōnis *f*	Grund, Vernunft, Überlegung; Art und Weise; Berechnung	*Ration, rational, rationell, e. reason*
fidūcia	Vertrauen	fidēs
fidūcia suī	Vertrauen zu sich, Selbstvertrauen	
circumvenīre, circumveniō, circumvēnī, circumventum	umringen, umzingeln	venīre
ubi *Subj. m. Ind. Perf.*	sobald	
ultimus, a, um	der äußerste, der entfernteste, der letzte	*Ultimatum*
vīgintī *indekl.*	zwanzig	
gemitus, gemitūs *m*	Seufzen, Traurigkeit	
dōnec *Subj.*	solange (als), (so lange) bis	

Spurinna	Spurinna (röm. Priester)
Calpurnia	Calpurnia (vierte Frau Cäsars)
Tillius Cimber	Tillius Cimber (einer der Verschwörer gegen Cäsar)
Brūtus	(Marcus Iunius) Brutus (Freund Cäsars, später Anführer der Verschwörer)

Wortfamilie

ab-ducere — **ducere** — tra-ducere
ad-ducere — **ducere** — e-ducere
con-ducere

S 4 Gliedsätze als Adverbiale (temporal, konditional)

a) Temporalsätze

Postquam Romani ad Cannas superati sunt, Hannibal copias Romam duxit.
Cum Romani ad Cannas superati essent, Hannibal copias Romam duxit.
Nachdem die Römer bei Cannä besiegt worden waren, führte Hannibal seine Truppen nach Rom.

Haec faciebam, dum licebat.
Ich machte dies, solange es möglich war.

Temporalsätze enthalten Zeitangaben; außerdem drücken sie das Zeitverhältnis (vorzeitig oder gleichzeitig) des Gliedsatzes zum übergeordneten Satz aus.

Indikativische Temporalsätze werden eingeleitet mit:

cum	als (plötzlich), (zu der Zeit) als, (immer) wenn
postquam (Ind. Perf.)	nachdem, als
priusquam	bevor
ubi (Ind. Perf.)	sobald
ut (Ind. Perf.)	sobald
dum (Ind. Präs.)	während
dum, donec	solange (als); (so lange) bis

Konjunktivische Temporalsätze werden eingeleitet mit:

cum	als; nachdem
donec	(so lange) bis

b) Konditionalsätze

Si consul civibus bene consulit, ab omnibus laudatur.
Wenn (falls) der Konsul gut für die Bürger sorgt, wird er von allen gelobt.

Konditionalsätze enthalten eine Bedingung oder Voraussetzung für die Aussage des übergeordneten Satzes. Sie werden eingeleitet mit:

si	wenn, falls
nisi	wenn nicht, falls nicht
sin (autem)	wenn aber

c) Satzgliedfunktion

Temporal- und Konditionalsätze haben die Satzgliedfunktion des Adverbiales.

2 Genitivus subiectivus/obiectivus

amor patris
die Liebe des Vaters
die Liebe zum Vater

Nach bestimmten Substantiven, vor allem solchen, die eine Empfindung ausdrücken (z. B. **amor, spes, metus**), kann der Genitiv bezeichnen:

- die Person, die als „Subjekt" diese Empfindung hat,
- die Person oder Sache, die „Objekt" des Gefühls ist.

timor Romanorum

Genitivus subiectivus und obiectivus sind als Attribut aufzufassen. Welcher Genitiv vorliegt, ergibt sich aus der Bedeutung der Substantive oder aus dem Kontext.

Beachte folgende Wendungen:

amor patris	die Liebe des Vaters (subi.) die Liebe zum Vater (obi.)
timor Romanorum	die Furcht der Römer (subi.) die Furcht vor den Römern (obi.)
spes salutis	Hoffnung auf Rettung (obi.)
metus mortis	die Furcht vor dem Tod, Todesfurcht (obi.)
odium tui	Hass auf dich (obi.)
fiducia sui	Selbstvertrauen (obi.)

timor Romanorum

M Hier findest du eine „Straßenkarte" für das Wörtchen **cum**:

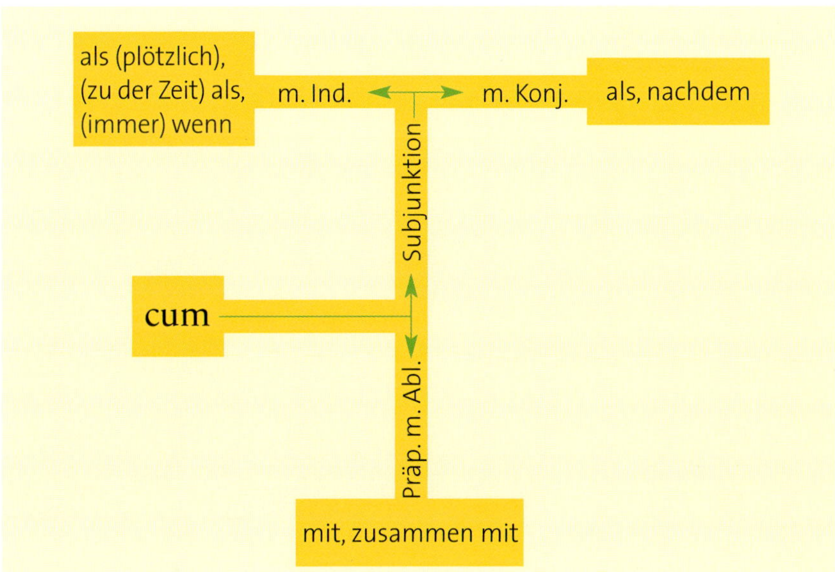

rēs familiāris	Vermögen	carēre	frei sein von, nicht haben, ohne (etw.) sein
senex	Greis, alter Mann	necesse (est)	(es ist) notwendig
venia	Nachsicht, Verzeihung; Gefallen	supplicium sumere de	die Hinrichtung vollziehen an, hinrichten
captīvus	gefangen; *Subst.* Kriegsgefangener		

vindicāre, vindicō	beanspruchen; bestrafen	
quisque, quaeque, quodque *adj.*	jeder, jede, jedes	
aetās, aetātis *f*	Lebensalter, Zeitalter, Zeit	
misericordia	Mitleid	miser, cor
spoliāre, spoliō *m. Abl.*	berauben, plündern	*e. to spoil*
optimus quisque	gerade die Besten (jeder Beste)	
potestās, potestātis *f*	(Amts-)Gewalt, Macht	posse, potēns
sūmptus, sūmptūs *m*	Aufwand, die Kosten	sūmere
incrēdibilis, e	unglaublich	crēdere; *e. incredible*
at	aber, dagegen, jedoch	
frangere, frangō, frēgī, frāctum	zerbrechen	*Fraktur, Fraktion, Fragment*
sēdēs, sēdis *f*	Sitz, Wohnsitz, Platz	sedēre
egēre, egeō *m. Abl.*	brauchen, benötigen, Mangel haben (an)	
lēx, lēgis *f*	Gesetz, Bedingung	*legal, Legislative*
iūstitia	Gerechtigkeit	iūs; *Justiz*
lībertās, lībertātis *f*	Freiheit	līberāre, līber; *e. liberty*
quisque, quidque *subst.*	jeder	
hūmānitās, hūmānitātis *f*	Menschlichkeit; Bildung	hōmo; *Humanität*
cōnsuētūdō, cōnsuētūdinis *f*	Gewohnheit	
prīnceps, prīncipis *m*	der Erste, der führende Mann; Kaiser	*Prinz*
pār, paris *m*	ebenbürtig, gleich	*Paar*

Octāviānus	Oktavian (früherer Name des Kaisers Augustus)
Augustus	Augustus (erster römischer Kaiser von 63 v. Chr. – 14 n. Chr.)
Perusia	Perusia (heute Perugia, Stadt in Mittelitalien)

Wortfamilie

ius, **iur**-is

- **iu**-dic-are, **iu**-dic-ium
  - **iu**-dex, **iu**-dic-is
- **iust**-itia
- in-**iur**-ia

F Indefinitpronomen quisque

quisque **jeder**

	m/f		n
Nom.	quisque		quidque
Gen.		cuiusque	
Dat.		cuique	
Akk.	quemque		quidque
Abl.		quōque	

Das substantivische Indefinitpronomen quis-que wird dekliniert wie das Indefinitpronomen ali-quis, ali-quid (vgl. 42 F a).
Die adjektivische Verwendung ist selten.

S 1 Ablativ der Trennung

a) Erscheinungsform

Nonnulli viri rem publicam *a Caesare* defendere volebant.
Einige Männer wollten den Staat *gegen Cäsar* verteidigen.

Caesar autem *omni metu* carebat.
Cäsar aber war *ohne jede Furcht.*

Der Ablativ der Trennung (Ablativus separativus) steht nach Verben (und Adjektiven), die eine „Trennung" ausdrücken,
z. B. „nicht haben, wegnehmen, abhalten, schützen (vor); frei (von)".

Er steht manchmal mit einer Präposition. Wenn der Ablativ der Trennung ohne Präposition steht, wird er immer im Wortschatz mitgelernt.
Im Deutschen wird der Ablativ mit einem Präpositionalausdruck, einem Genitiv- oder Akkusativobjekt wiedergegeben, z. B.:

vitiis carere	keine Fehler haben
auxilio egere	Hilfe brauchen
patria expellere	aus der Heimat vertreiben
armis spoliare	der Waffen berauben
(a) finibus prohibere	von einem Gebiet abhalten
de vita decedere	sterben, umkommen
ab hostibus defendere	vor den Feinden (gegen die Feinde) verteidigen
liber (a) metu	frei von Furcht

b) Satzgliedfunktion

Nach intransitiven Verben, wie z. B. carēre, steht der Ablativ der Trennung als Objekt und ist als Satzglied notwendig. Bei transitiven Verben, wie z. B. defendere (ab), hat er die Funktion eines Adverbiales.

2 Substantive der 3. Deklination: Zusammenfassung (Genera)

Bei den verschiedenen Substantiven der 3. Deklination musst du besonders aufpassen: Im Wortschatz ist grundsätzlich das Genus angegeben. Das Genus musst du wissen, um beispielsweise Adjektive und Substantive richtig aufeinander zu beziehen.

Nach ihren Endungen fasst man die Substantive in mehrere Gruppen zusammen, deren **grammatisches Geschlecht** bestimmten Regeln folgt. Das in der folgenden Tabelle jeweils angegebene Genus bietet die Grundregel:

Substantive auf:

-or, -oris	(z. B. clamor):	Maskulina
-o, -onis	(z. B. regio):	Feminina
-o, -inis	(z. B. virgo):	Feminina
-s oder -x	(z. B. plebs, plebis oder vox, vocis):	Feminina
-as, -atis	(z. B. calamitas):	Feminina
-us, -utis	(z. B. salus):	Feminina
-es, -is	(z. B. nubes):	Feminina
–is, -is	(z. B. navis):	Feminina
-us, -oris	(z. B. corpus):	Neutra
-us, -eris	(z. B. opus):	Neutra
-en, -inis	(z. B. nomen):	Neutra

Die folgenden Ausnahmen dazu hast du bereits kennen gelernt:

-or, -oris	arbor	Femininum
-o, -onis	sermo	Maskulinum
-o, -inis	ordo, homo	Maskulina
-s oder -x	fons, mons, pons	Maskulina
-is, -is	mensis, orbis	Maskulina

Kontext

rationem gaudii scire	den Grund für die Freude wissen
(cum) ratione agere	mit Vernunft (vernünftig) handeln
rem ratione cognoscere	eine Sache durch Überlegung erkennen
eadem ratione discere	auf dieselbe Weise lernen
rationem sumptus probare	die Berechnung der Kosten prüfen

50

āēr	Luft	animadvertere	bemerken
avis	Vogel	perspicere	durchschauen, erkennen, genau betrachten, sehen
frūctus	Ertrag, Frucht, Nutzen		
pāx	Frieden	possidēre	besitzen
prīnceps	der Erste, der führende Mann; Kaiser	tendere	spannen, (aus)strecken, sich anstrengen
ēgregius	ausgezeichnet, hervorragend	plūs … quam	mehr … als

tabula	Aufzeichnung, Gemälde, Tafel	*Tabelle, Tablette, e. table*
cum *Subj. m. Konj.*	als, nachdem; weil, da	
āvertere, āvertō, āvertī, āversum	abwenden, vertreiben	vertere; *Aversion*
praedicāre, praedicō	rühmen, preisen; behaupten	*Prädikat, predigen*
laetus, a, um	froh, fröhlich; fruchtbar	
pūrus, a, um	rein, klar	*e. pure, pur*
imāgō, imāginis *f*	Abbild, Bild	*Image, Imagination, imaginär, e. image*
fingere, fingō, finxī, fictum	gestalten, sich (etwas) ausdenken	*fingieren, Fiktion, fiktiv*
iactāre, iactō	(hin und her) schleudern, werfen; rühmen	
singulus, a, um	je ein, jeder einzelne	*Single, Singular, singulär*
explicāre, explicō	erklären	*explizit, e. explication*
vidēre, ut	darauf achten, dass	
pāx Augusta	die Augusteische Friedenszeit	
postulāre, postulō	fordern	*Postulat*
barbarus, a, um	ausländisch, unzivilisiert	*Barbar*
uterque (*Gen.* utrīusque, *Dat.* utrīque)	beide; jeder (von zweien)	
utrāque parte	auf beiden Seiten	
trādere, trādō, trādidī, trāditum	übergeben, überliefern	*tradieren, Tradition, e. tradition*
victor, victōris *m*	Sieger; *Adj.* siegreich	vincere; *Viktor, e. victor*
cavēre, nē	sich hüten (davor), dass	
perpetuus, a, um	dauerhaft, ewig	*Perpetuum mobile*
Līvia	Livia (Ehefrau des Augustus)	

Kontext

Timeo (metuo), ne cadas.
Ich fürchte, dass du hinfällst.

Cave, ne cadas!
Hüte dich davor, dass du hinfällst!
Pass auf, dass du nicht hinfällst!

F Verben: Konjunktiv Präsens

Aktiv	a-Konjugation	e-Konjugation	ī-Konjugation	kons. Konjugation	
1. Pers.	voc-**e**-m	mone-**a**-m	audi-**a**-m	ag-**a**-m	capi-**a**-m
2. Pers.	voc-**ē**-s	mone-**ā**-s	audi-**ā**-s	ag-**ā**-s	capi-**ā**-s
Sg.	...	...	...	...	...
Passiv					
1. Pers.	voc-**e**-r	mone-**a**-r	audi-**a**-r	ag-**a**-r	capi-**a**-r
2. Pers.	voc-**ē**-ris	mone-**ā**-ris	audi-**ā**-ris	ag-**ā**-ris	capi-**ā**-ris
Sg.	...	...	...	...	...

Zeichen für den Konjunktiv Präsens ist **-a-** , bei der a-Konjugation jedoch **-e-**.

Besonders zu beachten sind:

Konj. Präs. Akt.		Infinitiv	Konj. Präs. Akt.		Infinitiv
eam, eās	... zu	īre	velim, velīs	... zu	velle
sim, sīs	... zu	esse	nōlim, nōlīs	... zu	nōlle
possim, possīs	... zu	posse	mālim, mālīs	... zu	mālle

Vollständige Tabellen befinden sich auf S. 204 ff.

S Konjunktiv in Gliedsätzen

Te oravi, ut mihi consilium dares.
Ich bat dich, dass du mir einen Rat gibst (mir einen Rat zu geben).

Te oro, ut mihi consilium des.
Ich bitte dich, dass du mir einen Rat gibst (mir einen Rat zu geben).

Te oravi, ne abires.
Ich bat dich, dass du nicht weggehst (nicht wegzugehen).

Te oro, ne abeas.
Ich bitte dich, dass du nicht weggehst (nicht wegzugehen).

Wie du bereits weißt (vgl. 46 S), stehen abhängige Begehrsätze (Wünsche, Aufforderungen) im Konjunktiv. Ein Vergangenheitstempus im übergeordneten Satz bedingt (bei Gleichzeitigkeit) den Konj. Impf. im Gliedsatz, ein Präsens den Konj. Präs. Im Deutschen wird der Konjunktiv mit dem Indikativ oder mit dem Infinitiv mit „zu“ wiedergegeben.

Te reprehendo, cum pericula neglegas.
Ich schimpfe dich, weil (da) du die Gefahren nicht beachtest.

Auch nach der Subjunktion cum (weil, da) steht im Lateinischen der Konjunktiv.

51

coniūnx	Gatte, Gattin	exīstimāre	einschätzen, meinen
īnsidiae	Falle, Attentat, Hinterlist	interficere	töten, vernichten
iuvenis	jung; junger Mann	praestāre	gewähren, leisten zeigen; übertreffen
spēs	Hoffnung	regere	beherrschen, leiten, lenken
fēlīx	glücklich, erfolgreich, glückbringend	relinquere	zurücklassen, verlassen
comperīre	(genau) erfahren	quot	wie viele
dēcernere	beschließen, entscheiden	vix	kaum, (nur) mit Mühe

nihil/nīl	nichts	*Nihilismus, Nihilist*
contingere, contingō, contigī, contāctum	berühren; gelingen	tangere; *Kontingent, Kontakt, e. contact*
dux, ducis *m/f*	Anführer(in)	dūcere; *e. duke*
adiungere, adiungō, adiūnxī, adiūnctum	hinzufügen, anschließen	
gravis, e	schwer, gewichtig, ernst, bedeutend	*gravierend, Gravitation, e. grave*
ex/ē *m. Abl.*	aus, von ... her; seit	
quotiēns	wie oft; so oft	*Quotient*
dēligere, dēligō, dēlēgī, dēlēctum	(aus)wählen	legere
quamvīs *Subj. m. Konj.*	wenn auch	
Adv.	beliebig, wie du willst	
sponte meā (tuā, suā)	freiwillig, mit eigener Kraft, von selbst	*spontan*
exilium	Exil, Verbannung	*e. exile*
singulāris, e	einzeln; einzigartig	*Singular*
latēre, lateō	verborgen sein	*latent*
spatium	Raum, Strecke, Zeitraum	*spazieren, e. space*
tegere, tegō, tēxī, tēctum	bedecken, schützen, verbergen	tēctum; *Pro-tektion*
ergō *Adv.*	also, deshalb	
prōtinus *Adv.*	sofort	
nimium *Adv.*	(all)zu, (all)zu sehr	

Iūlia	Julia (einzige Tochter des Kaisers Augustus)
Seiānus	Sejan (Vorgesetzter der kaiserlichen Leibwache und Vertrauter des Tiberius)
Tiberius	Tiberius (röm. Kaiser von 14–37 n. Chr.)
Rhodum	nach Rhodos *(wohin?)*

Kontext

Nil nimium!	Nichts im Übermaß!
nimium (nimis) potens	(all)zu mächtig
nimium (nimis) studere	sich (all)zu sehr bemühen

F Verben: Konjunktiv Perfekt

	Aktiv	Passiv
1. Person	vocāv-**eri**-m	vocā-tus, a, um sim
2. Person	vocāv-**eri**-s	vocā-tus, a, um sīs
Sg.	…	…

Die Formen des Konjunktiv Perfekt werden in allen Konjugationen gleich gebildet.

Zeichen des Konjunktiv Perfekt **Aktiv** ist **-eri-**, das an den Perfektstamm angefügt wird.
Im **Passiv** steht nach der PPP-Form eine Form des Konjunktiv Präsens von esse.

Die Formen von esse lauten: fuerim, fueris …
Die Formen von ire lauten: ierim, ieris …

Vollständige Tabellen befinden sich auf S. 204 ff.

S 1 Konjunktiv in Gliedsätzen

Te reprehendo, cum pericula neglegas/neglexeris.
Ich kritisiere dich, weil (da) du die Gefahren nicht beachtest / nicht beachtet hast.

Der Konjunktiv Perfekt steht wie der Konjunktiv Präsens (vgl. 50 S) nach bestimmten Subjunktionen; er wird mit dem Indikativ wiedergegeben.
Der Konj. Präs. drückt die Gleichzeitigkeit, der Konj. Perf. die Vorzeitigkeit zu einem Präsens im übergeordneten Satz aus.

2 Konjunktiv im indirekten Fragesatz

Nescio, cur villam Liviae laudes/laudaveris.
Ich weiß nicht, warum du das Haus der Livia lobst / gelobt hast.

Nescio, cur villa Liviae laudetur/laudata sit.
Ich weiß nicht, warum das Haus der Livia gelobt wird / worden ist.

Im Lateinischen steht auch in indirekten Fragesätzen, d.h. Gliedsätzen, die mit einem Fragewort eingeleitet werden, der Konjunktiv.
Bei der Übersetzung ins Deutsche wird meist der Indikativ verwendet.

caput	Kopf, Hauptstadt	dēcēdere	weggehen; sterben
labor	Anstrengung, Arbeit	dubitāre	zweifeln, zögern
misercordia	Mitleid	interrogāre	fragen
nātiō	Volk, Volkstamm	parere	zur Welt bringen; schaffen
mīrus	erstaunlich; sonderbar, wunderbar	quaerere	suchen; erwerben wollen, fragen
turpis	unanständig, hässlich, schändlich	spoliāre	berauben, plündern
comprehendere	ergreifen, festnehmen, begreifen	paulō post	(ein) wenig später

tunc *Adv.*	damals, dann	tum
iste, ista, istud (*Gen.* istīus, *Dat.* istī)	dieser, diese, dieses (da)	
flectere, flectō, flexī, flexum	biegen, (hin)lenken, umstimmen	*flektieren, Flexion, flexibel, flechten*
trahere, trahō, trāxī, tractum	schleppen, ziehen	*Traktor*
quī, quae, quod *Interrog. pron.*	welcher, welche, welches	
utrum … an *im dir. Fragesatz*	… oder	
lingua	Rede, Sprache; Zunge	
omnīnō *Adv.*	insgesamt, überhaupt, völlig	omnis
quārē	weshalb, wodurch; *relativer Satzanschluss:* deshalb	
surgere, surgō, surrēxī, surrēctum	sich erheben, aufstehen	regere
asper, aspera, asperum	rau, streng	
improbus, a, um	schlecht, unanständig	probus
dīgnitās, dīgnitātis *f*	Ansehen, Würde; (gesellschaftliche) Stellung	dīgnus; *e. dignity*
iūstus, a, um	gerecht	iūs; *Justiz*
eques, equitis *m*	Reiter, Ritter	equus
accūsāre, accūsō	anklagen, beschuldigen	causa; *Akkusativ, e. to accuse*
monēre, nē	warnen, dass	
Claudius	Claudius (röm. Kaiser von 41–54 n. Chr.)	

Die sog. „Gemma Claudia“ zeigt links Claudius und seine vierte Frau Agrippina, auf der rechten Seite die Eltern der Agrippina (Germanicus und Agrippina maior). Wien, Kunsthistorisches Museum

F 1 Demonstrativpronomen iste

iste dieser da

	Sg. *m*	*f*	*n*	Pl. *m*	*f*	*n*
Nom.	iste	ista	istud	istī	istae	ista
Gen.		istīus		istōrum	istārum	istōrum
Dat.		istī			istīs	
Akk.	istum	istam	istud	istōs	istās	ista
Abl.	istō	istā	istō		istīs	

Das Demonstrativpronomen iste, ista, istud wird dekliniert wie ille, illa, illud.

2 Interrogativpronomen

a) substantivisch

quis? **wer?**
quid? **was?**

Quis ibi ambulat?
Wer geht dort spazieren?

	m/f		*n*
Nom.	quis		quid
Gen.		cuius	
Dat.		cui	
Akk.	quem		quid
Abl.	ā quō/quōcum		quō

b) adjektivisch

qui ...? quae ...? quod ...? welcher ...? welche ...? welches ...?

Qui vir (Quae femina) ibi ambulat?
Welcher Mann (Welche Frau) geht dort spazieren?

Wird das Interrogativpronomen (Fragepronomen) adjektivisch verwendet, so stimmen die Deklinationsformen mit denen des Relativpronomens (qui, quae, quod) überein (vgl. 16 **F**).

S 1 Wort-, Satz- und Wahlfragen

Es gibt drei Arten von Fragesätzen:

a) Wortfragen
Sie werden mit einem Fragewort eingeleitet:
Quis venit? Wer kommt?

b) Satzfragen

Sie können mit drei verschiedenen Fragepartikeln beginnen:

Venit-**ne**?	Kommt er?	**-ne** lässt die Antwort offen.
Nōnne venit?	Kommt er *(etwa) nicht?*	**Nōnne** zeigt, dass der Fragende die Antwort „ja" erwartet.
Num venit?	Kommt er etwa?	**Num** zeigt, dass der Fragende die Antwort „nein" erwartet.

c) Wahlfragen

Sie erfordern eine Entscheidung zwischen zwei oder mehr Möglichkeiten und können auf drei Arten formuliert werden:

Utrum venis **an** discedis?
Venisne **an** discedis? → Kommst du oder gehst du weg?
Venis **an** discedis?

Utrum bzw. -ne bleiben unübersetzt.

2 Demonstrativpronomen iste: Verwendung

Ista epistula me delectavit.	Iste fur effugit.
Dieser Brief hat mich gefreut.	Dieser Dieb (da) ist entkommen.

Iste bezeichnet eine Person oder Sache, die einem Angeredeten nahe ist (hier: epistula); manchmal hat es einen negativen oder verächtlichen Unterton (hier: iste fur).

Pronomina

is, ea, id	dieser, er	qui, quae, quod	der; welcher
iste, ista, istud	dieser (da)	quis/quid	wer/was
hic, haec, hoc	dieser	quisque, quaeque, quodque	jeder
ille, illa, illud	jener	aliquis/aliquid	irgendjemand/ irgendetwas
ipse, ipsa, ipsum	(er) selbst		
idem, eadem, idem	derselbe, der gleiche		

animal	Lebewesen, Tier	animadvertere in *m. Akk.*	vorgehen gegen
carmen	Gedicht, Lied	appetere	haben wollen, erstreben
gemitus	Seufzen, Traurigkeit	auxiliō venīre	zu Hilfe kommen
incendium	Brand, Feuer	tollere	aufheben, in die Höhe heben, wegnehmen
incola	Einwohner, Bewohner		
miser	arm, unglücklich, erbärmlich		

nē *(m. Konj. Perf.)*	nicht (verneinter Befehl)	
errāre, errō	(sich) irren, umherirren	
cupidus, a, um *(m. Gen.)*	(be)gierig (nach)	cupere
pius, a, um	fromm, gerecht, pflichtbewusst	pietās
spargere, spargō, sparsī, sparsum	ausstreuen, bespritzen, verbreiten	
morbus	Krankheit	mors; *morbid*
nocturnus, a, um	nächtlich	nox; *f. nocturne*
coniūrātiō, coniūrātiōnis *f*	Verschwörung	iūrāre
religiō, religiōnis *f*	Glaube, Aberglaube, (Gottes-)Verehrung, Frömmigkeit, Gewissenhaftigkeit	*Religion, e./f. religion*
statuere, statuō, statuī, statūtum	aufstellen, beschließen, festsetzen	*statuieren, Statut*
exemplum statuere	ein Exempel statuieren	
vīvus, a, um	lebend, lebendig	vīvere, vīta
nefārius, a, um	gottlos, verbrecherisch	*e. nefarious*
hostia	Opfertier	*Hostie*
leō, leōnis *m*	Löwe	*e. lion*
plērīque, plēraeque, plēraque	die meisten, sehr viele	
sapiēns, sapientis	weise, verständig	
Chrīstiānus, a, um	christlich; der Christ	

F Adverbbildung

Es gibt Wörter, die nur als Adverbien vorkommen (z. B. nunc, saepe) sowie Adverbien, die von Adjektiven gebildet werden.

praeclār-**ē**	großartig
celer-**iter**	schnell
vehement-**er**	heftig

Adverbien werden gebildet, indem die folgenden Endungen an den Wortstamm angefügt werden:

- bei Adjektiven der a- und o-Deklination **-ē** ,
- bei Adjektiven der 3. Deklination **-iter** .
  Endet der Wortstamm auf -nt, wird nur **-er** angefügt.

Bei manchen Adjektiven der 3. Deklination ist der Wortstamm, mit dem die Adverbien gebildet werden, nicht am Nom. Sg., sondern am Gen. Sg. des Adjektivs zu erkennen, z. B. acr-iter zu acer, felic-iter zu felix.

S 1 Adverb als Adverbiale

equus celer	Equus celer est.	Equus celeriter currit.
das schnelle Pferd	Das Pferd ist schnell.	Das Pferd läuft schnell.

Während das Adjektiv als Attribut oder Prädikatsnomen (vgl. 14 S 2/3) ein Substantiv näher bestimmt, informiert das **Adverb** über die näheren Umstände des Verbalinhalts (Ad-verb).

Adverbien haben die Satzgliedfunktion des Adverbiales. Sie sind keine notwendigen Bestandteile des Satzes. Von Adjektiven abgeleitete Adverbien geben gewöhnlich an, wie etwas geschieht. Wir fragen „auf welche Art und Weise?“

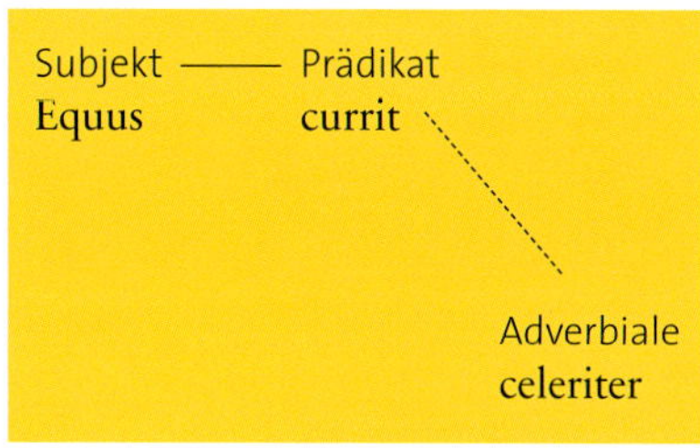

Andere Adverbien können – wie ein Gliedsatz (vgl. 24 S 2) oder ein Präpositionalausdruck – Aufschluss über Ort, Zeit oder Grund eines Geschehens geben.

2 Prohibitiv

Ne clamaveris!	Schreie nicht!	(Noli clamare!)
Ne clamaveritis!	Schreit nicht!	(Nolite clamare!)

Ne mit folgendem Konjunktiv Perfekt drückt einen verneinten Befehl (Prohibitiv) in der Gegenwart (!) aus. Diese Konstruktion ist bedeutungsgleich mit noli bzw. nolite mit Infinitiv (vgl. 41 S).

Wortfamilien

vita	Leben, Lebensweise	stare	stehen
|		|	
vivere	leben	**statu**ere	aufstellen, beschließen, festsetzen
vivus	lebend, lebendig	**statu**a	Statue, Standbild
|		|	
con-**viv**ium	Gastmahl, Gelage	**stat**im	auf der Stelle, sofort

cultus	Bildung, Lebensweise, Pflege, Verehrung	sermō	Gespräch, Sprache, Äußerung, Gerede
iter	Reise, Marsch, Weg	comperīre	(genau) erfahren
lēx	Gesetz, Bedingung	convenīre	zusammenkommen, zusammenpassen; besuchen
mōs	Sitte, Brauch, *Pl.* Charakter	vīvere	leben
pars	Teil, Seite, Richtung	eō	dorthin; deswegen

quis nostrum/vestrum?	wer von uns/euch?	
quā dē causā/ quibus dē causīs	aus welchem Grund/ aus welchen Gründen; *relativer Satzanschluss:* deshalb	
philosophia	Philosophie	
ōrāculum	Orakel(spruch)	ōrāre
ōrāculum adīre	die Orakelstätte aufsuchen, sich an das Orakel wenden	
sacrum	Heiligtum, Opfer	*Sakrament*
dīligēns, dīligentis	gewissenhaft, sorgfältig	dīligere, dīligentia
ōrātor, ōrātōris *m*	Redner	ōrāre; *Oratorium*
sapientia	Weisheit, Einsicht	sapiēns
disciplīna	Erziehung, Zucht; Unterricht, Fach	discere; *Disziplin*
complūrēs, complūrium	mehrere	
quōmodo	wie, auf welche Weise	
quīntō quōque annō	alle vier Jahre (in jedem fünften Jahr)	
certāmen, certāminis *n*	Wettstreit, Kampf	
interesse, intersum, interfuī	dazwischen sein; *(m. Dat.)* teilnehmen (an)	inter, esse; *Interesse, sich interessieren, interessant*
aestās, aestātis *f*	Sommer	
hiems, hiemis *f*	Winter, Unwetter	
quaerere, quaerō, quaesīvī, quaesītum *(ex/dē m. Abl.)*	suchen, erwerben wollen; (jmd.) fragen	
futūrum esse (fore)	sein werden	*Futur*

Olympia	Olympia (Austragungsort der Olympischen Spiele)
Olympius, a, um	zu Olympia gehörig, olympisch
Solōn, Solōnis	Solon (Gesetzgeber Athens, gest. 559 v. Chr.)
Dēmosthenēs, Dēmosthenis	Demosthenes (griech. Staatsmann und Redner, 384–322 v. Chr.)

Das Stadion von Olympia

F 1 Partizip Futur Aktiv (PFA)

voca-**turus** (einer, der rufen wird / will)

Beim Partizip Futur Aktiv tritt **-tūrus, a, um** an den gleichen Wortstamm, mit dem auch das PPP gebildet wird (vgl. 31 F).

Der Stamm oder die Fugenstelle können lautlich verändert werden,

z. B.:	moni-**turus**	(einer, der mahnen wird / will)
	vic-**turus**	(einer, der siegen wird / will)
	mis-**surus**	(einer, der schicken wird / will)
PFA zu esse:	fu-**turus**	(einer, der sein wird / will)

2 Infinitiv Futur Aktiv

vocaturum, am, um, os, as, a esse	rufen werden
victurum, am, um, os, as, a esse	siegen werden
futurum, am, um, os, as, a esse	sein werden

Der Infinitiv Futur wird aus einer Akkusativform des Partizip Futur und esse gebildet.
Die Formen des Infinitiv Futur von esse können durch fore ersetzt werden.

S 1 Verwendung des Partizip Futur Aktiv

a) Erscheinungsform

Homines ludos spectaturi convenerunt.
Die Menschen, die die Spiele ansehen wollten, kamen zusammen.

Wie das PPP und das PPA steht das Partizip Futur Aktiv (hier: spectaturi) in Kongruenz zu einem Bezugswort (hier: homines).

Auch die Partizipialkonstruktion mit einem Partizip Futur Aktiv ist eine satzwertige Konstruktion. Von einem Partizip Futur Aktiv können Adverbialien und Objekte (hier: ludos) abhängen.

b) Satzgliedfunktion

Wie die anderen Partizipien kann das Partizip Futur Aktiv als Attribut (selten!) oder Adverbiale aufgefasst werden.
Entsprechend der Satzgliedfunktion gibt es unterschiedliche Möglichkeiten, das Partizip Futur Aktiv im Deutschen wiederzugeben.

c) Übersetzungsmöglichkeiten

	Homines ludos spectaturi convenerunt.
Als Attribut *mit Relativsatz:*	Die Menschen, die die Spiele ansehen *wollten*, kamen zusammen.
Als Adverbiale *mit Adverbialsatz:*	Die Menschen kamen zusammen, *weil* sie die Spiele ansehen *wollten*.
mit „um ... zu" + Inf.:	Die Menschen kamen zusammen, *um* die Spiele *anzusehen*.

Das Partizip Futur drückt eine Absicht aus (**finale Sinnrichtung**).

d) Zeitverhältnis

Die Formen des **Partizip Futur** zeigen an, dass das im Participium coniunctum ausgedrückte Geschehen nach dem des Prädikats stattfinden wird (soll); sie bezeichnen also die **Nachzeitigkeit** (**Partizip der Nachzeitigkeit**).

2 Verwendung des Infinitiv Futur Aktiv

Imperatorem hostes victurum (esse) omnes putabant.
Alle glaubten, dass der Feldherr die Feinde besiegen werde.

Die Formen des **Infinitiv Futur** treten nur im AcI auf; sie drücken aus, dass das Geschehen des AcI nach dem des Prädikats stattfinden wird (soll); sie bezeichnen also ebenfalls die **Nachzeitigkeit** (**Infinitiv der Nachzeitigkeit**). Der Infinitiv esse kann dabei entfallen.

Sachfeld Olympische Spiele

ludus	Spiel; Schule	ludere	spielen, scherzen	praemium	Belohnung, Lohn
certamen	Wettstreit, Kampf	pugnare	kämpfen	gloria	Ehre, Ruhm
pugna	Kampf	superare	besiegen, übertreffen	gratia	Dank, Gefälligkeit, Ansehen, Beliebtheit
impetus	Angriff, Schwung	vincere	(be)siegen, übertreffen	laus	Lob, Ruhm
				honos	Ehre
				victor	Sieger

habitus	Aussehen	carēre *m. Abl.*	frei sein von, ohne (etw.) sein; nicht haben
barbarus	ausländisch, unzivilisiert		
honestus	angesehen, ehrenhaft	circumvenīre	umringen, umzingeln
parcus	sparsam	dum	während, solange, (so lange) bis
simplex	einfach	quia	weil
turpis	unanständig, hässlich, schändlich		

agere, agō, ēgī, āctum	handeln, treiben, verhandeln	*Akte, Aktion, aktiv, aktuell*
nimius, a, um	übermäßig, zu groß	
lūxuria	Überfluss, Verschwendungssucht	*Luxus, luxuriös*
nec	und nicht, auch nicht, nicht einmal	neque
nec ... nec	weder ... noch	
nūdus, a, um	nackt	
quod *Subj. m. Ind.*	dass; weil	
vulgus, vulgī *n*	die Leute (aus dem Volk), die große Masse	*vulgär*
vertere, vertō, vertī, versum	drehen, wenden	*Version, versiert*
adicere, adiciō, adiēcī, adiectum	hinzufügen	*Adjektiv*
corrumpere, corrumpō, corrūpī, corruptum	bestechen, verderben	*korrupt, Korruption, e. to corrupt*
facilis, e	leicht (zu tun)	difficilis; *e./f./i. facile*
facile *Adv.*	leicht	
necessārius, a, um	notwendig	necesse; *Necessaire, e. necessary*
cēterum *Adv.*	übrigens	cēterī
dērīdēre, dērīdeō, dērīsī, dērīsum	auslachen, verspotten	rīdēre
vīvere, vīvō, vīxī, vīctūrum	leben	vīta, vīvus

Wortfeld Volk

natio	Volk, Volksstamm	populus	Volk, Volksmenge
gens	Familienverband, Stamm, Volk	plebs	(nichtadeliges, einfaches) Volk
		vulgus	die Leute (aus dem Volk), die große Masse
civitas	Gemeinde, Staat, Bürgerrecht	turba	Menschenmenge, Lärm, Verwirrung
res publica	Staat		

S 1 Partizipialkonstruktionen (Vertiefung)

Du hast nun die Partizipialkonstruktionen mit dem PPP (Partizip Perfekt Passiv), dem PPA (Partizip Präsens Aktiv) und dem PFA (Partizip Futur Aktiv) kennen gelernt.
Eine solche Partizipialkonstruktion kann als Attribut oder Adverbiale aufgefasst werden. Die verschiedenen Sinnrichtungen und Übersetzungsmöglichkeiten für das Partizip als Adverbiale sind in 36 **S** b) zusammengestellt.

Für das Partizip Futur Aktiv ist nun die finale Sinnrichtung (Übersetzung: „um ... zu" + Inf.) hinzugekommen.
Beachte für das **Zeitverhältnis** die folgende **Übersicht**:

A serpente *interfecta*	Eurydice in Tartarum venit.

PPP ——→ Geschehen des Prädikats
vorzeitig

Carmina pulchra *canens*
Orpheus deos commovit.
] *PPA* gleichzeitig

Orpheus in Tartarum venit	uxorem *repetiturus*.

Geschehen des Prädikats ——→ *PFA*
nachzeitig

Merke:

PPP (z.B. interfecta):	Partizip der Vorzeitigkeit
PPA (z.B. canens):	Partizip der Gleichzeitigkeit
PFA (z.B. repetiturus):	Partizip der Nachzeitigkeit

2 Partizip Futur Aktiv als Prädikatsnomen

Orpheus uxorem *repetiturus erat.*
Orpheus *wollte* seine Frau *zurückverlangen.*

Das PFA tritt bisweilen als Prädikatsnomen auf und bildet zusammen mit einer Form von esse das Prädikat. Im Deutschen wird es dann mit einer Form von „wollen" (+ Inf.) wiedergegeben.
Das PFA mit einer Form von esse dient der Umschreibung des Futurs; es bezeichnet eine in nächster Zukunft beabsichtigte Handlung.

56

aditus	Zugang	parere, pariō, peperī, partum	zur Welt bringen; schaffen
marītus	Ehemann	temperāre *m. Dat.*	maßvoll gebrauchen, zurückhalten, schonen
sevērus	streng	temperāre *m. Akk.*	lenken, ordnen
animadvertere	bemerken	itaque	deshalb
dēcernere	beschließen, entscheiden		
ēvenīre	sich ereignen		

flāgitium	Gemeinheit, Schandtat	
irae temperāre	seinen Zorn zurückhalten	
loca, locōrum *n Pl.*	Orte, Plätze	
sacerdōs, sacerdōtis *m/f*	Priester(in)	sacer
nē qua femina	dass/damit nicht (irgend)eine Frau, damit keine Frau	
certāre, certō	streiten, wetteifern	certāmen
dē victōriā certāre	um den Sieg streiten	
invādere, invādō, invāsī, invāsum	eindringen, sich verbreiten; befallen	*Invasion*
pudor, pudōris *m*	Scham(gefühl), Anstand	
cōnsistere, cōnsistō, cōnstitī	haltmachen, sich aufstellen	*Konsistenz, e. to consist*
cōnficere, cōnficiō, cōnfēcī, cōnfectum	fertigmachen, beenden	facere; *Konfektion*
impius, a, um	gottlos, gewissenlos	pius, pietās
cōnsulere, cōnsulō, cōnsuluī, cōnsultum	*m. Akk.* um Rat fragen *m. Dat.* sorgen für in *m. Akk.* vorgehen gegen	
comprehendere, comprehendō, comprehendī, comprehēnsum	ergreifen, festnehmen, begreifen	*e. comprehension*
victōriam parere	den Sieg erringen	
clādēs, clādis *f*	Niederlage, Verlust	
adversārius	Gegner	adversus
repente *Adv.*	plötzlich, unerwartet	

(ali)quis, (ali)qui

si quis	wenn (irgend)jemand
ne qua femina	dass/damit nicht (irgend)eine Frau, damit keine Frau

Nach **si, nisi, ne, num, quo, quando, cum** steht meist die Kurzform ohne das Präfix **ali-**.

S Ablativus absolutus (1)

a) Erscheinungsform und Übersetzung

Hostibus accedentibus cives portas clauserunt.
Als (weil) die Feinde heranrückten, schlossen die Bürger die Tore.

Hostibus victis omnes gaudebant.
Nachdem (weil) die Feinde besiegt waren, freuten sich alle.

Ablativus absolutus (Abl. abs.) ist die Bezeichnung für eine häufige Konstruktion, bei der ein Nomen im Ablativ mit einem PPP oder einem PPA eine sprachliche Einheit bildet. Die beiden Teile stehen in KNG-Kongruenz.

Der Abl. abs. kann durch einen Adverbialsatz (z. B. mit „als, nachdem, während, wenn, weil“) wiedergegeben werden; das Nomen im Ablativ wird dann zum Subjekt und das Partizip zum Prädikat des Adverbialsatzes. Die jeweilige Sinnrichtung muss aus dem Kontext erschlossen werden. Für die Wiedergabe der verschiedenen Sinnrichtungen stehen die gleichen Möglichkeiten zur Verfügung wie bei den Partizipialkonstruktionen, die als Adverbiale aufzufassen sind (vgl 36 S).

b) Zeitverhältnis

Wie beim Participium coniunctum bezeichnet das **PPP** die **Vorzeitigkeit**, das **PPA** die **Gleichzeitigkeit.**

c) Der Ablativus absolutus als satzwertige Konstruktion

Hostes celeriter *accedebant*. Cives portas clauserunt.	*Hostibus* celeriter *accedentibus* cives portas clauserunt.
Die Feinde rückten schnell *heran.* Die Bürger schlossen die Tore.	*Als die Feinde* schnell *heranrückten*, schlossen die Bürger die Tore.

Man kann den Abl. abs. als eigenständigen Aussagesatz verstehen, der als satzwertige Konstruktion in einen anderen Satz hineingenommen wurde. Von dem Partizip (hier: accedentibus) können Adverbialien (hier: celeriter) und / oder Objekte abhängen.

d) Satzgliedfunktion

Der Abl. abs. hat immer die Satzgliedfunktion des Adverbiales. Im Gegensatz zum Participium coniunctum ist das Nomen im Ablativ, auf das sich das Partizip bezieht, meist nicht in den Satz eingebettet; man spricht daher von einer „losgelösten“ (absoluten) Konstruktion.

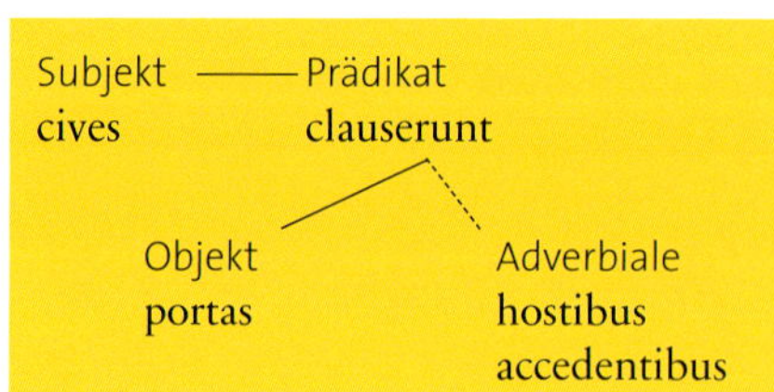

57

manus	Hand; Schar (von Bewaffneten)	contendere	behaupten; kämpfen, sich anstrengen; eilen
uxor	Ehefrau		
angustus	eng, schwierig	prīmō	zuerst
comperīre	(genau) erfahren	procul	von fern, weit weg
cōnsulere *m. Akk.*	um Rat fragen	tamen	dennoch, jedoch
cōnsulere *m. Dat.*	sorgen für		

dēcēdere, dēcēdō, dēcessī, dēcessum	weggehen, sterben	cēdere
reperīre, reperiō, repperī, repertum	(wieder)finden	*Repertoire*
prōvidēre, ut	dafür sorgen, dass	vidēre
tamquam	*Adv.* wie; *Subj.* wie wenn, als ob	
aliquandō *Adv.*	irgendwann, einmal	
plēnus, a, um *(m. Gen.)*	voll (von / mit)	*Plenum, Plenarsaal*
obicere, obiciō, obiēcī, obiectum	darbieten, vorwerfen	*Objekt*
genus, generis *n*	Abstammung, Art, Geschlecht	*Genus, generell*
cognōscere, cognōscō, cognōvī, cognitum	erkennen, kennenlernen; *Perf.* kennen, wissen	
dīcere, dīcō, dīxī, dictum	sagen, sprechen; (be)nennen	
quibus verbīs dictīs	nach diesen Worten	
interim *Adv.*	inzwischen	*Interimstrainer*
sors, sortis *f*	Los, Orakelspruch, Schicksal	*Sorte*
convertere animum/animōs *(m. Gen.)*	jmds. Einstellung ändern	
obtinēre, obtineō	(in Besitz) haben, (besetzt)halten	tenēre
repellere, repellō, reppulī, repulsum	zurückstoßen, abweisen, vertreiben	pellere; *e. to repel*

Lāius	Lajos (König von Theben, Vater des Ödipus)
Thēbae, Thēbārum	Theben (Stadt in Böotien)
Polybus	Polybos (König von Korinth)
Oedipūs	Ödipus (Sohn des Königs Lajos)

Ödipus und die Sphinx. Griechische Vase aus Theben. 5. Jh. v. Chr. Paris, Louvre

S Ablativus absolutus (2)

a) Sinnrichtungen

	Hostibus pulsis omnes cives laeti erant.
temporal:	Als (nachdem) die Feinde vertrieben waren, waren alle Bürger froh.
kausal:	Weil die Feinde vertrieben waren, waren alle Bürger froh.
	Hostibus pulsis oppidum tamen tutum non erat.
konzessiv:	Obwohl die Feinde vertrieben waren, war die Stadt dennoch nicht sicher.

Beim Ablativus absolutus sind – je nach Zusammenhang – die gleichen Sinnrichtungen möglich wie beim Participium coniunctum (vgl. 36 S).
Die konzessive Sinnrichtung wird oft durch ein „Signalwort" (tamen) deutlich gemacht.
Modale (z.B. „wobei ...") und konditionale (z.B. „falls ...") Sinnrichtung sind selten.

b) Übersetzungsmöglichkeiten

	Hostibus pulsis oppidum (tamen) tutum non erat.
Adverbialsatz:	Obwohl die Feinde vertrieben waren, war die Stadt (dennoch) nicht sicher.
Präpositional-ausdruck:	Trotz der Vertreibung der Feinde war die Stadt nicht sicher.
Beiordnung:	Die Feinde waren vertrieben worden; dennoch war die Stadt nicht sicher.

Eine wörtliche Übersetzung des Abl. abs. ist nicht möglich.
Es stehen die gleichen Übersetzungsmöglichkeiten wie bei Partizipialkonstruktionen, die als Adverbiale aufzufassen sind, zur Verfügung.

M Der **Abl. abs.**, der häufig am Satzanfang steht, ist mit einiger Übung leicht zu **erkennen**. Voraussetzung ist freilich wieder eine präzise Formenkenntnis. Lege dich aber nicht zu früh fest und rechne immer auch mit anderen Möglichkeiten!

Auf einen Satzanfang hostibus accedentibus kann z.B. auch rex praeerat („ein König stand an der Spitze ...") folgen; in diesem Fall ist hostibus accedentibus Dativobjekt zu praeerat: Hostibus accedentibus rex praeerat.
Ein König stand an der Spitze der heranrückenden Feinde.

Beachte auch beim Abl. abs. die „einrahmende" (geschlossene) Wortstellung:
Hostibus celeriter *accedentibus*

officium praestāre	die Pflicht erfüllen	ācer	energisch, heftig, scharf
pietās	Frömmigkeit; Ehrfurcht, Pflichtgefühl	oppūgnāre	angreifen
		propter *m. Akk.*	wegen

patre vīvō	zu Lebzeiten des Vaters	
Polynīce duce	unter der Führung des Polyneikes	
vetāre, vetō, vetuī	verbieten	*Veto*
invītus, a, um	ungern, gegen den Willen	velle
mē invītō	gegen meinen Willen	
rēge invītō	gegen den Willen des Königs	
occultus, a, um	geheim, verborgen	*Okkultismus*
dīvīnus, a, um	göttlich	deus, dīvus; *e. divine*
cōnstāns, cōnstantis	beständig, standhaft, folgerichtig	*konstant, Konstante, Konstanze*
plūris existimāre	höher einschätzen	
aeternus, a, um	ewig	*e. eternal*
īgnōtus, a, um	unbekannt	
deō auctōre	auf Veranlassung Gottes	
dēdūcere, dēdūcō, dēdūxī, dēductum	hinführen, wegführen	dūcere; *deduktiv*
īgnārus, a, um *(m. Gen.)*	ohne Kenntnis, unwissend (in)	īgnōrāre
tē īgnārō	ohne dein Wissen	
pūnīre, pūniō	(be)strafen	*e. to punish*
mē auctōre	auf meine Veranlassung	
tyrannō rēge	unter der Regierung eines Tyrannen	tyrannus
parātus, a, um	bereit, vorbereitet	parāre

Creōn, Creontis	Kreon (König von Theben)
Polynīcēs, Polynīcis	Polyneikes (Sohn des Ödipus, Bruder der Antigone)
Antigona	Antigone (Tochter des Ödipus)

S Ablativus absolutus (3)

Hannibale vivo — zu Lebzeiten Hannibals

In einigen Wendungen tritt beim Abl. abs. an die Stelle des Partizips ein Substantiv oder Adjektiv. Das Partizip fehlt, weil esse kein Partizip bildet. Bei der Wiedergabe im Deutschen verwendet man meistens Präpositionalausdrücke. Solche Wendungen sind z.B.:

Pompeio consule	unter dem Konsulat des Pompejus
Caesare auctore	auf Veranlassung Cäsars
Polynice duce	unter der Führung des Polyneikes
filio ignaro	ohne Wissen des Sohnes
patre vivo	zu Lebzeiten des Vaters

In diesen Fällen bezeichnet der Abl. abs. die Gleichzeitigkeit.

crūdēlitās	Grausamkeit	mīlitēs cōnscrībere	Soldaten ausheben
potestās	(Amts-)Gewalt, Macht	cōnsilium habēre	eine Beratung abhalten
vīs	Gewalt, Kraft, Menge	praeesse	an der Spitze stehen, leiten
celer	schnell	intereā	inzwischen, unterdessen
perpetuus	dauerhaft, ewig	tantum	nur

adventus, adventūs *m*	Ankunft	venīre; *Advent, Abenteuer*
utinam	hoffentlich, wenn doch	
quisnam/quidnam	wer denn/was denn	
cēnsēre, cēnseō, cēnsuī, cēnsum *(m. Akk.)*	meinen, einschätzen; seine Stimme abgeben (für jmd. / etw.)	*zensieren, Zensur*
īgnobilis, e	unbekannt, unbedeutend; nicht adelig	nōbilis
sē gerere	sich verhalten	
ferē *Adv.*	beinahe, fast; ungefähr	
perdere, perdō, perdidī, perditum	verlieren, verschwenden; zugrunde richten	
pollicērī, polliceor, pollicitus sum	versprechen	
superī, superōrum *m Pl.*	die Götter	*super*
furor, furōris *m*	Wahnsinn, Wut	*Furie, furios, e. fury*
īgnōscere, īgnōscō, īgnōvī, īgnōtum	verzeihen	nōscere
exstinguere, exstinguō, exstīnxī, exstīnctum	auslöschen, vernichten	

Gordiānus	Gordianus (röm. Kaiser von 238–244 n. Chr.)
Maximinus	Maximinus Thrax (röm. Kaiser von 235–238 n. Chr.)

Wortfeld glauben – meinen

censere	meinen, einschätzen, seine Stimme abgeben
credere	anvertrauen, glauben
existimare	einschätzen, meinen
putare	glauben, meinen, halten für
sentire	fühlen, meinen, wahrnehmen

Wortfamilie

(g)no-scere

no-bilis — co-gno-scere — no-tus

i-gno-scere

i-gno-rare — i-gna-rus

S Konjunktiv im Hauptsatz: Hortativ, Jussiv, Optativ

Der Konjunktiv im Hauptsatz kennzeichnet allgemein den Inhalt eines Satzes als möglich, gewünscht oder nicht wirklich.
Die folgenden Konjunktive drücken **Aufforderungen** und **Wünsche** aus:

a) Hortativ

Eamus!
Lasst uns gehen!

Gaudeamus!
Freuen wir uns!

Der **Konjunktiv Präsens** der **1. Pers. Pl.** stellt eine Aufforderung dar, die der Sprecher an eine Gruppe richtet, zu der er selbst gehört.

b) Jussiv

Puer paucis verbis respondeat!
Der Junge soll mit wenigen Worten antworten!

Der **Konjunktiv Präsens** der **3. Pers.** drückt eine Aufforderung an Dritte aus.

c) Optativ

(Utinam) ea res tibi usui sit!
Möge dir diese Sache nützen!
Hoffentlich nützt dir dies!

(Utinam) ea res tibi usui fuerit!
Hoffentlich hat dir dies genützt!

Der **Konjunktiv Präsens** (für die Gegenwart) und der **Konjunktiv Perfekt** (für die Vergangenheit) drücken Wünsche aus, deren Erfüllung der Sprecher für möglich hält. Sie können mit utinam (oder velim) eingeleitet werden.

Utinam ea res tibi usui esset!
(Oh,) wenn dir dies doch nützen würde!

Utinam ea res tibi usui fuisset!
(Oh,) wenn dir dies doch genützt hätte!

Der **Konjunktiv Imperfekt** (für die Gegenwart) und der **Konjunktiv Plusquamperfekt** (für die Vergangenheit) drücken Wünsche aus, deren Erfüllung der Sprecher nicht für möglich hält. Sie werden meist mit utinam (oder vellem) eingeleitet.

Utinam ne amicum rideas!
Mögest du meinen Freund nicht auslachen!
Lach' bitte meinen Freund nicht aus!

Utinam ne amicum risisses!
(Oh,) wenn du doch meinen Freund nicht ausgelacht hättest!

Der Optativ wird mit ne verneint.

flūctus	Flut, Strömung	frangere	zerbrechen
odium	Hass	inīre	hineingehen, beginnen
sīgnum	Merkmal, Zeichen	manēre	bleiben, (er)warten
vesper	Abend, Westen	perīre	umkommen, zugrunde gehen
cōnfirmāre	bekräftigen, ermutigen, stärken	prōcēdere	(vorwärts)gehen, vorrücken

etsī *Subj. m. Ind.*	auch wenn, obwohl	
sē recipere	sich zurückziehen	capere
propterea quod	deswegen weil	
praesertim (cum)	besonders (da/weil)	
posterō diē	am folgenden Tag, tags darauf	
aperīre, aperiō, aperuī, apertum	aufdecken, öffnen	
apertus, a, um	offen, offenkundig	
cum *Subj. m. Ind.*	als (plötzlich), (zu der Zeit) als, (immer) wenn	
cum *Subj. m. Konj.*	als, nachdem; weil, da; obwohl; während (dagegen)	
vetus, veteris	alt	*Veteran*
aciēs, aciēī *f*	Schlachtordnung, Schlacht	
fuga	Flucht	fugere; *Fuge, Refugium*
salūtem fugā petere	Rettung in der Flucht suchen	
ruere, ruō, ruī, ruitūrum	eilen, stürmen; (ein)stürzen	*Ruine*
quoniam *Subj. m. Ind.*	da ja, da nun	

Cōnstantīnus	Konstantin (röm. Kaiser von 306–337 n. Chr.)
Maxentius	Maxentius (röm. Kaiser von 306–312 n. Chr.)

Kontext

Claudia cum Marco amicos exspectat.	Claudia wartet zusammen mit Markus auf die Freunde.
Claudia cum amicos exspectat, gaudet.	Immer wenn Claudia Freunde erwartet, freut sie sich.
Claudia cum amicos exspectet, gaudet.	Weil Claudia Freunde erwartet, freut sie sich.
Cum Claudia diu exspectaret, amici non venerunt.	Obwohl Claudia lange wartete, kamen die Freunde nicht.
Cum Claudia diu exspectavisset, amici tandem venerunt.	Nachdem Claudia lange gewartet hatte, kamen endlich die Freunde.

Gliedsätze als Adverbiale (kausal, konzessiv, adversativ)

a) Kausalsätze

Multi homines ad rem publicam non accedunt, cum iucunde vivere malint.
Multi homines ad rem publicam non accedunt, quod iucunde vivere malunt.
Viele Menschen widmen sich dem Staatsdienst nicht, weil sie lieber angenehm leben wollen.

Kausale Adverbialsätze nennen den Grund bzw. die Veranlassung für die Aussage des übergeordneten Satzes.

Indikativische Kausalsätze werden eingeleitet mit:

quod/quia	weil
quoniam	weil ja

Konjunktivische Kausalsätze werden eingeleitet mit:

cum	weil
praesertim cum	zumal da

b) Konzessivsätze

Etsi miseri sunt, homines spem non amittunt.
Quamvis miseri sint, homines spem non amittunt.
Auch wenn sie unglücklich sind, geben die Menschen die Hoffnung nicht auf.

In Konzessivsätzen gibt man zu, dass ein Hindernis besteht, das jedoch für das Geschehen keine wirkliche Bedeutung hat.

Indikativische Konzessivsätze werden eingeleitet mit:

quamquam	obwohl
etsi	auch wenn, obwohl

Konjunktivische Konzessivsätze werden eingeleitet mit:

cum	obwohl
quamvis	wenn auch

c) Adversativsätze

Homines stulti saepe errant, cum homines sapientes vera cognoscant.
Dumme Menschen täuschen sich oft, während weise Menschen die Wahrheit erkennen.

Adversativsätze enthalten einen Gegensatz zur Aussage des übergeordneten Satzes.

Sie werden eingeleitet mit: cum *(m. Konj.)* während (dagegen)

marītus	Ehemann	commovēre	bewegen, veranlassen
minister	Diener, Gehilfe	cordī esse	am Herzen liegen
officium	Dienst, Pflicht(gefühl)	neglegere	nicht (be)achten, vernachlässigen
adversus	entgegengesetzt, feindlich	perdere	zugrunde richten
celer	schnell	perturbāre	in Verwirrung bringen
capere	fassen, nehmen, erhalten; erobern	resistere	stehenbleiben; Widerstand leisten

utrum *im indir. Fragesatz*	ob	
utrum … an	ob … oder	
plūrēs, plūra *(Gen.* **plūrium)**	mehr(ere)	*Plural*
addere, addō, addidī, additum	hinzufügen	*addieren, Addition*
discrīmen, discrīminis *n*	Unterscheidung, Gefahr	crīmen
in summō discrīmine	in höchster Gefahr	
exter, extera, exterum	ausländisch	
praesidium	Schutztruppe, (Wach-)Posten	*Präsidium*
num *im dir. Fragesatz*	etwa	
im indir. Fragesatz	ob	
aequus, a, um	eben; gerecht, gleich	*e. equal*
pudet, puduit	es beschämt	
mē pudet	ich schäme mich	
tandem	endlich; *im Fragesatz:* denn eigentlich	
sanguis, sanguinis *m*	Blut; Blutvergießen	
opus est *m. Abl.*	es ist nötig, man braucht	
reliquus, a, um	künftig, übrig	*Reliquien*
Rōmulus Augustulus	Romulus Augustulus (letzter Kaiser des weströmischen Reiches, 476 n. Chr.)	

S 1 Gliedsätze als Objekt: Indirekte Fragesätze

In indirekten Fragesätzen steht im Lateinischen immer der Konjunktiv, im Deutschen meist der Indikativ.

a) Wortfragen

Nescio, *quid* feceris.
Ich weiß nicht, *was* du getan hast.

Nescio, *cur* discedas.
Ich weiß nicht, *warum* du weggehst.

Indirekte Wortfragen werden – wie direkte Wortfragen – mit Interrogativpronomina oder Interrogativadverbien eingeleitet.

b) Satzfragen

Te interrogo, *num* lingua Latina tibi placeat.
Ich frage dich, *ob* dir die lateinische Sprache gefällt.

Quaero, hoc*ne* verum sit.
Ich frage, ob dies wahr (richtig) ist.

Indirekte Satzfragen werden mit **num** oder **-ne** eingeleitet, die beide mit „ob“ oder „ob nicht“ übersetzt werden können.

c) Wahlfragen

Dubito, *utrum* haec vox vera *an* falsa sit.
Ich zweifle, *ob* diese Äußerung richtig *oder* falsch ist.

Indirekte Wahlfragen werden mit utrum … an / -ne … an / an „ob ... oder“ formuliert.

2 Consecutio temporum

Nescio, quid facias.
Ich weiß nicht, was du tust.

Nescio, quid feceris.
Ich weiß nicht, was du getan hast.

Nescio, quid facturus sis.
Ich weiß nicht, was du tun wirst (willst).

Nesciebam, quid faceres.
Ich wusste nicht, was du tust/tatest.

Nesciebam, quid fecisses.
Ich wusste nicht, was du getan hast/hattest.

Nesciebam, quid facturus esses.
Ich wusste nicht, was du tun würdest (wolltest).

Im Lateinischen gibt es klare Regeln für den Gebrauch der **Tempora in konjunktivischen Gliedsätzen.** Die Gesamtheit dieser Regeln bezeichnet man als **Consecutio temporum** (Zeitenfolge). Nach diesen Regeln ergibt sich aus dem Tempus im Hauptsatz und dem Tempus im konjunktivischen Gliedsatz immer eindeutig, in welchem Zeitverhältnis die Handlung des Gliedsatzes zu der des Hauptsatzes steht:

Hauptsatz	Gliedsatz	Zeitverhältnis
Präsens/Futur	Konjunktiv Präsens Konjunktiv Perfekt -urus, a, um sim	gleichzeitig vorzeitig nachzeitig
alle Vergangenheitstempora	Imperfekt Plusquamperfekt -urus, a, um essem	gleichzeitig vorzeitig nachzeitig

cōnsilium	Beratung, Beschluss, Plan, Rat	convocāre	versammeln
cōpia	Menge, Möglichkeit, Vorrat; *Pl.* Truppen	opprimere	bedrohen, niederwerfen, unterdrücken
honor/honōs	Ehre, Ehrenamt	prohibēre	abhalten, fernhalten (von); hindern (an)
nuntius	Bote, Nachricht		
oppidum	Stadt	prōmittere	versprechen
prīnceps	der Erste, der führende Mann; Kaiser	spērāre	erwarten, hoffen
salūs	Gesundheit, Glück, Rettung; Gruß	meā sponte	freiwillig, mit eigener Kraft, von selbst
circumdare	umgeben		

ferre, ferō, tulī, lātum	bringen, tragen; ertragen	
īnferre, īnferō, īntulī, illātum	hineintragen, zufügen	
bellum īnferre *m. Dat*	jmd. angreifen	
famēs, famis *f*	Hunger	
dēdere, dēdō, dēdidī, dēditum	ausliefern, übergeben	
ēripere, ēripiō, ēripuī, ēreptum	entreißen	rapere
referre, referō, rettulī, relātum	(zurück)bringen, berichten	*Referat, Referent, Relation, relativ*
lēgātus	Bevollmächtigter, Gesandter	
differre, differō, distulī, dīlātum *(ā m. Abl.)*	aufschieben; sich unterscheiden (von)	*Differenz*
sānctus, a, um	ehrwürdig, heilig	*e. saint*
afferre, afferō, attulī, allātum	bringen, herbeibringen, mitbringen; melden	
perferre, perferō, pertulī, perlātum	(über)bringen, ertragen	

Carolus Magnus	Karl der Große (fränkischer König, seit 800 n. Chr. Kaiser)
Langobardī, Langobardōrum	die Langobarden (germanisches Volk)
Petrus	Petrus (Apostel, erster Bischof von Rom, gest. 64 n. Chr.)
basilica Petrī	Petersdom (in Rom)
Francī, Francōrum	die Franken

Wortfamilie

inferre — **ferre** — perferre
afferre — **ferre** — referre
ferre — differre

F Verben: ferre

a) Infinitiv Präsens

fer-**re**	tragen
fer-**rī**	getragen werden

b) Präsensstamm

		Aktiv Sg.	Aktiv Pl.	Passiv Sg.	Passiv Pl.
Ind. Präs.	1. Pers.	fer-**ō**	fér-**i-mus**	fer-**or**	fér-**i-mur**
	2. Pers.	fer-**s**	fer-**tis**	fer-**ris**	fer-**i-minī**
	3. Pers.	fer-**t**	fer-**u-nt**	fer-**tur**	fer-**u-ntur**
Konj. Präs.	1. Pers.	fer-**a**-m		fer-**a**-r	
	2. Pers.	fer-**ā**-s	…	fer-**ā**-ris	…
Ind. Impf.	1. Pers.	fer-**ēba**-m	…	fer-**ēba**-r	…
Konj. Impf.	1. Pers.	fer-**re**-m	…	fer-**re**-r	…
Futur	1. Pers.	fer-**a**-m		fer-**a**-r	
	2. Pers.	fer-**ē**-s	…	fer-**ē**-ris	…

Die Formen des Präsensstammes von ferre werden regelmäßig gebildet; Ausnahmen: fers, fert, fertis, ferris, fertur.

Imperativ

fer	trage!	fer-**te**	tragt!

c) Perfektstamm

Stammformen: ferre ferō tulī lātum

		Aktiv Sg.	Passiv Sg.
Ind. Perf.	1. Pers.	**tul**-ī	**lātus**, a, um sum
	2. Pers.	**tul**-istī …	**lātus**, a, um es …
Ind. Plusqpf.	1. Pers.	**tul**-era-m	**lātus**, a, um eram
	2. Pers.	**tul**-erā-s …	**lātus**, a, um erās …

d) Komposita

Die Bedeutungen der Komposita von ferre sind meist leicht zu erschließen. Allerdings werden die Vorsilben häufig assimiliert (angeglichen), z.B. **af**-ferre aus **ad**-ferre, **al**-latum aus **ad**-latum.

Satzwertige Konstruktionen (Übersicht)

Akkusativ mit Infinitiv

Augustum pacem *facere/fecisse/facturum esse* constat.
Dass Augustus Frieden *schafft/geschaffen hat/schaffen wird,* ist bekannt.
Augustum pacem *facere/fecisse/facturum esse* omnes cives sciunt.
Dass Augustus Frieden *schafft/geschaffen hat/schaffen wird,* wissen alle Bürger.

Participium coniunctum

Imperator pacem *faciens/facturus* a civibus laudatur.
Der Kaiser wird von den Bürgern gelobt, weil er Frieden *schafft/schaffen wird.*

Pax ab imperatore *facta* cives delectat.
Der Frieden, der vom Kaiser *geschaffen wurde (worden ist),* erfreut die Bürger.

Ablativus absolutus

Imperatore pacem *faciente* cives gaudent.
Wenn/weil der Kaiser Frieden *schafft,* freuen sich die Bürger.

Pace *facta* cives gaudent.
Nachdem Frieden *geschaffen ist,* freuen sich die Bürger.

Die satzwertigen Konstruktionen Akkusativ mit Infinitiv, Participium coniunctum und Ablativus absolutus haben unterschiedliche Funktionen als Satzglieder.
In allen Fällen bezeichnen Infinitiv bzw. Partizip Präsens die Gleichzeitigkeit, Infinitiv bzw. Partizip Perfekt die Vorzeitigkeit und Infinitiv bzw. Partizip Futur die Nachzeitigkeit.
Die folgende Tabelle enthält eine entsprechende **Übersicht:**

Satzglied		gleichz.	vorz.	nachz.	
AcI					
als Subjekt	Augustum pacem	facere	fecisse	facturum esse	constat.
als Objekt	Augustum pacem	facere	fecisse	facturum esse	omnes cives sciunt.
Part. coni.					
als Adverbiale	Imperator pacem	faciens		facturus	a civibus laudatur.
bzw. Attribut	Pax ab imperatore		facta		cives delectat.
Abl. abs.					
als Adverbiale	Imperatore pacem	faciente			cives gaudent.
	Pace		facta		cives gaudent.

lingua	Rede, Sprache, Zunge	dīvīnus	göttlich
litterae	Literatur, Wissenschaft	ēgregius	ausgezeichnet, hervorragend
magister	Lehrer	idōneus	geeignet, passend
posterī	Nachkommen	augēre	vergrößern, vermehren
sermō	Gespräch, Sprache, Äußerung, Gerede	docēre	lehren, unterrichten
tempus	(günstige) Zeit; *Pl.* Umstände	explicāre	erklären
vitium	Fehler, schlechte Eigenschaft	rēctē	geradeaus, richtig, zu Recht

ēloquentia	Redegewandtheit, Rhetorik	*eloquent*
facultās, facultātis *f*	Fähigkeit; Möglichkeit	facilis; *Fakultät, e. facility*
praeter *m. Akk.*	außer	
aliēnus, a, um	fremd	*Alien, e. alien*
ēducāre, ēducō	erziehen	dūcere; *e. education*
omittere, omittō, omīsī, omissum	aufgeben, beiseitelassen	mittere; *e. to omit*
quamobrem	warum; *relativer Satzanschluss:* deshalb	
obscūrus, a, um	dunkel, unbekannt	*obskur, e. obscure*
perītus, a, um *(m. Gen.)*	erfahren, kundig (in)	
doctus, a, um	gebildet, gelehrt	docēre; *Doktor, Dokument*
voluntās, voluntātis *f*	Absicht, Wille, Zustimmung	velle; *Volontär*
īnstruere, īnstruō, īnstrūxī, īnstrūctum	aufstellen, ausrüsten, unterrichten	*instruktiv*
opera	Arbeit, Mühe	*Oper, Operation*
operam dare	sich Mühe geben	

F nd-Formen: Gerundium

Nom.	vocāre		rufen/(das) Rufen	ā-Konjugation
Gen.	voca-**nd**-ī		des Rufens	
Dat.	voca-**nd**-ō		dem Rufen	
Akk.	ad voca-**nd**-um		zum Rufen	
Abl.	voca-**nd**-ō		durch Rufen	
	monē-re	mone-**nd**-ī	...	ē-Konjugation
	audī-re	audi-e-**nd**-ī	...	ī-Konjugation
	ag-ĕ-re	ag-e-**nd**-ī	...	kons.
	capĕ-re	capi-e-**nd**-ī	...	Konjug.
	ire	eundī	...	
	ferre	ferendī	...	

Wie im Deutschen und Englischen kann man auch im Lateinischen Verben zu Substantiven machen und deklinieren. Für den Nominativ gibt es im Lateinischen keine eigene Form, stattdessen wird der Infinitiv verwendet. Die Verwendung des Infinitivs statt eines substantivierten Verbs ist auch im Deutschen und Englischen möglich:

Infinitiv	substantiviertes Verb
Es macht Spaß *zu lesen.* *To read* is fun. **Legere delectat.**	*(Das) Lesen* macht Spaß. *Reading* is fun. –

Die anderen Kasus des Gerundiums werden dadurch gebildet, dass an den Präsensstamm der Verben (der bei der ī- und kons. Konjugation durch den Bindevokal -e- erweitert wird) **-nd-** angefügt wird, worauf die Kasusendungen der o-Deklination im Singular folgen.

S Verwendung des Gerundiums

a) Erscheinungsform

Tempus discendi tibi non est.
Du hast keine Zeit zu lernen.

Cupidus discendi es.
Du bist eifrig bemüht zu lernen (lernbegierig).

Liberi ad discendum conveniunt.
Die Kinder kommen zum Lernen zusammen.

Docendo discimus.
Durch Lehren lernen wir.

Der Genitiv des Gerundiums kommt nach bestimmten Substantiven (z. B. tempus, spes) und Adjektiven (z. B. cupidus) vor. Der Akkusativ steht nur nach der Präposition ad; der Dativ ist selten.

Tempus libros in bibliotheca legendi tibi est.
Du hast Zeit, die Bücher in der Bibliothek zu lesen.

Wie das Partizip weist auch das Gerundium Eigenschaften des Verbs auf und kann deshalb Objekte und adverbiale Bestimmungen bei sich haben. Ein erweitertes Gerundium ist als satzwertige Konstruktion aufzufassen.

b) Satzgliedfunktion

Das Gerundium kann verschiedene Satzgliedfunktionen wahrnehmen, z. B. steht es im Ablativ oder im Präpositionalausdruck als Adverbiale, im Genitiv als Attribut.

Liberi ad discendum conveniunt.

Subjekt —— Prädikat
Liberi conveniunt

Adverbiale
ad discendum

Tempus discendi tibi non est.

Subjekt —— Prädikat
Tempus tibi non est

Attribut
discendi

c) Übersetzungsmöglichkeiten

tempus libros legendi
Zeit, Bücher **zu lesen**
Zeit **zum Lesen** von Büchern

Das Gerundium kann mit einem **Infinitiv** oder einem **Substantiv** wiedergegeben werden.

ad discendum convenire
zum Lernen *(um* zu lernen) zusammenkommen

in scribendo multum discere
beim Schreiben viel lernen

Für die Übersetzung von nd-Formen nach Präpositionen gilt folgende Regel:

- ad und nd-Form: „zu / zur / zum" und Substantiv
- in und nd-Form: „bei / beim" und Substantiv

Kontext

conscius sceleris	eingeweiht in ein Verbrechen	peritus iuris	rechtskundig
cupidus auri	gierig nach Gold	plenus gaudii	voll Freude
ignarus legum	ohne Kenntnis der Gesetze	sacer deorum	den Göttern geweiht
		similis matris (matri)	der Mutter ähnlich

flūmen	Fluss	colere	bewirtschaften, pflegen; verehren
mēnsis	Monat	omittere	aufgeben, beiseitelassen
virtūs	Tapferkeit, Tüchtigkeit, Vortrefflichkeit, Leistung; *Pl.* gute Eigenschaften, Verdienste	trānsīre	überschreiten, durchqueren, hinübergehen
		intrā *m. Akk.*	innerhalb (von)
dīligēns	gewissenhaft, sorgfältig	nonne	etwa nicht? dann nicht?

ūnā *Adv.*	zugleich, zusammen	
fallere, fallō, fefellī	täuschen, betrügen	
fallit mē	ich täusche mich, es entgeht mir	
quisquam, quaequam, quidquam (quicquam)	irgendjemand *(in verneinten Sätzen)*	quis
metū coāctus	aus Angst	cōgere
occāsiō, occāsiōnis *f (m. Gen.)*	Gelegenheit (zu)	cadere, cāsus; *e. occasion*
occāsiōnem omittere	eine Gelegenheit auslassen	
fīnitimus, a, um	angrenzend, benachbart	fīnis
fīnitimī, fīnitimōrum	(Grenz-)Nachbarn	
praestāre, praestō, praestitī	*m. Akk.* gewähren, leisten, zeigen *m. Dat.* jmd. übertreffen	stāre
virtūtī studēre	sich um Tapferkeit bemühen	
cōnstāre, cōnstō, cōnstitī	kosten	stāre
cōnstāre ē/ex *m. Abl.*	bestehen aus	
firmus, a, um	stark, fest, zuverlässig	cōn-firmāre; *Firmung*
inesse, īnsum, īnfuī	enthalten sein, innewohnen	esse
satis *Adv.*	genug	
Rhēnus	Rhein	
Germānī, Germānōrum	Germanen	
Germānicus, a, um	germanisch	

Kontext

officium praestare	die Pflicht erfüllen
fidem praestare	seine Treue erweisen
se fortem praestare	sich tapfer zeigen, sich als tapfer erweisen
omnibus virtute praestare	alle an Tapferkeit übertreffen
iuvenis virtutis praestantis	ein junger Mann von vortrefflicher Tüchtigkeit

F 1 Adjektive: Steigerung (1)

a)

longus, a, um	longior, ius	longissimus, a, um
lang	länger	der, die, das längste
long	*longer*	*longest*

Neben der Grundstufe der Adjektive (dem **Positiv**) gibt es im Lateinischen wie im Deutschen und Englischen

– den **Komparativ** (die Steigerungs- oder Vergleichsstufe),
– den **Superlativ** (die Höchststufe).

Zur Bildung dieser Formen wird

– im Komparativ **-ior** *(m/f)*, **-ius** *(n)*,
– im Superlativ **-issimus, a, um** an den Wortstamm angefügt.

b) Der **Komparativ** wird dekliniert wie die Substantive der 3. Deklination:

	Sg. *m/f*		Sg. *n*	Pl. *m/f*		Pl. *n*
Nom.	longior		longius	longiōr**ēs**		longiōr**a**
Gen.		longiōr**is**			longiōr**um**	
Dat.		longiōr**ī**			longiōr**ibus**	
Akk.	longiōr**em**		longius	longiōr**ēs**		longiōr**a**
Abl.		longiōr**e**			longiōr**ibus**	

c) Die **Superlative** bilden die Flexionsformen wie die Adjektive der a- und o-Deklination.

2 Adjektive: Steigerung (2)

Zur Bildung der **Superlativ**-Formen sind die folgenden **Ausnahmen** zu beachten:

a) Bei den Adjektiven auf -er wird der Superlativ mit -rimus, a, um gebildet, das an den Nom. Sg. *m* angefügt wird,
z. B. miser, miserrimus.

b) Einige Adjektive auf -lis bilden den Superlativ auf -limus, a, um,
z. B. facilis, facillimus,
difficilis, difficillimus,
similis, simillimus.

S 1 Verwendung der Steigerungsformen

a) Iter longius est.
Der Weg ist *zu* weit / *ziemlich* weit.

Wird ein Komparativ gebraucht, ohne dass ein Vergleich durchgeführt wird, so übersetzt man je nach Sinnzusammenhang mit „(all)zu“ oder „ziemlich“.

b) Consul clarissimus est.
Der Konsul ist *sehr* berühmt / *hoch*berühmt.

Ein Superlativ drückt manchmal nicht den höchsten Grad, sondern nur eine Hervorhebung aus („Elativ“).

2 Vergleich mit quam / Ablativ des Vergleichs

Nulla insula pulchrior est quam Sicilia.
Nulla insula pulchrior est Siciliā.
Keine Insel ist schöner als Sizilien.

Wird der Komparativ in einem Vergleich verwendet, so wird die Person oder Sache, mit der verglichen wird, mit quam („als“) angeschlossen.
Anstelle der Konstruktion mit quam kommt auch der Ablativ des Vergleichs (Ablativus comparationis) vor.

Präpositionen

	mit Akkusativ		mit Ablativ
ad	an, bei, nach, zu	a/ab	von, von ... her
ante	vor	cum	mit, zusammen mit
apud	bei	de	von, von ... her, von ... herab; über
circum	rings um, um ... herum	e/ex	aus, von ... her
contra	gegen	pro	vor; anstelle von, für, entsprechend
extra	außerhalb (von)	sine	ohne
inter	unter, während, zwischen	sub	unten an / bei, unter *(wo?)*
intra	innerhalb (von)		
per	durch, hindurch		
post	hinter, nach		
in	in (... hinein), nach (... hin) auf, gegen *(wohin?)*	in	in, an, auf, bei *(wo?)*

condiciō	Bedingung, Lage	perdere	zugrunde richten
inopia	Mangel, Not	trādere	übergeben, überliefern
ācer	energisch, heftig, scharf	ultrō	freiwillig, noch dazu

multum *Adv.*	sehr, viel	
plūs *Adv.*	mehr	
plūrimum *Adv.*	sehr viel, am meisten	plūrimī
prōdere, prōdō, prōdidī, prōditum	überliefern, verraten	
cōnsūmere, cōnsūmō, cōnsūmpsī, consumptum	verbrauchen, verwenden	sūmere; *konsumieren, Konsum, e. to consume*
cōnsūmere in *m. Abl.*	verwenden auf	
pessimus, a, um	der schlechteste, sehr schlecht, der schlimmste, sehr schlimm	*Pessimist*
minimus, a, um	der kleinste, sehr klein, der geringste, sehr gering	*Minimum, minimal*
opīniō, opīniōnis *f*	Meinung, (guter) Ruf	*e./f. opinion*
melior, melius	besser	
mortem subīre	den Tod auf sich nehmen	
diūtius *Adv.*	länger	diū
servitūs, servitūtis *f*	Sklaverei	servus; *e. servitude*
maximē *Adv.*	am meisten, besonders	
quam *m. Superlativ*	möglichst	
ōdisse, ōdī *Perf.*	hassen	odium; *i. odiare*
minor, minus	kleiner, geringer	*Minorität*
māior, māius	größer	*Major*
permovēre, permoveō, permōvī, permōtum	beunruhigen, veranlassen	movēre
vel … vel	entweder … oder	

Critognātus	Critognatus (adeliger Gallier)
Gallia	Gallien (Gebiet des heutigen Frankreich)
Britannia	Britannien (England und Schottland)

Perfektopräsentien

Den Begriff „Perfekto-präsens“ kannst du an folgendem Beispiel selbst erklären:

cognōscere	erkennen, kennenlernen
cognōvisse	erkannt haben, kennengelernt haben = kennen, wissen

cognōvisse (kennen, wissen) ist ein Perfektopräsens wie ōdisse (hassen); zu ōdisse gibt es jedoch keine lateinischen Präsensformen.

F 1 Adjektive: Steigerung (3)

a) Einige häufig gebrauchte Adjektive haben unregelmäßige Steigerungsformen, z. B.

magnus groß	maior größer	maximus der größte	malus schlecht	(peior) (schlechter)	pessimus der schlechteste
parvus klein	minor kleiner	minimus der kleinste	bonus gut	melior besser	optimus der beste
multi viele	plures mehr	plurimi die meisten			

2 Adverbien: Steigerung

a) celer-iter schnell — celer-ius schneller — celerrim-ē am schnellsten

Der Komparativ des Adverbs wird mit -ius gebildet, der Superlativ mit -ē .

b) Auch einige Adverbien, zu denen es keine Adjektivformen gibt, können gesteigert werden, z. B.:
diu (lange), **diutius** (länger), **diutissime** (am längsten)

Einige Adverbien haben unregelmäßige Steigerungsformen, z. B.:
multum (viel), **plus** (mehr), **plurimum** (am meisten)

Sie werden im Wortschatz gelernt.

c) quam celerrime
möglichst schnell

Bei einem Superlativ bedeutet **quam** „möglichst".

Steigerung

klein	groß	größer ziemlich groß relativ groß	der größte sehr groß riesengroß
parvus	magnus	maior	maximus

lītus	Strand, Küste	conicere	(zusammen)werfen; folgern, vermuten
idōneus	geeignet, passend	īnstruere	aufstellen, ausrüsten, unterrichten
afficere *(m. Abl.)*	versehen mit	subīre	auf sich nehmen, herangehen
cōgere	(ver)sammeln, zwingen	tandem	endlich

sunt, quī *m. Konj.*	es gibt Leute, die	
quīdam, quaedam, quoddam *adj.*	ein gewisser, irgendeiner; *Pl.* einige	
subigere, subigō, subēgī, subāctum	zwingen, unterwerfen	agere
meminisse, meminī *Perf. m. Gen./Akk.*	sich erinnern (an)	memoria; *„Memory“*
caedere, caedō, cecīdī, caesum	fällen, niederschlagen	*Zäsur*
vigilia	Nachtwache, (Wach-)Posten	
legiō, legiōnis *f*	Legion (ca. 5000–6000 Mann)	*Legionär, e. legion*
cūstōdīre, cūstōdiō	bewachen, (be)hüten	custōs
postrīdiē *Adv.*	am folgenden Tag	posterus, diēs
prōspicere, prōspiciō, prōspexī, prōspectum	schauen auf, sehen	*Prospekt*
superior, superius	der höhere	
sinus, sinūs *m*	Brust, Bucht, Tasche, Krümmung	*Sinus, Co-sinus*
accendere, accendō, accendī, accēnsum	anfeuern, anzünden	
quis est, quī *m. Konj.*	wen gibt es, der	
nōn is est, quī *m. Konj.*	er ist nicht der Mann, der	
incrēdibilī quādam virtūte	mit geradezu unglaublicher Tapferkeit	
perīculum subīre	eine Gefahr auf sich nehmen	
succēdere, succēdō, successī, successum	(nach)folgen, nachrücken	cēdere; *sukzessiv, e. success, to succeed*
impetum facere *(in m. Akk.)*	(jmd.) angreifen	
in fugam vertere	in die Flucht schlagen, vertreiben	
Britannī, Britannōrum	Britannier	

Wortfamilie

ag-ere,	eg-i,	ac-tum
cog-ere, (< co-ag-ere)	co-eg-i,	co-ac-tum
sub-ig-ere,	sub-eg-i,	sub-ac-tum

F 1 Verben mit unregelmäßiger Perfektbildung (Besonderheiten)

Bei den Verben mit unregelmäßiger Perfektbildung musst du dich manchmal auch vor der Verwechslungsgefahr hüten, besonders bei Verben, deren Formen ähnlich klingen und ähnlich (oder sogar gleich) geschrieben werden.

Beispiele:

caedere, caedō, cecīdī, caesum	fällen, niederschlagen
cadere, cadō, cecidī	fallen
accendere, accendō, accendī, accēnsum	anfeuern, anzünden
accēdere, accēdō, accessī, accessum	herbeikommen, hinzukommen
vīvere, vīvō, vīxī, vīctūrum	leben
vincīre, vinciō, vīnxī, vīnctum	fesseln, binden
vincere, vinco, vīcī, victum	(be)siegen, übertreffen
cognōscere, cognōscō, cognōvī, cognitum	erkennen, kennenlernen
cōgere, cōgō, coēgī, coāctum	(ver)sammeln, zwingen

2 Indefinitpronomen quidam

quidam **ein gewisser**

	substantivisch			adjektivisch		
	m	*f*	*n*	*m*	*f*	*n*
Nom.	quīdam	quaedam	quiddam	quīdam	quaedam	quoddam
Gen.		cuiusdam			cuiusdam	
		…			…	

Das Indefinitpronomen qui-dam kann substantivisch und adjektivisch gebraucht werden. Es wird wie quis bzw. qui dekliniert. Allerdings wird m vor -dam zu n (z. B. quendam, quandam, quorundam).

S 1 Indefinitpronomen quidam: Verwendung

a) scriptor quidam Romanus — ein (gewisser) römischer Schriftsteller
scriptores quidam Romani — gewisse / einige römische Schriftsteller

Mit quidam wird eine Person oder Sache bezeichnet, die der Sprecher nicht genauer benennt. Der Plural bedeutet meistens „einige“.

b) Hospes sacra quaedam res est.
Der Gast ist sozusagen / geradezu eine heilige Sache.

Manchmal dient quidam zur Abschwächung („sozusagen“, „eine Art von“) oder Verstärkung („geradezu“, „wirklich“).

S 2 Konjunktiv im Relativsatz

Abgesehen von den Fällen eines obliquen Konjunktivs (vgl. 70 S 1) treten konjunktivische Relativsätze auch mit kausalem, finalem oder konsekutivem **Nebensinn** auf.

a) kausal

Seneca philosophus, *qui* (cum) crudelitate non delectaretur, ludos reprehendit.
Der Philosoph Seneca tadelte die Spiele, weil er durch Grausamkeit nicht erfreut wurde.

b) final

Seneca servum misit, *qui* (ut) amicos ad cenam *vocaret*.
Seneca schickte einen Sklaven, der die Freunde zum Essen rufen sollte.

c) konsekutiv

Seneca non *is/talis* erat, *qui* (ut) crudelitate *delectaretur*.
(Seneca war nicht so, dass er durch Grausamkeit erfreut wurde.)
Seneca war kein Mann, der durch Grausamkeit erfreut wurde.

Epistulae Senecae dignae sunt, *quae legantur*.
Senecas Briefe sind es wert, gelesen zu werden.

Ein Relativsatz mit konsekutivem Nebensinn kann im übergeordneten Satz durch ein „Signalwort" (z. B. is, talis o. Ä.) vorbereitet werden oder von bestimmten Adjektiven (dignus, idoneus) abhängen. Der Nebensinn wird im Deutschen nicht ausgedrückt.

Hierzu zählt auch der Konjunktiv nach Ausdrücken wie:

Sunt, qui …	Es gibt Leute, die …
Nemo est, qui …	Es gibt keinen, der …
Quis est, qui …	Wen gibt es, der …

Luxuriöse Ausgabe der Briefe Senecas, die im Auftrag des französischen Kardinals von Amboise angefertigt wurde. Der Maler versetzte Seneca in eine Umgebung seiner eigenen Zeit, eine gotische Studierstube. Um 1500

initium	Anfang, Eingang	trīstis	traurig, unfreundlich
memoria	Erinnerung, Gedächtnis; Zeit	abīre	weggehen
officium	Dienst, Pflicht(gefühl)	alere	ernähren, großziehen
tempus	(günstige) Zeit, Umstände	canere	singen, besingen, (ein Instrument) spielen
dulcis	angenehm, süß	praeterīre	vorbeigehen, übergehen
iūcundus	angenehm, erfreulich	apud *m. Akk.*	bei, nahe bei
pulcher	schön	falsō	fälschlich

propius *Adv.*	näher	prope
cārus, a, um	lieb, teuer, wertvoll	*„Caritas"*
arbitrārī, arbitror, arbitrātus sum	glauben, meinen	
cōnfitērī, cōnfiteor, cōnfessus sum	(ein)gestehen	*Konfession, e. to confess*
imitārī, imitor, imitātus sum	nachahmen	*imitieren, Imitation, e. to imitate*
mīrārī, mīror, mīrātus sum	bewundern, sich wundern	mīrus; *e. to admire*
versārī, versor, versātus sum	sich aufhalten, sich befinden	
hortārī, hortor, hortātus sum	auffordern, ermahnen	
tuērī, tueor *m. Akk.*	betrachten, schützen, *(milit.)* sichern, sorgen für	*Tutor*
rērī, reor, ratus sum	meinen	ratiō; *Rate, ratifizieren, e. (to) rate*
intuērī, intueor	anschauen	tuērī; *intuitiv, Intuition*
vidērī, videor, vīsus sum	scheinen, gelten (als)	vidēre; *Vision, audiovisuell*
verērī, vereor, veritus sum	fürchten, sich scheuen; verehren	*Re-verenz, e. to revere*
nōn habeō, quod *m. Konj.*	ich habe keinen Grund dafür, dass	

Mūsa	Muse (Göttin der Künste und Wissenschaften)
Sapphō, Sapphūs *f*	Sappho (Dichterin der Griechen von der Insel Lesbos, um 600 v. Chr.)

Bedeutungsähnliche Verben

arbitrari – putare
reri – censere, existimare
vereri – timere

hortari – monere
tueri – spectare
– providere, consulere *m. Dat.*

F Verben: Deponentien (a- und e-Konjugation)

arbitror — ich glaube
(passive Form) — (aktive Bedeutung)

In allen Konjugationen gibt es einige Verben, die nur passive Formen bilden, jedoch aktive Bedeutung haben (Deponentien); sie haben also gleichsam ihre aktiven Formen „abgelegt" (deponere!).

a) **Infinitiv Präsens** — arbitrārī glauben, meinen

b) **Präsensstamm**

		Präsens Sg.	Präsens Pl.	Imperfekt Sg.	Futur I Sg.
Indikativ	1. Pers.	árbitr-**or**	arbitrā-**mur**	arbitrā-**bā**-r	arbitrā-**b**-or
	2. Pers.	arbitrā-**ris**	arbitrā-**minī**	arbitrā-**bā**-ris	arbitrā-**be**-ris
	3. Pers.	arbitrā-**tur**	arbitra-**ntur**	…	arbitrā-**bi**-tur
					…
Konjunktiv	1. Pers.	arbitr-**e**-r		arbitrā-**re**-r	
	2. Pers.	arbitr-**ē**-ris	…	…	
Imperativ		arbitrā-**re!**	arbitrā-**minī!**		

c) **Perfektstamm**

		Perfekt Sg.	Plusquamperfekt Sg.	Futur II Sg.
Indikativ	1. Pers.	arbitrātus, a, um sum …	arbitrātus, a, um eram …	arbitrātus, a, um erō …
Konjunktiv	1. Pers.	arbitrātus, a, um sim …	arbitrātus, a, um essem …	

d) **Stammformen**

arbitrā-rī	árbitr-or	arbitrātus sum	a-Konjugation
verē-rī	vere-or	veritus sum	e-Konjugation

Die Deponentien der a-Konjugation (z. B. arbitrārī) und der e-Konjugation (z. B. verērī) haben die gleichen Endungen wie die entsprechenden aktiven Verben (z. B. vocāre, monēre) im Passiv (vgl. die Formentabellen S. 202).

68

gēns	Familienverband, Stamm, Volk	cognōscere	erkennen, kennenlernen; *Perf.* kennen, wissen
genus	Abstammung, Art, Geschlecht		
aliēnus	fremd	crēscere	wachsen
īnstāre	bevorstehen, hart zusetzen		

loquī, loquor, locūtus sum	reden, sprechen	*Kolloquium*
avāritia	Geiz, Habgier	*e. avarice*
proficīscī, proficīscor, profectus sum	(ab)reisen, aufbrechen	
hūmānus, a, um	menschlich; gebildet	homō; *human, Humanität, e. human*
aggredī, aggredior, aggressus sum	angreifen, herangehen	*aggressiv, Aggression*
mihi tēcum est	ich habe mit dir zu tun	
īrāscī, īrāscor *m. Dat.*	in Zorn geraten, zornig sein (gegen)	īra
querī, queror, questus sum *(m. Akk.)*	klagen; sich beklagen (über)	*Querele, Querulant*
ingredī, ingredior, ingressus sum	betreten, beginnen	*Ingredienz*
persequī, persequor, persecūtus sum	verfolgen	*e. to persecute*
ēgredī, ēgredior, ēgressus sum	herausgehen, verlassen	
experīrī, experior, expertus sum	erfahren, versuchen	*experimentieren, Experte*
patī, patior, passus sum	(er)leiden, ertragen, zulassen	*Patient, Passiv, Passion*
nāscī, nāscor, nātus sum	entstehen, geboren werden	nātūra, nātiō; *naiv*
prōgredī, prōgredior, prōgressus sum	vorrücken, weitergehen	*progressiv*
ūtī, ūtor, ūsus sum *m. Abl.*	benützen, gebrauchen	ūsus; *e. to use*
celeritās, celeritātis *f*	Schnelligkeit	celer
sequī, sequor, secūtus sum *m. Akk.*	folgen	*Sequenz, Suite*
oblīvīscī, oblīvīscor, oblītus sum *(m. Gen.)*	vergessen	*e. oblivion*

Alexander Magnus	Alexander der Große (356–323 v. Chr., König von Makedonien)
Eurōpa	Europa
Asia	Asien und Kleinasien (heutige Türkei)
Lȳdia	Lydien (Landschaft an der Westküste Kleinasiens, der heutigen Türkei)
Syria	Syrien (Landschaft in Asien zwischen Kilikien und Palästina)

Alexander der Große.
Um 200 v. Chr.
Istanbul, Archäologisches Museum

F 1 Verben: Deponentien (kons. und ī-Konjugation)

a) **Infinitiv Präsens** sequ-ī folgen

b) **Präsensstamm**

		Präsens Sg.	Pl.	Imperfekt Sg.	Futur I Sg.
Indikativ	1. Pers.	sequ-**or**	sequ-i-**mur**	sequ-**ēba**-r	sequ-**a**-r
	2. Pers.	sequ-e-**ris**	sequ-i-**minī**	sequ-**ēbā**-ris	sequ-**ē**-ris
	3. Pers.	sequ-i-**tur**	sequ-u-**ntur**	…	…
Konjunktiv	1. Pers.	sequ-**a**-r		sequ-e-**re**-r	
	2. Pers.	sequ-**ā**-ris	…	…	
Imperativ		séqu-e-**re!**	sequ-i-**minī!**		

c) **Perfektstamm**

		Perfekt	Plusquamperfekt	Futur II
Indikativ	1. Pers.	secūtus, a, um sum …	secūtus, a, um eram …	secūtus, a, um erō …
Konjunktiv	1. Pers.	secūtus, a, um sim …	secūtus, a, um essem …	

d) **Stammformen**

sequ-ī	sequ-or	secūtus sum	kons. Konjugation
pat-ī	pati-or	passus sum	(i-Erweiterung)
experī-rī	experi-or	expertus sum	ī-Konjugation

Die Deponentien der konsonantischen Konjugation (z. B. sequī, patī) und der ī-Konjugation (z. B. experīrī) bilden ihre Formen genauso wie die entsprechenden aktiven Verben (z. B. agere, capere, audīre) im Passiv (vgl. die Formentabellen S. 202 f.).

2 Verben: Deponentien (Infinitive, Partizipien)

Auch von den Deponentien werden alle **Infinitive** und **Partizipien** gebildet:

Infinitiv Präsens	hortā-**rī**	auffordern
Infinitiv Perfekt	hortā-**tum esse**	aufgefordert (zu) haben
Infinitiv Futur	hortā-**tūrum esse**	auffordern werden
Partizip Präsens	hortā-**ns**	auffordernd
Partizip Perfekt	hortā-**tus**	einer, der aufgefordert hat
Partizip Futur	hortā-**tūrus**	einer, der auffordern wird

S Partizip Perfekt der Deponentien: Verwendung

a) Caesar milites hortatus profectus est.
(Die Soldaten ermahnt habend, brach Cäsar auf.)
Nachdem Cäsar die Soldaten ermahnt hatte, brach er auf.
Cäsar ermahnte die Soldaten und brach dann auf.

Das Partizip Perfekt bezeichnet die **Vorzeitigkeit;** zur Wiedergabe im Deutschen kann man einen Gliedsatz oder die Beiordnung wählen.

b) Caesar veritus, ne occasio omitteretur, statim profectus est.
(Fürchtend, dass die Gelegenheit versäumt werde, brach Cäsar sofort auf.)
Cäsar brach aus Furcht, die Gelegenheit zu versäumen, sofort auf.
Cäsar fürchtete, die Gelegenheit zu versäumen, und brach daher sofort auf.

Das Partizip Perfekt der Deponentien kann allerdings auch die **Gleichzeitigkeit** ausdrücken; häufig kommen vor:

veritus — aus Furcht — arbitratus/ratus — in der Meinung

Sachfeld Gefühle

gaudere sich freuen	irasci in Zorn geraten, zornig sein	gaudium Freude	ira Zorn
amare lieben	timere Angst haben, fürchten	amor Liebe	timor Angst, Furcht
diligere hoch achten, lieben	metuere (sich) fürchten	laetitia Freude	metus Angst
sperare erwarten, hoffen	vereri fürchten, sich scheuen, verehren	spes Hoffnung	dolor Schmerz
		voluptas Lust, Vergnügen	luctus Trauer
			invidia Neid

ingenium	Begabung, Talent	agitāre	(be)treiben, überlegen
pars	Teil, Seite, Richtung	mūtāre	(ver)ändern, verwandeln
pūblicus	öffentlich, staatlich	quamvīs	wenn auch; beliebig
agere	handeln, treiben, verhandeln	proinde	also, daher, ebenso

multum temporis	viel Zeit	
cōnsequī, cōnsequor, cōnsecūtus sum	erreichen, nachfolgen	sequī; *konsequent, Konsequenz, Konsekutivsatz*
fierī, fīō, factus sum	gemacht werden; geschehen, werden	
plērumque *Adv.*	meistens	
bene valēre	(richtig) gesund sein	
fatērī, fateor, fassus sum	bekennen, gestehen	
dolēre, doleō	schmerzen, wehtun; bedauern	dolor; *kon-dolieren*
collum	Hals	*Kollier, De-kolleté*
valētūdō, valētūdinis *f*	Gesundheit(szustand)	valēre
premere, premō, pressī, pressum	(unter)drücken, bedrängen	*Presse, e. to press*
opīnārī, opīnor	glauben, meinen	opīniō
tantum ingeniī	so viel (an) Begabung	
suspicārī, suspicor	vermuten, ahnen	
quid cōnsiliī?	welcher Plan? welcher Entschluss?	
aliquid honōris	irgendeine Ehre	
causa	Sache, Ursache, Grund; Prozess	
causam agere	einen Prozess führen	
inānis, e	leer, wertlos	
in rē pūblicā versārī	sich politisch betätigen	
cōnfīdere, cōnfīdō, cōnfīsus sum	vertrauen	fidēs
quasi *Adv.*	gleichsam	*„quasi“*
revertī, revertor, revertī, reversum	zurückkehren	
prōpōnere, prōpōnō, prōposuī, prōpositum	darlegen, in Aussicht stellen	pōnere; *e. to propose*
orīrī, orior, ortus sum	entstehen, sich erheben	*Orient*

Cicerō, Cicerōnis	M. Tullius Cicero (Redner und Anwalt, Schriftsteller, 106–43 v. Chr.)
gēns Tullia	Familie des M. Tullius Cicero
Athēnīs	in Athen *(wo?)*
Rhodī	auf Rhodos *(wo?)*

F Verben: fieri

fierī gemacht werden; geschehen, werden

		Präsens Sg.	Pl.	Impfekt Sg.	Futur Sg.
Indikativ	1. Pers.	fī-**ō**	fī-**mus**	fī-**ēba**-m	fī-**a**-m
	2. Pers.	fī-**s**	fī-**tis**		fī-**ē**-s
	3. Pers.	fī-**t**	fī-**u-nt**	…	…
Konjunktiv	1. Pers.	fī-**a**-m		fi-e-**re**-m	
	2. Pers.	fī-**ā**-s	…	…	

Die Formen des Präsensstammes entsprechen im Allgemeinen denen der ī-Konjugation.

S 1 Verwendung von fieri

a) Augustus imperavit, ut etiam in Gallia multa monumenta fierent.
Augustus befahl, dass auch in Gallien viele Denkmäler geschaffen wurden.

Itaque ibi multa monumenta facta sunt.
Deshalb wurden dort viele Denkmäler geschaffen.

Fieri vertritt im Präsensstamm das fehlende Passiv von facere.
Die Formen des Perfektstammes werden daher mit dem PPP von facere (factus, a, um) gebildet.

b) Ita factum est, ut ibi multa monumenta fierent.
So geschah es, dass dort viele Denkmäler geschaffen wurden.

Nach unpersönlichen Formen von fieri, wie

fit — es geschieht,
factum est — es geschah,
fieri potest — es kann geschehen,

leitet ut (mit Konj.) einen Gliedsatz ein, der über das Geschehen informiert.

S 2 Genitivus partitivus

Cur ibi multitudo *hominum* stat?
Warum steht dort eine Menge *Menschen?*

Pars *eorum* in tabernis res varias emit, pars stat et spectat.
Ein Teil *von ihnen* kauft verschiedene Sachen in den Läden, ein (anderer) Teil steht herum und schaut.

Der Genitivus partitivus (hier: hominum bzw. eorum) bezeichnet die Gesamtheit, von der ein bestimmter Teil (hier: multitudo bzw. pars) genannt wird.
Der Genitivus partitivus steht hauptsächlich bei Maß- und Mengenangaben (z. B. numerus, vis, copia, pars, multum, nihil) sowie bei einigen Pronomina (z. B. nemo, quis). Er hat die Satzgliedfunktion des Attributs.

Beachte folgende Wendungen:

multum temporis viel Zeit	quid consilii? welcher Plan?	quis vestrum? wer von euch?
nihil novi nichts Neues	tantum ingenii so viel (an) Begabung	

T Einfache Texterschließung

Um die **Thematik** und den **Inhalt** eines Textes zu erfassen, solltest du die folgenden Hinweise beachten:

Schon beim ersten Durchlesen eines Textes kann man die Thematik häufig an sog. **Schlüsselwörtern** ablesen. Wichtige Begriffe kommen entweder in wörtlicher Wiederholung oder in Umschreibungen immer wieder vor. Darüber hinaus ermöglichen solche Wörter einen raschen Einblick in die Thematik des Textes, die dem gleichen **Sachfeld** angehören, die also etwas mit einem bestimmten Lebensbereich zu tun haben. Solche Sachfelder sind z. B. Handel, Politik, Religion, Philosophie.
Zum Sachfeld Handel gehören die Wörter taberna, mercator, argentum, pecunia, pretium, probare, emere. Einige dieser Wörter haben zwar verschiedene Bedeutungen, wie probare (prüfen, billigen) oder pretium (Preis, Wert, Lohn), sie werden aber eben dadurch auf eine Bedeutung festgelegt, dass sie zusammen mit den Wörtern eines bestimmten Sachfelds verwendet werden.

Bei der ersten Begegnung mit einem Text kann man auch den verschiedenen **Satzarten**, die im Text vorkommen, wichtige Informationen entnehmen. Werden viele **Aussagesätze** aneinandergereiht, so handelt es sich oft um eine sachliche Beschreibung oder einen Bericht. Bei den Verben und den Personalpronomina kommen dann hauptsächlich Formen in der **3. Person** vor, bei den Substantiven z. B. kein Vokativ.
In einem Dialog wechseln dagegen die Themen und Gedanken schneller, und es finden sich immer wieder **Ausrufe** und **Fragen.** Der Leser muss deshalb mit einem häufigen Wechsel der Verbformen (auch Imperativen), mit Personalpronomina der **1. und 2. Person** und Vokativen rechnen.

Für die Erschließung eines Textes ist es auch wichtig zu wissen, welche **Textsorte** vorliegt:

Die **Erzählung** bzw. **Schilderung** von – meist vergangenen – Ereignissen erfolgt oft in kunstvoll gestalteter Sprache. Häufig wechseln wörtliche Rede, kürzere Sätze und Satzgefüge, bei denen auch die Verwendung der Tempora und der Pronomina beachtet werden muss. Außerdem treten oft

satzwertige Konstruktionen (Partizipialkonstruktionen, AcI) auf.
Bei einem **Dialog** sind Teilnehmer und Thematik von größter Bedeutung. Je mehr Vorkenntnisse man in dieser Hinsicht hat, umso besser kann man die Äußerungen verstehen. Meist kann man davon ausgehen, dass die Sätze relativ kurz sind und einzelne Äußerungen auf vorher Gesagtes Bezug nehmen. Daher darf man nie den Sinnzusammenhang aus den Augen verlieren. Bei einem lebhaften Dialog ist mit einem schnellen Wechsel der Formen und Konstruktionen zu rechnen, d.h. auch mit Ausrufen, Aufforderungen und Fragen.

Ein **Brief,** der ja Teil einer Korrespondenz ist, ist nicht leicht zu verstehen, da viele Kenntnisse vorausgesetzt werden, die über den Text hinausgehen. Hier muss sich der Leser oft auch auf seine Kombinationsgabe verlassen, um z.B. aus einer Antwort auf eine vorausgehende Frage zu schließen. Das Niveau des Inhalts und der sprachlichen Gestaltung hängt vom Schreiber, aber auch vom Empfänger des Briefes ab. Die Inhalte sind vielfältig, man liest einerseits Berichte und Beschreibungen, andererseits Fragen und Wünsche. Häufig kommen deshalb auch Fragesätze, Imperative sowie alle Personalformen und Tempora (auch das Futur) vor.

Bei einer **Rede** sollte man über den Redner, seine Absichten und die Zuhörer Bescheid wissen, da so die Ausführungen besser zu verstehen sind.
Die Sprache ist kunstvoll ausgefeilt und mit **Stilmitteln** geschmückt, sodass deren Kenntnis ebenfalls eine wesentliche Verständnishilfe darstellt.

Beliebte Stilmittel sind z.B.:

- **Alliteration** (gleicher Anlaut bei aufeinanderfolgenden Wörtern, z.B. maria montesque). Die Alliteration macht die Zusammengehörigkeit der Wörter deutlich und erzeugt einen akustischen Reiz.
- **Anapher** (Wiederholung eines Wortes am Anfang von Satzgliedern bzw. Sätzen, z.B. te appello, te oro, te rogo). Die Wiederholung hebt das Wort deutlich hervor und erleichert dem Hörer das Verfolgen der Gedanken.
- **Antithese** (Gegenüberstellung gegensätzlicher Begriffe, z.B. in pace … in bello). Die Meinung des Redners kann durch den Gegensatz unterstrichen werden.
- **Asyndeton** (Wortreihen oder Sätze, die unverbunden nebeneinander stehen, z.B. veni, vidi, vici). Durch diese Art von Reihung versucht der Redner, die Worte dem Hörer geradezu einzuhämmern.
- **Klimax** (Anordnung von Wörtern oder Wortgruppen mit ähnlicher Bedeutung, bei der die Aussage stufenweise gesteigert wird, z.B. vincire, vexare, necare). Die Klimax dient dazu, die Aussage durch die Steigerung hervorzuheben und die Hörer zu beeindrucken.
- **Parallelismus** (gleiche Abfolge von aufeinanderfolgenden Wortgruppen bzw. Satzgliedern, z.B. Felix nihil timet, nonnulla agit, multa scit). Die (mehrfache) Wiederholung der gleichen Struktur erleichtert dem Hörer das Verständnis und hebt die inhaltlichen Parallelen hervor.

Die Stilmittel sollen die Zuhörer vom Anliegen des Redners überzeugen und auch psychologisch beeinflussen.

sermō	Gespräch, Sprache, Äußerung, Gerede	flectere	biegen, (hin)lenken, umstimmen
rūsticus	ländlich	debēre	müssen, sollen
addere	hinzufügen	oblīvīscī *m. Gen.*	vergessen
adicere	hinzufügen	respicere	zurückblicken, berücksichtigen

discipulus	Schüler	discere
cernere, cernō	sehen, bemerken	
commodus, a, um	angemessen, angenehm, günstig	
quō … eō	je … desto	
magis *Adv.*	mehr, eher	
modo *Adv.*	eben (noch); nur	
praecipere, praecipiō, praecēpī, praeceptum	(be)lehren, vorschreiben	capere
ōs, ōris *n*	Gesicht, Mund	*oral*
quīcumque, quaecumque, quodcumque	jeder, der; wer auch immer; *neutr.* alles, was	quī
levis, e	leicht, leichtsinnig	
dēlīberāre, dēlīberō	überlegen, beraten	*Deliberativ*
postrēmō *Adv.*	kurz(gesagt); schließlich	
memor, memoris *m. Gen.*	in Erinnerung an („eingedenk“)	memoria; *e. memory*
parum *Adv.*	(zu) wenig	
quisquis, quidquid (quicquid)	jeder, der; wer auch immer; *neutr.* alles, was	quis
vīsere, vīsō, vīsī, vīsum	besichtigen, besuchen	*Visitation, Visite*
peccāre, peccō	einen Fehler machen, sündigen	
littera	Buchstabe	
praeferre, praeferō, praetulī, praelātum	vorziehen	ferre; *Präferenz*

Erasmus	Erasmus von Rotterdam (bedeutender Vertreter des europäischen Humanismus, 1466–1536)

qui – quis

qui	der; welcher	quis	wer
qui-cumque	jeder der; wer auch immer	quis-quis	jeder, der; wer auch immer
qui-dam	ein gewisser, irgendeiner	quis-que	jeder
		quis-quam	irgendjemand
ali-qui	irgendein	ali-quis	irgendjemand

F Verallgemeinernde Relativpronomina: quisquis, quicumque

a) **quisquis**

jeder, der; wer auch immer

	m/f	*n*
Nom.	quisquis	quidquid

Quisquis es, lingua Latina tibi placebit.
Wer auch immer du bist, Latein wird dir gefallen.

Das verallgemeinernde Relativpronomen quis-quis/quid-quid wird zumeist substantivisch verwendet. Es kommt fast nur im Nominativ vor.

b) **quīcumque**

jeder, der; wer auch immer

	m	*f*	*n*
Nom.	quicumque	quaecumque	quodcumque

Quicumque linguam Latinam discit, multa discit.
Wer auch immer Latein lernt, lernt vieles.

Carolus Magnus quacumque ratione humanitatem augere studebat.
Karl der Große bemühte sich, die Bildung auf jede (erdenkliche) Weise zu fördern.

Das verallgemeinernde Relativpronomen quicumque wird adjektivisch und substantivisch verwendet. An die Deklinationsformen des Relativpronomens qui, quae, quod wird -cumque angefügt.

S 1 Obliquer Konjunktiv

a) Quis eum diligat, quem timeat?
Wer könnte den lieben, den er fürchtet?

Gelegentlich kommt in Relativsätzen oder Gliedsätzen, die normalerweise im Indikativ stehen, ein sogenannter obliquer („schiefer") Konjunktiv vor. Dies ist z. B. dann der Fall, wenn der Relativsatz oder Gliedsatz von einem übergeordneten Satz abhängig ist, der selbst im Konjunktiv steht (**konjunktivische Abhängigkeit** oder **Modusangleichung**).
Dieser Konjunktiv wird bei der Übersetzung nicht wiedergegeben.

b) Scimus neminem eum diligere, quem timeat.
Wir wissen, dass niemand den liebt, den er fürchtet.

Der oblique Konjunktiv wird auch verwendet, wenn der Relativsatz oder Gliedsatz von einer Infinitivkonstruktion abhängig ist (**infinitivische Abhängigkeit**).

2 Realis

a) Multa narrare possum, sed taceo.
Ich könnte viel erzählen, aber ich schweige.

Multa narrare potui, sed tacui.
Ich hätte viel erzählen können, aber ich schwieg.

Bei Ausdrücken des Könnens, Sollens und Müssens kann sich der Sprachgebrauch im Lateinischen und Deutschen unterscheiden; dem lateinischen Indikativ entspricht im Deutschen ein irrealer Konjunktiv; z. B.:

possum	ich könnte	aequum est	es wäre gerecht
potui	ich hätte ... können	longum est	es würde zu weit führen
debui	ich hätte ... müssen	difficile est	es wäre zu schwierig
oportuit	es hätte sich gehört	meum est	es wäre meine Aufgabe/Pflicht

b) Paene cecidi.
Ich wäre fast (beinahe) gefallen.

Numquam putavi ...
Ich hätte niemals geglaubt ...

Diese unterschiedliche Verwendung der Modi kommt auch dann vor, wenn festgestellt wird, dass etwas beinahe geschehen wäre oder unvermutet eingetreten ist.

Wortfamilien

Manche Stammformen zu Verben mit unregelmäßiger Perfektbildung kannst du leicht erschließen. Im Folgenden sind die erschließbaren PPP-Formen kursivgedruckt:

dūcere	dūcō	dūxī	*ductum*	führen, ziehen
abdūcere	abdūcō	abdūxī	*abductum*	wegführen
dēdūcere	dēdūcō	dēdūxī	dēductum	hinführen, wegführen
ēdūcere	ēdūcō	ēdūxī	*ēductum*	herausführen
mittere	mittō	mīsī	missum	(los)lassen, schicken; werfen
āmittere	āmittō	āmīsī	*āmissum*	aufgeben, verlieren
committere	committō	commīsī	commissum	anvertrauen; veranstalten, zustande bringen
dēmittere	dēmittō	dēmīsī	*dēmissum*	hinabschicken, sinken lassen
permittere	permittō	permīsī	*permissum*	erlauben, überlassen
prōmittere	prōmittō	prōmīsī	*prōmissum*	versprechen

Wortbildung

Die Suffixe –tas, -ia, -itia und –tudo drücken einen Zustand oder eine Eigenschaft aus:

facul-**tas**	neglegent-**ia**	consue-**tudo**
humani-**tas**	inscient-**ia**	

causā *m. Gen.*	wegen	pertinēre *(ad m. Akk.)*	betreffen, gehören (zu), sich erstrecken (bis)
aliquis, aliquid	irgendjemand		
supplex, supplicis	demütig bittend	suscipere	auf sich nehmen, sich (einer Sache) annehmen, unternehmen
dēcipere	täuschen		
persuādēre *m. Dat.*	überreden, überzeugen	forīs	außerhalb, draußen; im Krieg

nī *Subj.*	wenn nicht	
mīrum est, nī/nisī	es sollte verwundern, wenn nicht; höchstwahrscheinlich	
incertus, a, um	ungewiss, unsicher	
lēgātiō, lēgātiōnis *f*	Gesandtschaft	
audēre, audeō, ausus sum	wagen	audācia
precārī, precor	bitten	prex
mōlīrī, mōlior, mōlītus sum	(an)treiben; planen, unternehmen	
obsecrāre, obsecrō	anflehen, bitten	sacer
an *im indir. Fragesatz*	ob (nicht)	
haud sciō, an	ich weiß nicht, ob nicht; vielleicht	
potius *Adv.*	eher, lieber	
cōnstituere, cōnstituō, cōnstituī, constitūtum	beschließen	statuere; *Konstitution*
schola	Schule	
dēferre, dēferō, dētulī, dēlātum	hinbringen, melden, übertragen	ferre
quīn *im Hauptsatz*	vielmehr, warum nicht	
Subj. m. Konj.	dass nicht; *(in festen Wendungen)* dass	
nōn multum abest, quīn	es fehlt nicht viel, dass	
nēmō dubitat, quīn	niemand zweifelt daran, dass	
exigere, exigō, exēgī, exāctum	(ein)fordern, vollenden	agere; *exakt*

Noch Anfang des letzten Jahrhunderts sah Schulunterricht aus wie auf diesem Bild. Farblithografie aus einem Schweizer Kinderbuch von 1918. Privatbesitz

Wortbildung

Das Präfix **in-** drückt das Gegenteil oder eine Verneinung aus, das Präfix **dis-** eine Trennung:

in-certus **in**-dignus **dis**-cedere **di**-mittere

Konjunktiv im Hauptsatz: Potentialis, Deliberativ

Die folgenden Konjunktive stehen in Aussage- bzw. Fragesätzen:

a) Potentialis

Quis hoc dubitet?	Hoc nemo credat/crediderit.
Wer *könnte* daran zweifeln?	Das *dürfte* keiner glauben.
Wer *dürfte* daran zweifeln?	Das glaubt *wohl* keiner.

Der **Konjunktiv Präsens** bzw. **Perfekt** kann im Hauptsatz dazu dienen, eine Aussage als möglich zu charakterisieren bzw. in ihrer Gültigkeit abzuschwächen.
Beide Tempora drücken den **Potentialis der Gegenwart** aus.
Zur Wiedergabe im Deutschen eignen sich Formulierungen mit „könnte", „dürfte" oder „wohl" (beim dt. Ind. Präs. oder Futur).

b) Deliberativ

Quid faciam?	Quid facerem?
Was soll ich tun?	Was hätte ich tun sollen?

In Fragesätzen dient der Konjunktiv (meist der 1. Pers.) zum Ausdruck der Überlegung bzw. Unentschlossenheit (**Deliberativ**). Zur Wiedergabe im Deutschen eignet sich die Umschreibung mit „sollen".

Der **Konjunktiv Präsens** drückt den **Deliberativ der Gegenwart** aus.
Der **Konjunktiv Imperfekt** drückt den **Deliberativ der Vergangenheit** aus.

Latein lebt

Latein lebt natürlich auch in der **Schule** (schola).
Die Schüler und Schülerinnen werden in *Klassen* eingeteilt. Diese wurden früher sogar lateinisch durch*nummeriert*: Die Anfänger am Gymnasium (urspr. griech.) gingen in die *Sexta*, dann kamen *Quinta*, *Quarta*, Unter*tertia* usw. Die *Abiturienten* hießen Ober*primaner*; noch heute erwerben sie in Österreich die *Matura* (Reife).
Schüler und Schülerinnen stöhnen oft unter einem schwierigen *Pensum* (Tagewerk). Sie müssen *addieren*, *subtrahieren*, *multiplizieren*, *klassifizieren* und vieles mehr. Wenn sie keine *Disziplin* hielten, warf man sie früher in den *Karzer*, das Schulgefängnis.
Einen Lehrer nennt man heute noch *Magister*. Der Ober*studiendirektor* ist wörtlich der Leiter des Lernbetriebs, die *Sekretärin* hütete ursprünglich gewisse Geheimnisse (secreta). Sympathisch ist, dass die lateinische Sprache uns auch die *Pause* (pausa) und die *Ferien* (feriae) beschert hat.

idōneus	geeignet, passend	explicāre	erklären
accendere	anfeuern, anzünden	impellere	antreiben, veranlassen
cōnsulere	*m. Akk.* um Rat fragen *m. Dat.* sorgen für	īnstruere	aufstellen, ausrüsten, unterrichten

rēctus, a, um	gerade, recht, richtig	regere; *e. right*
memorāre, memorō	erwähnen, sagen	*Memorandum*
solēre, soleō, solitus sum	gewohnt sein, gewöhnlich etwas tun	
cōnsuēscere, cōnsuēscō, cōnsuēvī	sich gewöhnen an; *Perf.* gewohnt sein	cōnsuētūdo
minimē *Adv.*	am wenigsten, überhaupt nicht	minimus
paulātim *Adv.*	allmählich	
certus, a, um	sicher, zuverlässig	
pariter *Adv.*	ebenso, gleichzeitig	par
ac/atque *im Vergleich*	wie, als	
pariter ac/atque	ebenso wie	
manifestus, a, um	offenkundig; überführt	manus
facinus, facinoris *n*	Handlung, Untat	facere
prōdesse, prōsum, prōfuī	nützen, nützlich sein	esse; *Prosit!*
cōnferre, cōnferō, cōntulī, collātum	vergleichen, zusammentragen	ferre
prōrsus *Adv.*	überhaupt, völlig	
vītāre, vītō	meiden, vermeiden	
fāma	(guter / schlechter) Ruf	

Quīntiliānus	M. Fabius Quintilianus (Professor für Rhetorik und Verfasser eines bedeutenden Werkes über die Redekunst, etwa 35 – 95 n. Chr.)

F nd-Formen: Gerundiv(um)

Infinitiv	Gerundiv(um)	
vocāre	voca**nd**us, a, um	ā-Konjugation
monēre	mone**nd**us, a, um	ē-Konjugation
audīre	audie**nd**us, a, um	ī-Konjugation
agĕre	age**nd**us, a, um	kons. Konjugation
capĕre	capie**nd**us, a, um	(i-Erweiterung)

Das Gerundivum wird ebenso wie das Gerundium mit **-nd-** gebildet.
Es kommt auch bei Deponentien vor
(z. B. **hortandus, a, um** – **aggrediendus, a, um**).
Es tritt in allen Formen eines Adjektivs (der a- und o-Deklination) auf.

nd-Formen: Attributives Gerundiv(um)

a) Erscheinungsform und Übersetzung

Das attributive Gerundivum ist ein zu Verben gebildetes Adjektiv (**Verbaladjektiv**) mit passiver Bedeutung. Es stimmt nach der KNG-Regel mit dem Bezugswort überein. Der Nominativ und der Dativ sind sehr selten.

Genitiv:	Mihi tempus libri legendi non est. Ich habe keine Zeit zum Lesen des Buches.
	Libri legendi cupidus sum. Ich bin neugierig darauf, das Buch zu lesen.
	Libri legendi causa otium quaero. Um ein Buch zu lesen, suche ich Ruhe.
Akkusativ: (nach Präp.)	Hic locus ad librum legendum idoneus non est. Dieser Platz ist nicht geeignet, um ein Buch zu lesen.
Ablativ:	Libro legendo multa disco. Durch die Lektüre des Buches lerne ich viel.
Ablativ: (nach Präp.)	In libro legendo saepe ridebam. Bei der Lektüre des Buches lachte ich häufig.

Wie die Beispiele zeigen, drückt das Gerundivum einen Vorgang aus. Eine wörtliche Übersetzung ist nicht möglich. Bei der Wiedergabe im Deutschen verwendet man meist Substantive oder Infinitivkonstruktionen. Deponentien, nach denen der Ablativ steht, werden in der Gerundivkonstruktion transitiv verwendet, z. B. ad bona utenda.

Ein attributives Gerundivum im Nominativ kann durch Adjektive auf „-wert“ oder „-lich“ wiedergegeben werden, z. B.:

liber legendus ein lesenswertes Buch	dolor non ferendus ein unerträglicher Schmerz

Bei der Wiedergabe der anderen Kasus wird oft die Gerundivform im Deutschen zu einem Substantiv, von dem dann das Bezugswort abhängt:

libro	legendo
durch die Lektüre	des Buches

b) Das attributive Gerundivum als satzwertige Konstruktion

Librum lego: Multa disco. Ich lese das Buch. Ich lerne (dadurch) viel.	Librum legendo multa disco. (Gerundium) Libro legendo multa disco. (Gerundivum) Durch die Lektüre des Buches lerne ich viel.

Man kann ein attributives Gerundivum mit Bezugswort ebenso wie das erweiterte Gerundium als eigenständigen Aussagesatz verstehen, der als satzwertige Konstruktion in einen anderen Satz „eingebettet“ wurde.

gemitus	Seufzen, Traurigkeit	reprehendere	kritisieren, schimpfen
dīligēns	gewissenhaft, sorgfältig	versārī	sich aufhalten, sich befinden
dīligere	hochachten, lieben	respicere	zurückblicken, berücksichtigen

praeceptor, praeceptōris *m*	Lehrer	
quemadmodum	auf welche Weise (auch immer), wie	modus
-ve	oder	
rumpere, rumpō, rūpī, ruptum	zerbrechen	
dīversus, a, um	entgegengesetzt, feindlich, verschieden	vertere
nēve/neu	oder nicht, und nicht *(in konjunktivischen Sätzen nach* ut/nē *zur Fortführung eines verneinten Satzes)*	
inīquus, a, um	ungerecht, ungleich	aequus
offerre, offerō, obtulī, oblātum	anbieten, entgegenbringen	ferre; *Oblate*
varietās, varietātis *f*	Verschiedenheit, Mannigfaltigkeit	varius; *e. variety*
speciēs, speciēī *f*	Anblick, Aussehen, Schein	spectāre; *e. species*

S nd-Formen: Prädikatives Gerundivum

a) Erscheinungsform und Übersetzung

Hic liber legendus est.
Dieses Buch muss gelesen werden (ist zu lesen).

Hi libri legendi non sunt.
Diese Bücher dürfen nicht gelesen werden.

Das prädikative Gerundivum bezeichnet bei Formen von esse eine Handlung, die ausgeführt werden muss / soll bzw. nicht ausgeführt werden darf oder soll. nd-Formen **transitiver Verben** stehen dabei mit ihrem Bezugswort in KNG-Kongruenz, d. h. sie werden „persönlich" konstruiert.

Parend*um* est.
(*Es* muss gehorcht werden.)
Man muss gehorchen.

Fortunae parend*um* est.
(Dem Schicksal muss gehorcht werden.)
Man muss dem Schicksal gehorchen.

Das Gerundivum **intransitiver Verben** steht im Neutrum Singular, d. h. es wird „unpersönlich" konstruiert („man"). Eine Ergänzung steht in dem Kasus, den das Verb auch sonst erfordert (hier: Dativ nach parēre).

Amico librum *legendum do.*
Ich gebe dem Freund das Buch *zum Lesen.*

Bei manchen Vollverben (z. B. dare, tradere, mittere) drückt das prädikative Gerundivum den Zweck aus („zum", „zur", „zu" ...).

b) Dativus auctoris

Hic liber *tibi* legendus est.
Dieses Buch muss *von dir* gelesen werden / ist *von dir* zu lesen.
Du musst dieses Buch lesen.

Beim prädikativen Gerundivum mit Formen von esse steht die Person, von der die Handlung ausgeführt werden muss / soll, im Dativus auctoris (Dativ des Urhebers).

A magistro liberis consulendum est.
Der Lehrer soll für die Kinder sorgen.

Zur Vermeidung von Unklarheiten kann dafür auch ā / ab mit Ablativ stehen.

c) Satzgliedfunktion

Hic liber *legendus est.*
Dieses Buch muss gelesen werden.

Librum tibi *legendum do.*
Ich gebe dir das Buch zum Lesen.

Bei Formen von esse steht das Gerundivum als Prädikatsnomen, bei Vollverben (z. B. dare, tradere, mittere) als Prädikativum.

d) Gerundivum im AcI

Omnes putant liberos *instruendos esse.*
Alle glauben, dass Kinder *erzogen werden müssen.*
Alle glauben, dass man Kinder *erziehen muss.*

Scimus iniuriae *resistendum esse.*
Wir wissen, dass man dem Unrecht *Widerstand leisten muss.*

Das prädikative Gerundivum tritt häufig im AcI auf; auch dabei kann es persönlich oder unpersönlich konstruiert werden.

Wortbildung

Das Suffix **–tor** drückt eine handelnde Person aus:

praecep-**tor** impera-**tor** auc-**tor** vic-**tor**

Substantive

a-Deklination

	Sg.	Pl.
Nom.	domin-**a**	domin-**ae**
Gen.	domin-**ae**	domin-**ārum**
Dat.	domin-**ae**	domin-**īs**
Akk.	domin-**am**	domin-**ās**
Abl.	domin-**ā**	domin-**īs**

o-Deklination

	Sg.	Pl.
Nom.	domin-**us**	domin-**ī**
Gen.	domin-**ī**	domin-**ōrum**
Dat.	domin-**ō**	domin-**īs**
Akk.	domin-**um**	domin-**ōs**
Abl.	domin-**ō**	domin-**īs**

	Sg	Pl.
Nom.	templ-**um**	templ-**a**
Gen.	templ-**ī**	templ-**ōrum**
Dat.	templ-**ō**	templ-**īs**
Akk.	templ-**um**	templ-**a**
Abl.	templ-**ō**	templ-**īs**

3. Deklination

	Sg.	Pl.
Nom.	senātor	senātōr-**ēs**
Gen.	senātōr-**is**	senātōr-**um**
Dat.	senātōr-**ī**	senātōr-**ibus**
Akk.	senātōr-**em**	senātōr-**ēs**
Abl.	senātōr-**e**	senātōr-**ibus**

	Sg.	Pl.
Nom.	corpus	corpor-**a**
Gen.	corpor-**is**	corpor-**um**
Dat.	corpor-**ī**	corpor-**ibus**
Akk.	corpus	corpor-**a**
Abl.	corpor-**e**	corpor-**ibus**

u-Deklination

	Sg.	Pl.
Nom.	cās-**us**	cās-**ūs**
Gen.	cās-**ūs**	cās-**uum**
Dat.	cās-**uī**	cās-**ibus**
Akk.	cās-**um**	cās-**ūs**
Abl.	cās-**ū**	cās-**ibus**

e-Deklination

	Sg.	Pl.
Nom.	rē-**s**	rē-**s**
Gen.	rĕ-**ī**	rē-**rum**
Dat.	rĕ-**ī**	rē-**bus**
Akk.	re-**m**	rē-**s**
Abl.	rē	rē-**bus**

2 Adjektive

a-/o-Deklination

	Sg. *m*	*f*	*n*	Pl. *m*	*f*	*n*
Nom.	long-**us**	long-**a**	long-**um**	long-**ī**	long-**ae**	long-**a**
Gen.	long-**ī**	long-**ae**	long-**ī**	long-**ōrum**	long-**ārum**	long-**ōrum**
Dat.	long-**ō**	long-**ae**	long-**ō**	long-**īs**	long-**īs**	long-**īs**
Akk.	long-**um**	long-**am**	long-**um**	long-**ōs**	long-**ās**	long-**a**
Abl.	long-**ō**	long-**ā**	long-**ō**	long-**īs**	long-**īs**	long-**īs**

3. Deklination

Nom.	ācer	ācr-**is**	ācr-**e**	ācr-**ēs**	ācr-**ēs**	ācr-**ia**
Gen.		ācr-**is**			ācr-**ium**	
Dat.		ācr-**ī**			ācr-**ibus**	
Akk.	ācr-**em**	ācr-**em**	ācr-**e**	ācr-**ēs**	ācr-**ēs**	ācr-**ia**
Abl.		ācr-**ī**			ācr-**ibus**	

Nom.	trīst-**is**		trīst-**e**	trīst-**ēs**		trīst-**ia**
Gen.		trīst-**is**			trīst-**ium**	
Dat.		trīst-**ī**			trīst-**ibus**	
Akk.	trīst-**em**		trīst-**e**	trīst-**ēs**		trīst-**ia**
Abl.		trīst-**ī**			trīst-**ibus**	

Nom.		fēlīx		fēlīc-**ēs**		fēlīc-**ia**
Gen.		fēlīc-**is**			fēlīc-**ium**	
Dat.		fēlīc-**ī**			fēlīc-**ibus**	
Akk.	fēlīc-**em**		fēlīx	fēlīc-**ēs**		fēlīc-**ia**
Abl.		fēlīc-**ī**			fēlīc-**ibus**	

Komparativ

Nom.	long-**ior**	long-**ior**	long-**ius**	long-**iōr-ēs**	long-**iōr-ēs**	long-**iōr-a**
Gen.		long-**iōr-is**			long-**iōr-um**	
Dat.		long-**iōr-ī**			long-**iōr-ibus**	
Akk.	long-**iōr-em**	long-**iōr-em**	long-**ius**	long-**iōr-ēs**	long-**iōr-ēs**	long-**iōr-a**
Abl.		long-**iōr-e**			long-**iōr-ibus**	

3 Partizip Präsens Aktiv

Nom.		vocā-**ns**		voca-**nt-ēs**		voca-**nt**-ia
Gen.		voca-**nt**-is			voca-**nt**-ium	
Dat.		voca-**nt**-ī			voca-**nt**-ibus	
Akk.	voca-**nt-em**		vocā-ns	voca-**nt-ēs**		voca-**nt**-ia
Abl.		voca-**nt**-e			voca-**nt**-ibus	

4 Pronomina

	Sg. *m*	*f*	*n*	Pl. *m*	*f*	*n*
Nom.	is	ea	id	eī/iī	eae	ea
Gen.		eius		eōrum	eārum	eōrum
Dat.		eī			eīs/iīs	
Akk.	eum	eam	id	eōs	eās	ea
Abl.	eō	eā	eō		eīs/iīs	

Nom.	iste	ista	istud	istī	istae	ista
Gen.		istīus		istōrum	istārum	istōrum
Dat.		istī			istīs	
Akk.	istum	istam	istud	istōs	istās	ista
Abl.	istō	istā	istō		istīs	

Nom.	hic	haec	hoc	hī	hae	haec
Gen.		huius		hōrum	hārum	hōrum
Dat.		huic			hīs	
Akk.	hunc	hanc	hoc	hōs	hās	haec
Abl.	hōc	hāc	hōc		hīs	

Nom.	ille	illa	illud	illī	illae	illa
Gen.		illīus		illōrum	illārum	illōrum
Dat.		illī			illīs	
Akk.	illum	illam	illud	illōs	illās	illa
Abl.	illō	illā	illō		illīs	

Nom.	ipse	ipsa	ipsum	ipsī	ipsae	ipsa
Gen.		ipsīus		ipsōrum	ipsārum	ipsōrum
Dat.		ipsī			ipsīs	
Akk.	ipsum	ipsam	ipsum	ipsōs	ipsās	ipsa
Abl.	ipsō	ipsā	ipsō		ipsīs	

Nom.	īdem	éadem	idem	eīdem/iīdem	eaedem	éadem
Gen.		eiusdem		eōrundem	eārundem	eōrundem
Dat.		eīdem			eīsdem/iīsdem/īsdem	
Akk.	eundem	eandem	idem	eōsdem	eāsdem	éadem
Abl.	eōdem	eādem	eōdem		eīsdem/iīsdem/īsdem	

	Sg. *m*	*f*	*n*	Pl. *m*	*f*	*n*
Nom.	quī	quae	quod	quī	quae	quae
Gen.		cuius		quōrum	quārum	quōrum
Dat.		cui			quibus	
Akk.	quem	quam	quod	quōs	quās	quae
Abl.	quō	quā	quō		quibus	

	m/f		*n*
Nom.	quis		quid
Gen.		cuius	
Dat.		cui	
Akk.	quem		quid
Abl.	ā quō/quōcum		quō

	Sg. *m*	*f*	*n*	Pl. *m*	*f*	*n*
Nom.	aliquī	aliqua	aliquod	aliquī	aliquae	aliqua
Gen.		alicuius		aliquōrum	aliquārum	aliquōrum
Dat.		alicui			aliquibus	
Akk.	aliquem	aliquam	aliquod	aliquōs	aliquās	aliqua
Abl.	aliquō	aliquā	aliquō		aliquibus	

	m/f	*n*
Nom.	aliquis	aliquid
Gen.	alicuius	alicuius reī
Dat.	alicui	alicui reī
Akk.	aliquem	aliquid
Abl.	aliquō	aliquā rē

	Sg. *m*	*f*	*n*	Pl. *m*	*f*	*n*
Nom.	quīdam	quaedam	quoddam	quīdam	quaedam	quaedam
Gen.		cuiusdam		quōrundam	quārundam	quōrundam
Dat.		cuidam			quibusdam	
Akk.	quendam	quandam	quoddam	quōsdam	quāsdam	quaedam
Abl.	quōdam	quādam	quōdam		quibusdam	

Nom.	quīdam	quaedam	quiddam	quīdam	quaedam	quaedam
Gen.		cuiusdam		quōrundam	quārundam	quōrundam
Dat.		cuidam			quibusdam	
Akk.	quendam	quandam	quiddam	quōsdam	quāsdam	quaedam
Abl.	quōdam	quādam	quōdam		quibusdam	

Verben: Indikativ Aktiv

	ā-Konjugation	ē-Konjugation	ī-Konjugation
Infinitiv Präsens	**vocā-re**	**monē-re**	**audī-re**
Partizip Präsens (PPA)	vocā-**ns, -ntis**	monē-**ns, -ntis**	audi-**ē-ns, -ntis**

Präsens

	Sg.	Pl.	Sg.	Pl.	Sg.	Pl.
1. Pers.	voc**ō**	vocā-**mus**	mone-**ō**	monē-**mus**	audi-**ō**	audī-**mus**
2. Pers.	vocā-**s**	vocā-**tis**	monē-**s**	monē-**tis**	audī-**s**	audī-**tis**
3. Pers.	voca-**t**	voca-**nt**	mone-**t**	mone-**nt**	audi-**t**	audi-**u-nt**

Imperfekt

1. Pers.	vocā-**ba-m**	vocā-**bā-mus**	monē-**ba-m**	monē-**bā-mus**	audi-**ēba-m**	audi-**ēbā-mus**
2. Pers.	vocā-**bā-s**	vocā-**bā-tis**	monē-**bā-s**	monē-**bā-tis**	audi-**ēbā-s**	audi-**ēbā-tis**
3. Pers.	vocā-**ba-t**	vocā-**ba-nt**	monē-**ba-t**	monē-**ba-nt**	audi-**eba-t**	audi-**ēba-nt**

Futur I

1. Pers.	vocā-**b-ō**	vocā-**bi-mus**	monē-**b-ō**	monē-**bi-mus**	audi-**a-m**	audi-**ē-mus**
2. Pers.	vocā-**bi-s**	vocā-**bi-tis**	monē-**bi-s**	monē-**bi-tis**	audi-**ē-s**	audi-**ē-tis**
3. Pers.	vocā-**bi-t**	vocā-**bu-nt**	monē-**bi-t**	monē-**bu-nt**	audi-**e-t**	audi-**e-nt**

Imperativ I

vocā	vocā-**te**	monē	monē-**te**	audī	audī-**te**

	ā-Konjugation	ē-Konjugation	ī-Konjugation
Infinitiv Perfekt	**vocāv-isse**	**monu-isse**	**audīv-isse**

Perfekt

	Sg.	Pl.	Sg.	Pl.	Sg.	Pl.
1. Pers.	vocāv-**ī**	vocāv-**imus**	monu-**ī**	monu-**imus**	audīv-**ī**	audīv-**imus**
2. Pers.	vocāv-**istī**	vocāv-**istis**	monu-**istī**	monu-**istis**	audīv-**istī**	audīv-**istis**
3. Pers.	vocāv-**it**	vocāv-**ērunt**	monu-**it**	monu-**ērunt**	audīv-**it**	audīv-**ērunt**

Plusquamperfekt

1. Pers.	vocāv-**eram**	vocāv-**erāmus**	monu-**eram**	monu-**erāmus**	audīv-**eram**	audīv-**erāmus**
2. Pers.	vocāv-**erās**	vocāv-**erātis**	monu-**erās**	monu-**erātis**	audīv-**erās**	audīv-**erātis**
3. Pers.	vocāv-**erat**	vocāv-**erant**	monu-**erat**	monu-**erant**	audīv-**erat**	audīv-**erant**

Futur II

1. Pers.	vocāv-**erō**	vocāv-**erimus**	monu-**erō**	monu-**erimus**	audīv-**erō**	audīv-**erimus**
2. Pers.	vocāv-**eris**	vocāv-**eritis**	monu-**eris**	monu-**eritis**	audīv-**eris**	audīv-**eritis**
3. Pers.	vocāv-**erit**	vocāv-**erint**	monu-**erit**	monu-**erint**	audīv-**erit**	audīv-**erint**

konsonantische Konjugation		(i-Erweiterung)		Hilfsverb	
ag-ĕ-re		**capĕ-re**		**esse**	
ag-ē-ns, -ntis		**capi-ē-ns, -ntis**			

Sg.	Pl.	Sg.	Pl.	Sg.	Pl.
ag-**ō**	ag-i-**mus**	capi-**ō**	capi-**mus**	s-u-**m**	s-u-**mus**
ag-**i-s**	ag-**i-tis**	capi-**s**	capi-**tis**	es	es-**tis**
ag-**i-t**	ag-**u-nt**	capi-**t**	capi-**u-nt**	es-**t**	s-u-**nt**

ag-**ēba-m**	ag-**ēbā-mus**	capi-**ēba-m**	capi-**ēbā-mus**	er-**a-m**	er-**ā-mus**
ag-**ēbā-s**	ag-**ēbā-tis**	capi-**ēbā-s**	capi-**ēbā-tis**	er-**ā-s**	er-**ā-tis**
ag-**ēba-t**	ag-**ēba-nt**	capi-**ēba-t**	capi-**ēba-nt**	er-**a-t**	er-**a-nt**

ag-**a-m**	ag-**ē-mus**	capi-**a-m**	capi-**ē-mus**	er-**ō**	er-**i-mus**
ag-**ē-s**	ag-**ē-tis**	capi-**ē-s**	capi-**ē-tis**	er-**i-s**	er-**i-tis**
ag-**e-t**	ag-**e-nt**	capi-**e-t**	capi-**e-nt**	er-**i-t**	er-**u-nt**

ag-e	ag-**i-te**	cape	capi-**te**	es	es-**te**

ēg-isse		**cēp-isse**		**fu-isse**	

Sg.	Pl.	Sg.	Pl.	Sg.	Pl.
ēg-**ī**	ēg-**imus**	cēp-**ī**	cēp-**imus**	fu-**ī**	fu-**imus**
ēg-**istī**	ēg-**istis**	cēp-**istī**	cēp-**istis**	fu-**istī**	fu-**istis**
ēg-**it**	ēg-**ērunt**	cēp-**it**	cēp-**ērunt**	fu-**it**	fu-**ērunt**

ēg-**eram**	ēg-**erāmus**	cēp-**eram**	cēp-**erāmus**	fu-**eram**	fu-**erāmus**
ēg-**erās**	ēg-**erātis**	cēp-**erās**	cēp-**erātis**	fu-**erās**	fu-**erātis**
ēg-**erat**	ēg-**erant**	cēp-**erat**	cēp-**erant**	fu-**erat**	fu-**erant**

ēg-**erō**	ēg-**erimus**	cēp-**erō**	cēp-**erimus**	fu-**erō**	fu-**erimus**
ēg-**eris**	ēg-**eritis**	cēp-**eris**	cēp-**eritis**	fu-**eris**	fu-**eritis**
ēg-**erit**	ēg-**erint**	cēp-**erit**	cēp-**erint**	fu-**erit**	fu-**erint**

Verben: Indikativ Passiv

	ā-Konjugation		ē-Konjugation		ī-Konjugation	
Infinitiv Präsens						
	vocā-rī		**monē-rī**		**audī-rī**	
Gerundiv						
	voca-**ndus, a, um**		mone-**ndus, a, um**		audi-**endus, a, um**	
Präsens	Sg.	Pl.	Sg.	Pl.	Sg.	Pl.
1. Pers.	voc-**or**	vocā-**mur**	mone-**or**	monē-**mur**	audi-**or**	audī-**mur**
2. Pers.	vocā-**ris**	vocā-**minī**	monē-**ris**	monē-**minī**	audī-**ris**	audī-**minī**
3. Pers.	vocā-**tur**	voca-**ntur**	monē-**tur**	mone-**ntur**	audī-**tur**	audi-**u-ntur**
Imperfekt						
1. Pers.	vocā-**ba-r**	vocā-**bā-mur**	monē-**ba-r**	monē-**bā-mur**	audi-**ēba-r**	audi-**ēbā-mur**
2. Pers.	vocā-**bā-ris**	vocā-**bā-minī**	monē-**bā-ris**	monē-**bā-minī**	audi-**ēbā-ris**	audi-**ēbā-minī**
3. Pers.	vocā-**bā-tur**	vocā-**ba-ntur**	monē-**bā-tur**	monē-**ba-ntur**	audi-**ēbā-tur**	audi-**ēba-ntur**
Futur I						
1. Pers.	vocā-**b-or**	vocā-**bi-mur**	monē-**b-or**	monē-**bi-mur**	audi-**a-r**	audi-**ē-mur**
2. Pers.	vocā-**be-ris**	vocā-**bi-minī**	monē-**be-ris**	monē-**bi-minī**	audi-**ē-ris**	audi-**ē-minī**
3. Pers.	vocā-**bi-tur**	vocā-**bu-ntur**	monē-**bi-tur**	monē-**bu-ntur**	audi-**ē-tur**	audi-**e-ntur**

	ā-Konjugation		ē-Konjugation		ī-Konjugation	
Infinitiv Perfekt						
	vocā-**tum esse**		moni-**tum esse**		audī-**tum esse**	
Partizip Perfekt (PPP)						
	vocā-**tus, a, um**		moni-**tus, a, um**		audī-**tus, a, um**	
Perfekt	Sg.	Pl.	Sg.	Pl.	Sg.	Pl.
1. Pers.	vocātus, a, um sum …	vocātī, ae, a sumus	monitus, a, um sum …	monitī, ae, a sumus	audītus, a, um sum …	audītī, ae, a sumus
Plusquamperfekt						
1. Pers.	vocātus, a, um eram …	vocātī, ae, a erāmus	monitus, a, um eram …	monitī, ae, a erāmus	audītus, a, um eram …	audītī, ae, a erāmus
Futur II						
1. Pers.	vocātus, a, um erō …	vocātī, ae, a erimus	monitus, a, um erō …	monitī, ae, a erimus	audītus, a, um erō …	audītī, ae, a erimus

konsonantische Konjugation		(i-Erweiterung)	
ag-ī		cap-ī	
ag-**endus, a, um**		capi-**endus, a, um**	
Sg.	Pl.	Sg.	Pl.
ag-**or** ág-**e-ris** ág-**i-tur**	ág-**i-mur** ag-**i-minī** ag-**u-ntur**	capi-**or** cápe-**ris** cápi-**tur**	cápi-**mur** capi-**minī** capi-**u-ntur**
ag-**ēba-r** ag-**ēbā-ris** ag-**ēbā-tur**	ag-**ēbā-mur** ag-**ēbā-minī** ag-**ēba-ntur**	capi-**ēba-r** capi-**ēbā-ris** capi-**ēbā-tur**	capi-**ēbā-mur** capi-**ēbā-minī** capi-**ēba-ntur**
ag-**a-r** ag-**ē-ris** ag-**ē-tur**	ag-**ē-mur** ag-**ē-minī** ag-**e-ntur**	capi-**a-r** capi-**ē-ris** capi-**ē-tur**	capi-**ē-mur** capi-**ē-minī** capi-**e-ntur**

āc-**tum esse**		cap-**tum esse**	
āc-**tus, a, um**		cap-**tus, a, um**	
Sg.	Pl.	Sg.	Pl.
āctus, a, um sum …	āctī, ae, a sumus	captus, a, um sum …	captī, ae, a sumus
āctus, a, um eram …	āctī, ae, a erāmus	captus, a, um eram …	captī, ae, a erāmus
āctus, a, um erō …	āctī, ae, a erimus	captus, a, um erō …	captī, ae, a erimus

7 Verben: Konjunktiv Aktiv

Präsens

	ā-Konjugation Sg.	ā-Konjugation Pl.	ē-Konjugation Sg.	ē-Konjugation Pl.	ī-Konjugation Sg.	ī-Konjugation Pl.
1. Pers.	voce-m	vocē-mus	mone-a-m	mone-ā-mus	audi-a-m	audi-ā-mus
2. Pers.	vocē-s	vocē-tis	mone-ā-s	mone-ā-tis	audi-ā-s	audi-ā-tis
3. Pers.	voce-t	voce-nt	mone-a-t	mone-a-nt	audi-a-t	audi-a-nt

Imperfekt

	Sg.	Pl.	Sg.	Pl.	Sg.	Pl.
1. Pers.	vocā-re-m	vocā-rē-mus	monē-re-m	monē-rē-mus	audī-re-m	audī-rē-mus
2. Pers.	vocā-rē-s	vocā-rē-tis	monē-rē-s	monē-rē-tis	audī-rē-s	audī-rē-tis
3. Pers.	vocā-re-t	vocā-re-nt	monē-re-t	monē-re-nt	audī-re-t	audī-re-nt

Perfekt

	Sg.	Pl.	Sg.	Pl.	Sg.	Pl.
1. Pers.	vocāv-erim	vocāv-erimus	monu-erim	monu-erimus	audīv-erim	audīv-erimus
2. Pers.	vocāv-eris	vocāv-eritis	monu-eris	monu-eritis	audīv-eris	audīv-eritis
3. Pers.	vocāv-erit	vocāv-erint	monu-erit	monu-erint	audīv-erit	audīv-erint

Plusquamperfekt

	Sg.	Pl.	Sg.	Pl.	Sg.	Pl.
1. Pers.	vocāv-issem	vocāv-issēmus	monu-issem	monu-issēmus	audīv-issem	audīv-issēmus
2. Pers.	vocāv-issēs	vocāv-issētis	monu-issēs	monu-issētis	audīv-issēs	audīv-issētis
3. Pers.	vocāv-isset	vocāv-issent	monu-isset	monu-issent	audīv-isset	audīv-issent

8 Verben: Konjunktiv Passiv

Präsens

	Sg.	Pl.	Sg.	Pl.	Sg.	Pl.
1. Pers.	voce-r	vocē-mur	mone-a-r	mone-ā-mur	audi-a-r	audi-ā-mur
2. Pers.	vocē-ris	vocē-minī	mone-ā-ris	mone-ā-minī	audi-ā-ris	audi-ā-minī
3. Pers.	vocē-tur	voce-ntur	mone-ā-tur	mone-a-ntur	audi-ā-tur	audi-a-ntur

Imperfekt

	Sg.	Pl.	Sg.	Pl.	Sg.	Pl.
1. Pers.	vocā-re-r	vocā-rē-mur	monē-re-r	monē-rē-mur	audī-re-r	audī-rē-mur
2. Pers.	vocā-rē-ris	vocā-rē-minī	monē-rē-ris	monē-rē-minī	audī-rē-ris	audī-rē-minī
3. Pers.	vocā-rē-tur	vocā-re-ntur	monē-rē-tur	monē-re-ntur	audī-rē-tur	audī-re-ntur

Perfekt

	Sg.	Pl.	Sg.	Pl.	Sg.	Pl.
1. Pers.	vocā-tus sim	vocā-tī sīmus	moni-tus sim	monit-ī sīmus	audī-tus sim	audī-tī sīmus
2. Pers.	vocā-tus sīs	vocā-tī sītis	moni-tus sīs	monit-ī sītis	audī-tus sīs	audī-tī sītis
3. Pers.	vocā-tus sit	vocā-tī sint	moni-tus sit	monit-ī sint	audī-tus sit	audī-tī sint

Plusquamperfekt

	Sg.	Pl.	Sg.	Pl.	Sg.	Pl.
1. Pers.	vocā-tus essem	vocāt-ī essēmus	moni-tus essem	moni-tī essēmus	audī-tus essem	audī-tī essēmus
2. Pers.	vocā-tus essēs	vocāt-ī essētis	moni-tus essēs	moni-tī essētis	audī-tus essēs	audī-tī essētis
3. Pers.	vocā-tus esset	vocāt-ī essent	moni-tus esset	moni-tī essent	audī-tus esset	audī-tī essent

konsonantische Konjugation		(i-Erweiterung)		Hilfsverb	
Sg.	Pl.	Sg.	Pl.	Sg.	Pl.
ag-a-m	ag-ā-mus	capi-a-m	capi-ā-mus	s-i-m	s-ī-mus
ag-ā-s	ag-ā-tis	capi-ā-s	capi-ā-tis	s-ī-s	s-ī-tis
ag-a-t	ag-a-nt	capi-a-t	capi-a-nt	s-i-t	s-i-nt
ag-e-re-m	ag-e-rē-mus	cape-re-m	cape-rē-mus	es-se-m	es-sē-mus
ag-e-rē-s	ag-e-rē-tis	cape-rē-s	cape-rē-tis	es-sē-s	es-sē-tis
ag-e-re-t	ag-e-re-nt	cape-re-t	cape-re-nt	es-se-t	es-se-nt
ēg-erim	ēg-erimus	cēp-erim	cēp-erimus	fu-erim	fu-erimus
ēg-eris	ēg-eritis	cēp-eris	cēp-eritis	fu-eris	fu-eritis
ēg-erit	ēg-erint	cēp-erit	cēp-erint	fu-erit	fu-erint
ēg-issem	ēg-issēmus	cēp-issem	cēp-issēmus	fu-issem	fu-issēmus
ēg-issēs	ēg-issētis	cēp-issēs	cēp-issētis	fu-issēs	fu-issētis
ēg-isset	ēg-issent	cēp-isset	cēp-issent	fu-isset	fu-issent

Sg.	Pl.	Sg.	Pl.
ag-a-r	ag-ā-mur	capi-a-r	capi-ā-mur
ag-ā-ris	ag-ā-minī	capi-ā-ris	capi-ā-minī
ag-ā-tur	ag-a-ntur	capi-ā-tur	capi-a-ntur
ag-e-re-r	ag-e-rē-mur	cápe-re-r	cape-rē-mur
ag-e-rē-ris	ag-e-rē-minī	cape-rē-ris	cape-rē-minī
ag-e-rē-tur	ag-e-re-ntur	cape-rē-tur	cape-re-ntur
āc-tus sim	āc-tī sīmus	cap-tus sim	cap-tī sīmus
āc-tus sīs	āc-tī sītis	cap-tus sīs	cap-tī sītis
āc-tus sit	āc-tī sint	cap-tus sit	cap-tī sint
āc-tus essem	āc-tī essēmus	cap-tus essem	cap-tī essēmus
āc-tus essēs	āc-tī essētis	cap-tus essēs	cap-tī essētis
āc-tus esset	āc-tī essent	cap-tus esset	cap-tī essent

posse, īre, fierī: Indikativ

	pos-se		īre		fierī	
Präsens	Sg.	Pl.	Sg.	Pl.	Sg.	Pl.
1. Pers.	pos-sum	pos-sumus	e-ō	ī-mus	fī-ō	fī-mus
2. Pers.	pot-es	pot-estis	ī-s	ī-tis	fī-s	fī-tis
3. Pers.	pot-est	pos-sunt	i-t	e-u-nt	fi-t	fī-u-nt
Imperfekt						
1. Pers.	pot-eram	pot-erāmus	ī-ba-m	ī-bā-mus	fī-ēba-m	fī-ēbā-mus
2. Pers.	pot-erās	pot-erātis	ī-bā-s	ī-bā-tis	fī-ēbā-s	fī-ēbā-tis
3. Pers.	pot-erat	pot-erant	ī-ba-t	ī-ba-nt	fī-ēba-t	fī-ēba-nt
Futur I						
1. Pers.	pot-erō	pot-erimus	ī-b-ō	ī-bi-mus	fī-a-m	fī-ē-mus
2. Pers.	pot-eris	pot-eritis	ī-bi-s	ī-bi-tis	fī-ē-s	fī-ē-tis
3. Pers.	pot-erit	pot-erunt	ī-bi-t	ī-bu-nt	fī-e-t	fī-e-nt
Imperativ I						
			ī	ī-te		

PPA: iēns, euntis
Gerund: eundī …

	potu-isse		īsse	
Perfekt	Sg.	Pl.	Sg.	Pl.
1. Pers.	potu-ī	potu-imus	i-ī	i-imus
2. Pers.	potu-istī	potu-istis	ī-stī	ī-stis
3. Pers.	potu-it	potu-ērunt	i-it	i-ērunt
Plusquamperfekt				
1. Pers.	potu-eram	potu-erāmus	i-eram	i-erāmus
2. Pers.	potu-erās	potu-erātis	i-erās	i-erātis
3. Pers.	potu-erat	potu-erant	i-erat	i-erant
Futur II				
1. Pers.	potu-erō	potu-erimus	i-erō	i-erimus
2. Pers.	potu-eris	potu-eritis	i-eris	i-eritis
3. Pers.	potu-erit	potu-erint	i-erit	i-erint

10 posse, īre, fierī: Konjunktiv

pos-se		īre		fierī	

Präsens

	Sg.	Pl.	Sg.	Pl.	Sg.	Pl.
1. Pers.	pos-sim	pos-sīmus	eam	eāmus	fī-**a-m**	fī-**ā-mus**
2. Pers.	pos-sīs	pos-sītis	eās	eātis	fī-**ā-s**	fī-**ā-tis**
3. Pers.	pos-sit	pos-sint	eat	eant	fī-**a-t**	fī-**a-nt**

Imperfekt

	Sg.	Pl.	Sg.	Pl.	Sg.	Pl.
1. Pers.	possem	possēmus	īrem	īrēmus	fi-**ere-m**	fi-**erē-mus**
2. Pers.	possēs	possētis	īrēs	īrētis	fi-**erē-s**	fi-**erē-tis**
3. Pers.	posset	possent	īret	īrent	fi-**ere-t**	fi-**ere-nt**

Perfekt

	Sg.	Pl.	Sg.	Pl.
1. Pers.	potu-erim	potu-erimus	ierim	ierimus
2. Pers.	potu-eris	potu-eritis	ieris	ieritis
3. Pers.	potu-erit	potu-erint	ierit	ierint

Plusquamperfekt

	Sg.	Pl.	Sg.	Pl.
1. Pers.	potu-issem	potu-issēmus	īssem	īssēmus
2. Pers.	potu-issēs	potu-issētis	īssēs	īssētis
3. Pers.	potu-isset	potu-issent	īsset	īssent

velle, nōlle, mālle: Indikativ

	velle		nōlle		mālle	
Präsens	Sg.	Pl.	Sg.	Pl.	Sg.	Pl.
1. Pers.	volō	volumus	nōlō	nōlumus	mālō	mālumus
2. Pers.	vīs	vultis	nōn vīs	nōn vultis	māvīs	māvultis
3. Pers.	vult	volunt	nōn vult	nōlunt	māvult	mālunt
Imperfekt						
1. Pers.	volē-ba-m	volē-bā-mus	nōlē-ba-m	nōlē-bā-mus	mālē-ba-m	mālē-bā-mus
2. Pers.	volē-bā-s	volē-bā-tis	nōlē-bā-s	nōlē-bā-tis	mālē-bā-s	mālē-bā-tis
3. Pers.	volē-ba-t	volē-ba-nt	nōlē-ba-t	nōlē-ba-nt	mālē-ba-t	mālē-ba-nt
Futur I						
1. Pers.	vol-a-m	vol-ē-mus	nōl-a-m	nōl-ē-mus	māl-a-m	māl-ē-mus
2. Pers.	vol-ē-s	vol-ē-tis	nōl-ē-s	nōl-ē-tis	māl-ē-s	māl-ē-tis
3. Pers.	vol-e-t	vol-e-nt	nōl-e-t	nōl-e-nt	māl-e-t	māl-e-nt
Imperativ I						
			nōlī	nōlī-**te**		

PPA: volēns, volentis **PPA:** nōlēns, nōlentis **PPA:** mālēns, mālentis

	volu-isse		nōlu-isse		mālu-isse	
Perfekt	Sg.	Pl.	Sg.	Pl.	Sg.	Pl.
1. Pers.	volu-ī	volu-imus	nōlu-ī	nōlu-imus	mālu-ī	mālu-imus
2. Pers.	volu-istī	volu-istis	nōlu-istī	nōlu-istis	mālu-istī	mālu-istis
3. Pers.	volu-it	volu-ērunt	nōlu-it	nōlu-ērunt	mālu-it	mālu-ērunt
Plusquamperfekt						
1. Pers.	volu-eram	volu-erāmus	nōlu-eram	nōlu-erāmus	mālu-eram	mālu-erāmus
2. Pers.	volu-erās	volu-erātis	nōlu-erās	nōlu-erātis	mālu-erās	mālu-erātis
3. Pers.	volu-erat	volu-erant	nōlu-erat	nōlu-erant	mālu-erat	mālu-erant
Futur II						
1. Pers.	volu-erō	volu-erimus	nōlu-erō	nōlu-erimus	mālu-erō	mālu-erimus
2. Pers.	volu-eris	volu-eritis	nōlu-eris	nōlu-eritis	mālu-eris	mālu-eritis
3. Pers.	volu-erit	volu-erint	nōlu-erit	nōlu-erint	mālu-erit	mālu-erint

12 velle, nōlle, mālle: Konjunktiv

Präsens

	velle Sg.	velle Pl.	nōlle Sg.	nōlle Pl.	mālle Sg.	mālle Pl.
1. Pers.	velim	velimus	nōlim	nōlimus	mālim	mālimus
2. Pers.	velīs	velitis	nōlīs	nōlitis	mālīs	mālitis
3. Pers.	velit	velint	nōlit	nōlint	mālit	mālint

Imperfekt

	velle Sg.	velle Pl.	nōlle Sg.	nōlle Pl.	mālle Sg.	mālle Pl.
1. Pers.	vellem	vellēmus	nōllem	nōllēmus	māllem	māllēmus
2. Pers.	vellēs	vellētis	nōllēs	nōllētis	māllēs	māllētis
3. Pers.	vellet	vellent	nōllet	nōllent	māllet	māllent

Perfekt

	velle Sg.	velle Pl.	nōlle Sg.	nōlle Pl.	mālle Sg.	mālle Pl.
1. Pers.	volu-erim	volu-erimus	nōlu-erim	nōlu-erimus	mālu-erim	mālu-erimus
2. Pers.	volu-eris	volu-eritis	nōlu-eris	nōlu-eritis	mālu-eris	mālu-eritis
3. Pers.	volu-erit	volu-erint	nōlu-erit	nōlu-erint	mālu-erit	mālu-erint

Plusquamperfekt

	velle Sg.	velle Pl.	nōlle Sg.	nōlle Pl.	mālle Sg.	mālle Pl.
1. Pers.	volu-issem	volu-issēmus	nōlu-issem	nōlu-issēmus	mālu-issem	mālu-issēmus
2. Pers.	volu-issēs	volu-issētis	nōlu-issēs	nōlu-issētis	mālu-issēs	mālu-issētis
3. Pers.	volu-isset	volu-issent	nōlu-isset	nōlu-issent	mālu-isset	mālu-issent

ferre: Indikativ und Konjunktiv Aktiv

Infinitiv Präsens

ferre

Partizip Präsens (PPA)

fer-ē-**ns**, **-ntis**

Präsens

	Indikativ Sg.	Indikativ Pl.	Konjunktiv Sg.	Konjunktiv Pl.
1. Pers.	fer-**ō**	fer-**i-mus**	fer-**a-m**	fer-**ā-mus**
2. Pers.	fer-**s**	fer-**tis**	fer-**ā-s**	fer-**ā-tis**
3. Pers.	fer-**t**	fer-**u-nt**	fer-**a-t**	fer-**a-nt**

Imperfekt

	Indikativ Sg.	Indikativ Pl.	Konjunktiv Sg.	Konjunktiv Pl.
1. Pers.	fer-**ēba-m**	fer-**ēbā-mus**	fer-**re-m**	fer-**rē-mus**
2. Pers.	fer-**ēbā-s**	fer-**ēbā-tis**	fer-**rē-s**	fer-**rē-tis**
3. Pers.	fer-**ēba-t**	fer-**ēba-nt**	fer-**re-t**	fer-**re-nt**

Futur I

	Sg.	Pl.
1. Pers.	fer-**a-m**	fer-**ē-mus**
2. Pers.	fer-**ē-s**	fer-**ē-tis**
3. Pers.	fer-**e-t**	fer-**e-nt**

Imperativ I

Sg.	Pl.
fer	fer-**te**

Infinitiv Perfekt

tul-**isse**

Perfekt

	Indikativ Sg.	Indikativ Pl.	Konjunktiv Sg.	Konjunktiv Pl.
1. Pers.	tul-**ī**	tul-**imus**	tul-**erim**	tul-**erimus**
2. Pers.	tul-**istī**	tul-**istis**	tul-**eris**	tul-**eritis**
3. Pers.	tul-**it**	tul-**ērunt**	tul-**erit**	tul-**erint**

Plusquamperfekt

	Indikativ Sg.	Indikativ Pl.	Konjunktiv Sg.	Konjunktiv Pl.
1. Pers.	tul-**eram**	tul-**erāmus**	tul-**issem**	tul-**issēmus**
2. Pers.	tul-**erās**	tul-**erātis**	tul-**issēs**	tul-**issētis**
3. Pers.	tul-**erat**	tul-**erant**	tul-**isset**	tul-**issent**

Futur II

	Sg.	Pl.
1. Pers.	tul-**erō**	tul-**erimus**
2. Pers.	tul-**eris**	tul-**eritis**
3. Pers.	tul-**erit**	tul-**erint**

ferre: Indikativ und Konjunktiv Passiv

Infinitiv Präsens

ferrī

Gerundiv

fer-**endus, a, um**

Präsens

	Indikativ Sg.	Indikativ Pl.	Konjunktiv Sg.	Konjunktiv Pl.
1. Pers.	fer-**o-r**	fer-**i-mur**	fer-**a-r**	fer-**ā-mur**
2. Pers.	fer-**ris**	fer-**i-minī**	fer-**ā-ris**	fer-**ā-minī**
3. Pers.	fer-**tur**	fer-**u-ntur**	fer-**ā-tur**	fer-**a-ntur**

Imperfekt

	Indikativ Sg.	Indikativ Pl.	Konjunktiv Sg.	Konjunktiv Pl.
1. Pers.	fer-**ēba-r**	fer-**ēbā-mur**	fer-**re-r**	fer-**rē-mur**
2. Pers.	fer-**ēbā-ris**	fer-**ēbā-minī**	fer-**rē-ris**	fer-**rē-minī**
3. Pers.	fer-**ēbā-tur**	fer-**ēba-ntur**	fer-**rē-tur**	fer-**re-ntur**

Futur I

	Sg.	Pl.
1. Pers.	fer-**a-r**	fer-**ē-mur**
2. Pers.	fer-**ē-ris**	fer-**ē-minī**
3. Pers.	fer-**ē-tur**	fer-**ē-ntur**

Infinitiv Perfekt

lā-tum **esse**

Partizip Perfekt

lā-**tus, a, um**

Perfekt

	Indikativ Sg.	Indikativ Pl.	Konjunktiv Sg.	Konjunktiv Pl.
1. Pers.	lātus **sum**	lātī **sumus**	lātus **sim**	lātī **sīmus**
2. Pers.	lātus **es**	lātī **estis**	lātus **sīs**	lātī **sītis**
3. Pers.	lātus **est**	lātī **sunt**	lātus **sit**	lātī **sint**

Plusquamperfekt

	Indikativ Sg.	Indikativ Pl.	Konjunktiv Sg.	Konjunktiv Pl.
1. Pers.	lātus **eram**	lātī **erāmus**	lātus **essem**	lātī **essēmus**
2. Pers.	lātus **erās**	lātī **erātis**	lātus **essēs**	lātī **essētis**
3. Pers.	lātus **erat**	lātī **erant**	lātus **esset**	lātī **essent**

Futur II

	Sg.	Pl.
1. Pers.	lātus **erō**	lātī **erimus**
2. Pers.	lātus **eris**	lātī **eritis**
3. Pers.	lātus **erit**	lātī **erunt**